高等职业院校新形态通识教育系列教材

劳动教育

|微|课|版|

杨均 高尚 莫仕锐 李国强◉主编

刘明浩 唐彬 陈虹先 邓小芳 熊国庆◉副主编

杨钊 杨金广 何学燕 马光强 宋志雪

汪欲胜 周清清◉参编

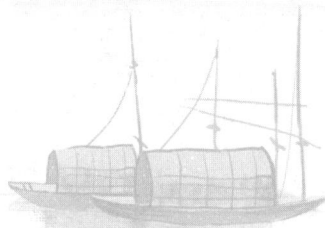

人民邮电出版社

北 京

图书在版编目（CIP）数据

劳动教育：微课版 / 杨均等主编. -- 北京：人民
邮电出版社，2023.8
高等职业院校新形态通识教育系列教材
ISBN 978-7-115-61721-7

Ⅰ．①劳… Ⅱ．①杨… Ⅲ．①劳动教育－高等职业教
育－教材 Ⅳ．①G40-015

中国国家版本馆CIP数据核字(2023)第084040号

内 容 提 要

本书根据《中共中央 国务院关于全面加强新时代大中小学劳动教育的意见》，针对青少年学生的
身心特点和思想状况编写而成，落实德智体美劳全面发展的教育要求。本书分为理论篇和实践篇，具
体包括树立劳动观念、传承新时代劳动精神、提升劳动品质、保障劳动安全、生活性劳动实践、生产
性劳动实践、服务性劳动实践等内容。本书不仅知识全面，理论与实践结合，还有大量案例可供学习、
参考，有利于引导学生树立正确的劳动观，培养学生的劳动精神与劳动品质，提升学生的劳动能力，
并切实保障学生的劳动安全。

本书适合作为职业院校劳动教育课程的教材，也适合作为青少年提升劳动能力的参考书。

♦ 主　　编　杨　均　高　尚　莫仕锐　李国强
　　副主编　刘明浩　唐　彬　陈虹先　邓小芳　熊国庆
　　责任编辑　楼雪樵
　　责任印制　王　郁　彭志环
♦ 人民邮电出版社出版发行　　　北京市丰台区成寿寺路 11 号
　　邮编　100164　电子邮件　315@ptpress.com.cn
　　网址　https://www.ptpress.com.cn
　　北京天宇星印刷厂印刷
♦ 开本：787×1092　1/16
　　印张：11.25　　　　　　　　2023 年 8 月第 1 版
　　字数：257 千字　　　　　　2024 年 9 月北京第 3 次印刷

定价：46.00 元
读者服务热线：(010)81055256　印装质量热线：(010)81055316
反盗版热线：(010)81055315
广告经营许可证：京东市监广登字 20170147 号

党的二十大报告指出，我们要办好人民满意的教育，全面贯彻党的教育方针，落实立德树人根本任务，培养德智体美劳全面发展的社会主义建设者和接班人，加快建设高质量教育体系，发展素质教育，促进教育公平。同时，党的二十大报告还强调教育、科技、人才是全面建设社会主义现代化国家的基础性、战略性支撑。

劳动是干事创业的基础，劳动是成才的关键，劳动是一切价值的源泉。劳动教育承载着以劳动立德树人的理念，其植根于中华优秀传统文化，是中国特色社会主义教育制度的重要内容，对推动劳动创新和建设教育强国意义重大。

本书以党的二十大报告提出的"实施科教兴国战略，强化现代化建设人才支撑"的思想为理念，紧扣《中共中央 国务院关于全面加强新时代大中小学劳动教育的意见》（以下简称《意见》）的要求，针对青少年学生中出现的一些不珍惜劳动成果、不想劳动、不会劳动的现象，从思想认识、情感态度、能力习惯3个方面出发，阐释了"劳动观念""劳动精神""劳动品质""劳动安全""劳动实践"等相关内容，切实服务于劳动教育"树立正确的劳动观念、具有必备的劳动能力、培育积极的劳动精神、养成良好的劳动习惯和品质"的总体目标。

本书特色主要体现在以下4个方面。

（1）**理论与实践结合**。本书包括理论篇和实践篇，理论篇阐述了劳动的概念、劳动的价值、劳动价值观、劳动精神、劳模精神、工匠精神、劳动品质、劳动能力、劳动安全等方面的理论知识，帮助读者对劳动教育的意义形成深刻的认识；实践篇将劳动实践分为生活性劳动实践、生产性劳动实践和服务性劳动实践，让读者在系统的理论知识学习之外，可以有目的、有计划地参加日常生活劳动、生产劳动和服务性劳动，通过动手实践，强化劳动自立意识、社会责任感，培养良好的社会公德、积极向上的劳动精神和认真负责的劳动态度，提高劳动技能水平，增强适应社会生活的能力。

（2）**案例丰富**。本书附有大量案例，这些案例源自真实人物，其中有劳动模范，有大国工匠，也有平凡的"小人物"，案例描述了他们如何一步步实现自我价值，具有很强的可读性和可参考性。他们身上的闪光点能够带给读者启迪，以他们为榜样，读者可以树立正确的劳动观，培养劳动精神与劳动品质。

（3）**寓教于乐**。本书每章以描述大学生的生活学习场景为导入，配有生动形象的插图，以增强阅读的趣味性，使读者在学习劳动知识与技能的同时，能够保持愉悦的心情。

（4）**配套资源丰富**。本书提供了丰富的教学资源，在人邮教育社区（www.ryjiaoyu.com）搜索本书书名便可下载和使用。

本书由黔南民族职业技术学院杨均、高尚，贵州经贸职业技术学院莫仕锐，黔南民族职业技术学院李国强担任主编；黔南民族职业技术学院刘明浩，黔南州教育局唐彬，黔南民族幼儿师范高等专科学校陈虹先，贵州机电职业技术学院邓小芳，黔南民族职业技术学院熊国庆担任副主编；黔南民族职业技术学院杨钊、杨金广、何学燕、马光强、宋志雪、汪欲胜、周清清参与了本书的编写。本书在编写过程中参考和使用了一些资料，在此谨向这些资料的作者致以诚挚的谢意！

由于编者水平有限，书中难免存在不足之处，敬请广大读者批评指正。

编者

2022年12月

目录

CONTENTS

理论篇

01 项目一 树立劳动观念

❀ 学习目标

1. 了解劳动的定义、分类、要素和价值。
2. 理解马克思主义劳动价值观与中国特色社会主义劳动价值观。

❀ 素养目标

深刻认识和理解劳动的价值，并在马克思主义劳动价值观和中国特色社会主义劳动价值观的指导下，树立正确的劳动观念。

情境导入

秦辉考入某校后，学习刻苦，成绩优异，被王老师寄予厚望。然而，在与秦辉的长期接触中，王老师发现秦辉虽然学习认真努力，为了掌握新的知识常常废寝忘食，但他不热爱劳动，在班级值日中开小差、偷懒，在生活中东西乱丢乱放，这也导致秦辉的动手能力、独立生活能力较差。王老师看在眼里、急在心里，他不希望秦辉这样的好苗子成为一个好逸恶劳的人，即使秦辉成绩优异，但这对他今后的人生发展也是不利的。于是，王老师经常与秦辉谈心，不时用"大丈夫当扫天下，而始于扫足下"等经典名句提点他，激励他不论有多大的抱负，也要从小事、身边事做起，期望他德智体美劳全面发展，树立正确的劳动观念，成为合格的社会主义建设者和接班人。

任务一 认知劳动

从原始社会的刀耕火种到封建社会铁犁牛耕的农业生产，从工业革命时期蒸汽机的发明到现代社会新能源、新材料、新工艺的使用，人类经历了一个漫长而伟大的劳动发展过程。从某种程度上来说，人类文明史就是一部劳动发展史。

微课视频：
认知劳动

一、劳动的定义

马克思在《资本论》中提出："劳动首先是人和自然之间的过程，是人以自身的活动来引起、调整和控制人和自然之间的物质变换的过程。"也就是说，劳动是发生在人与自然界之间的活动，是人类使用劳动力与自然界物质进行的交换活动。其实质是人通过有意识、有一定

目的的自身活动来调整和控制自然界，使之发生物质变换，即改变自然物的形态或性质，为人类的需要服务。从这个意义上更进一步讲，劳动是人类生存和发展的基础，主要是指生产物质资料的过程，通常是指能够对外输出劳动量或劳动价值的人类运动。劳动是人类维持自我生存和自我发展的唯一手段。

现今，劳动多指"人类创造物质财富和精神财富的活动"。其中，物质财富指满足人类生产生活需要的物品和物资；精神财富指人们从事智力活动所取得的成就，它是无形的，如著作权、专利权、商标权、科技成果权及发明权等。这样的定义，便于我们简洁、直观地理解劳动。

案例阅读

唐代诗人陆龟蒙修堤筑坝

唐代著名诗人、农学家陆龟蒙，自号江湖散人、天随子、甫里先生。在担任了一段时间的刺史幕僚后，他觉得自己不太适合官场生活，于是到吴淞江边的甫里过起了隐居生活。

陆龟蒙在《甫里先生传》中讲述了自己的故事。他虽有数百亩良田，但苦于地势低下，只要一下暴雨，他的田地就与江水连成一片，因此收成不好。为此，他需要经常拿着农具，带领农夫排水除草、修堤筑坝。自此以后，即使遇到洪水，他的庄稼也不会被淹。有人讥讽他为了治水把身体弄得十分瘦弱，他说道："尧舜治理天下晒黑了脊梁，大禹治水磨出了厚茧，圣人尚且如此辛苦，我一个平民百姓，如果不辛苦劳动，用什么维持生计呢？如果不辛勤劳动，那么我与那些名器上的蚤虱、粮仓里的雀鼠有什么区别呢？"

感悟： 陆龟蒙修堤筑坝不仅是为了自己方便，也是为了他人方便。这个故事告诉我们，劳动是人类生存、生活的需要，劳动不仅可以创造物质财富，还可以创造精神财富。

二、劳动的分类

劳动是人类最基本、最普遍的活动形式，可从不同角度进行分类，常见的分类包括体力劳动与脑力劳动、生产劳动与非生产劳动、简单劳动与复杂劳动等。

1. 体力劳动与脑力劳动

按照传统的劳动分类理论，劳动可分为体力劳动和脑力劳动两大类。体力劳动是指以消耗体力为主的劳动，脑力劳动是指以消耗脑力为主的劳动。

体力劳动和脑力劳动是互相联系的，体力劳动是脑力劳动的基础，脑力劳动支配体力劳动，二者共同创造价值。也就是说，在劳动中，体力劳动和脑力劳动是共存的，只是对某类或某项具体劳动来说，在从计划到完

农地里干活的年轻人

成的过程中，体力劳动和脑力劳动所占的比例不同。人们习惯将体力劳动占优势的活动称为体力劳动，将脑力劳动占优势的活动称为脑力劳动。

人的任何活动都是体力劳动和脑力劳动共同作用的结果。例如种植花草，虽然它以体力劳动为主，但它需要人通过脑力劳动来确定种植花草的位置等。又如写作，虽然它以脑力劳动为主，但它需要人依靠手在纸张上写字或在计算机的键盘上进行操作。

📖 案例阅读

王羲之苦练书法终成"书圣"

王羲之是我国历史上著名的书法家，被后人誉为"书圣"。

王羲之从4岁开始练字，他的父亲很注重对他的启蒙教育，经常带他去当时著名的书法家卫夫人那里做客。后来，卫夫人见他聪明伶俐，就把他收为自己的弟子。12岁那年，他偷偷拿了父亲的一本名为《笔谈》的书，如饥似渴地读了起来。父亲发现后，就说："你年纪太小，还看不懂，等长大了再读吧。"没想到王羲之大声地说："我读得懂。"他还把自己对书的理解讲给父亲听。他父亲听了觉得很惊异，就把书送给了他。

王羲之得到了《笔谈》，如虎添翼，写字的水平迅速提高。有一天，卫夫人感叹道："他一定是得到了写字的秘诀，我已经教不了他了。"从此，王羲之就自己练字了。

王羲之对练字达到了痴迷的程度，他把所有的精力都用在练字上。他家门口有一个水池，他便天天在水池里洗毛笔，日久天长，水池里的水都变黑了。

就这样，王羲之终于练出了一手好字，他的《兰亭序》被称作"天下第一行书"。

感悟： 脑力劳动与体力劳动是密不可分的。如果王羲之没有埋头苦练数十载，他就不能习得一手好字，为后世景仰。同样，如果没有李时珍几十年如一日地采集整理，就没有《本草纲目》的诞生；如果曹雪芹没有十载披阅、增删五次，就没有鸿篇巨制《红楼梦》的问世。

素质养成 当下，以脑力劳动为主的职业在社会中所占的比重越来越大，同时自动化机器取代了越来越多的人力，人们动手的机会越来越少，动手能力因此弱化。然而"千里之行始于足下""故天将降大任于是人也，必先苦其心志，劳其筋骨"，古今中外的名人大家在成就事业的过程中，往往都通过体力劳动，锤炼出了坚强的意志和吃苦耐劳的品质。所以，我们不能忽视体力劳动，即使是打扫卫生、清洗衣物、整理床铺等生活中的小事，也要自己动手做，长期坚持，以此养成的良好习惯也会使我们终身受益。

2. 生产劳动与非生产劳动

从劳动的表现形式出发，劳动有生产劳动与非生产劳动之分，两者是相对的概念。

生产劳动指的是创造物质财富的劳动，包括工业、农业、建筑业、交通运输业和邮电业等生产部门中的劳动，以及生产过程在流通领域继续的那部分劳动，如商品的分类、包装、保管等。从事生产劳动的劳动者并不一定都直接参与生产，只要他的劳动属于生产劳动的一部分，如从事劳动管理、技术管理、人事管理、工艺流程设计等，就都属于生产劳动。

非生产劳动是相对于生产劳动而言的，指的是直接或间接进行非物质资料生产的劳动，它不是人类社会一开始就有的，而是随着物质资料生产的发展，随着人们精神生活、医疗教育、生活服务等各方面需求的不断增长而出现的。在社会主义社会里，人们所进行的社会管理活动是非生产劳动，创造精神财富的基础科学研究、教育活动、文学艺术活动等也是非生产劳动，这些都对促进经济繁荣、社会进步和丰富人民生活有重要作用。

工人正在锻造金属，进行生产加工

自从人类社会出现非生产劳动后，它与生产劳动一样，都是社会分工体系中不可缺少的部分。生产劳动为非生产劳动提供了存在和发展的条件，而非生产劳动又为生产劳动的发展提供了精神动力和智力支持。例如，教师教书育人，向学生讲述专业知识，传递先进思想，启迪学生智慧，这是非生产劳动。若教师将自己的专业知识、学术成果和先进思想归纳整理成书进行出版，就

教师正在讲课

需要到印刷厂交给工人印刷，还需要纸张、油墨等生产资料。出版过程中的排版、校对、装订等活动，都是生产劳动。

📖 案例阅读

哈尔滨理工大学的"扫地僧"——王晓琮

哈尔滨理工大学"学生最喜欢的教师"荣誉获得者王晓琮，被誉为哈尔滨理工大学的"扫地僧"，他朴实无华却倍受尊敬，学生以听他讲课为荣。

王晓琮在教学一线工作40余年，主讲本科生基础课和专业外语课。他教学时几乎不带教案，高等数学、线性代数、概率论等的题他都能够精准口算，其功力可见一斑。他忠于教育事业，热爱教师职业，以校为家，教书育人，恪尽职守，治学严谨，团结同事，以身作则，爱岗敬业。更难能可贵的是，王晓琮教学不图名、不重利，他关爱学生，以帮助学生发展为目的，一直是学生的良师益友，深受学生爱戴，是学生心中的好教师。

自2002年起，王晓琮组织并参加了美国大学生数学建模竞赛工作，承担竞赛英语写作培训及指导工作。20多年来，哈尔滨理工大学的学生参加该项竞赛累计获得国际一等奖、二等奖100余项。王晓琮为国家、为学校争得了许多荣誉，而他总是显得"云淡风轻"。

王晓琮到底有多热爱自己的工作呢？有学生亲眼见过，为了赶课，他基本很少去食堂吃饭，即使去食堂也是"狼吞虎咽"，几分钟解决"战斗"。更多的情况是，他拎个塑料袋，里面放着煮好的

玉米，一边吃一边赶场似地去上课。那种风风火火的形象，在许多学生心里留下了深刻的印象。这种"拼命三郎"式的精神，带给大家深深的感动和鼓舞。

感悟： 王晓琮从事的教育工作是典型的非生产劳动。提到劳动，人们首先会习惯性地想到生产劳动而忽略非生产劳动，事实上，非生产劳动在人类的发展过程中也起到了重大作用，投入十足的热情进行非生产劳动，同样能够创造出非凡的个人价值与社会价值。就像王晓琮被称为哈尔滨理工大学的"扫地僧"，这源于他对教育事业的热爱，几十年如一日满怀热情地工作更是难能可贵。

3. 简单劳动与复杂劳动

简单劳动通常指的是不必经过专门训练和培养，每个普通劳动者都能从事的劳动。复杂劳动则是指需要经过专门训练和培养，具有一定文化知识和技术特长的劳动者才能从事的劳动。两者的主要区别如下。

- 在同样的时间内，简单劳动和复杂劳动所创造的价值量是不同的，复杂劳动在同一劳动时间内创造的价值量可以是简单劳动的数倍。

- 商品的价值量取决于生产商品所需的社会必要劳动时间（指一定条件下，制造某种使用价值所需要的劳动时间），而在商品交换过程中，社会必要劳动时间是以简单劳动为尺度来计量的，复杂劳动可以折算成简单劳动。这种折算不是由商品生产者直接计算的，而是通过生产者背后的社会过程（指社会运动及变迁的状态）自发形成的。

- 简单劳动和复杂劳动的区分是相对的，主要是由社会分工和科技发展水平的差别及科技在生产中的应用程度决定的。随着科学技术的进步和文化教育水平的提高，过去的复杂劳动可以转变为现在的简单劳动。

- 在任何经济发展阶段，都会存在复杂劳动与简单劳动的区分。在以信息化和自动化为特征的现代生产中，从事体力劳动的直接生产工人大大减少，而从事脑力劳动的科技人员和管理人员大大增加。于是，复杂劳动在劳动中所占的比重不断增大，复杂劳动所创造的价值在社会总价值中的比重也不断增大。

此外，根据劳动者付出劳动的必要程度，劳动还可分为必要劳动和剩余劳动；根据是否使用新知识、新技术、新方法，劳动还可分为常规劳动和创新劳动；根据生产的产品，劳动还可分为物质生产劳动和精神生产劳动。总之，劳动可以按照不同的标准，分为不同的种类。

劳动前沿

随着大数据、云计算、人工智能等信息技术的不断发展，数字经济时代已全面来临。伴随着数字经济的蓬勃发展，数字劳动这种新型的劳动模式应运而生，并催生出新兴的职业。人工智能工程技术人员、大数据工程技术人员、网约配送员、互联网营销师、信息安全测试员等都可归入数字劳动者范畴。

三、劳动的三要素

马克思在《资本论》中指出："劳动过程的简单要素是有目的的活动或劳动本身、劳动对象和劳动资料。"也就是说，劳动必须具备3个要素，即劳动本身、劳动对象和劳动资料。例如，建筑房屋首先要有劳动者——建筑工，其次要有必需的劳动对象——砖，最后要借助劳动工具——抹泥板和砖刀等。在建筑工使用抹泥板和砖刀砌砖以建筑房屋这一劳动中，建筑工建筑房屋是"劳动本身"，砖是"劳动对象"，抹泥板和砖刀是"劳动资料"。此外，劳动对象和劳动资料的总和为生产资料。

1. 劳动本身

劳动本身即劳动者的劳动。劳动者是劳动生产工具的创造者和使用者。劳动者的劳动行为在劳动过程中起决定性作用，劳动者只有具备一定的经验和技能，才能使劳动对象更好地按照劳动者的意志发生相应的变化，从而创造出人们生产和生活所需的物质资料。

2. 劳动对象

劳动对象即劳动者把自己的劳动加于其上的一切东西。俗话说"巧妇难为无米之炊"，劳动对象是生产过程中必不可少的要素。只有有了劳动对象，劳动者才有可能使用劳动工具进行劳动。如果没有劳动对象，就不可能有人类的生产活动，人类就不能生产任何产品。

劳动对象通常包括两类：一类是未经加工的自然环境中的物质，如矿物、森林等；另一类是经过加工的原材料，如棉纱、木材、钢材等。随着社会生产的发展和科学技术的进步，人们发现了自然界物质的许多新的有用属性，这就使劳动对象的种类越来越多样化了。

3. 劳动资料

劳动资料也称劳动手段，即劳动者用来影响或改变劳动对象的一切物质资料或物质条件。劳动资料中最主要的是劳动工具，它是其他物质资料成为劳动资料的前提。劳动工具的种类有很多，如机械工具、运输工具、测量工具、试验工具等。在劳动过程中，劳动工具是劳动者所达到的劳动生产率的重要标志，并且对劳动的规模、种类都有直接的影响。

劳动工具

劳动过程中的三要素相互联系。只有有了劳动对象，劳动者才能使用劳动资料进行劳动，创造出物质和精神财富。由于在劳动中的地位和作用不同，劳动对象与劳动资料有时并不是完全分开的。例如，在家畜饲养业中，家畜既是饲养者的劳动对象，又是制造肥料的劳动资料；在农业生产中，土地既是农民的劳动对象，又是农民栽种农作物的劳动资料；牛被放牧时是劳动对象，被用来耕地时则是劳动资料，而被宰杀时又成了劳动对象。而在劳动本身、劳动对象、劳动资料这3个基本要素中，劳动本身是最根本、最重要的。因为任何劳动资料都得由劳动者制造和使用，没有劳动者的使用，再好的劳动资料也不能发挥任何作用，而且在自然力的作用下还会被腐蚀、损坏。

任务二　了解劳动的价值

劳动使我们的生活丰富多彩，劳动锻炼和造就了人类。毫无疑问，劳动能够创造巨大的个人价值与社会价值。深刻认识和理解劳动的价值，对我们树立正确的劳动观念有非常大的帮助。

一、劳动的社会价值

如果没有人参加劳动，社会就没有存在的意义。正如马克思所言："任何一个民族，如果停止劳动，不用说一年，就是几个星期，也要灭亡。"

1. 劳动是人类社会存在和发展的基础

人类和动物一样，为了维持生命，需要食物和水。然而，人类的生存需要与动物的有所不同。动物的生存需要出于本能，如羊吃草、狼吃羊，这是它们为了维持生存所具有的习性。而人的生存需要非常广泛，而且不断发展变化。当我们有饭吃、有衣穿、有房子住以后，我们就需要交通工具帮助出行；进入信息化社会，我们处理信息还需要用到计算机、手机等智能设备。

当然，人类并不只需要物质财富，也需要精神食粮，这二者都需要通过劳动来创造，也只有通过劳动，人类才能生存和发展。

2. 劳动创造社会物质财富

法国思想家圣西门说："为人类的幸福而劳动，这是多么壮丽的事业，这个目的有多么伟大！"事实的确如此。自然界蕴含着丰富的水、空气、阳光、土地、树木等人类生存和发展的必要自然物。但是除了空气、阳光等极少数自然物可以比较直接地满足人的需要，更多的自然物并不能直接地构成人类赖以生存和发展的社会物质财富。这就需要人们通过劳动，改变自然物原本的形态和性质，将其转化为人类可以利用的社会物质财富。也就是说，创造社会物质财富必须具备两个条件：一是有客观存在的自然物，二是有人类有目的的劳动。

3. 劳动改造和完善人类社会

回顾人类社会的发展史，从原始社会到奴隶社会、封建社会，再到现代文明社会，人类社会的物质文明和精神文明总是在不断发展、进步和完善。社会越进步，物质文明和精神文明就越发达。美国历史学家、人类学家路易斯·亨利·摩尔根在《古代社会》一书中，根据人类"生存技术"的进步，将人类社会历史进程划分为蒙昧时代、野蛮时代、文明时代3个时代。恩格斯曾这样概括人类社会发展的3个时代："蒙昧时代是以采集现成的天然产物为主的时期""野蛮时代是学会经营畜牧业和农业的时期，是学会靠人类的活动来增加天然产物生产的时期""文明时代是学会对天然产物进一步加工的时期，是真正的工业和艺术产生的时期"。也就是说，划分人类社会历史进程，主要以生产劳动的方式为依据。可见，正是人类的劳动不断改造和完善社会，推动社会发展。

二、劳动在个人发展中的作用

劳动不仅是社会发展的需要，也是个人发展的重要条件。无论是有价劳动还是无价劳动，都是可贵的和值得珍惜的。苦也好，累也罢，劳动不仅有关人的健康和智慧，也有关人的快乐和美好。

我们要充分认识劳动在个人发展中所起的重要作用，正确地看待劳动，乐于接受劳动。

1. 强健体魄

一个人全面发展不仅要"文明其精神"，还要"强健其体魄"，二者缺一不可。就强健体魄而言，除了体育运动，也不可忽视体力劳动的影响。进行体力劳动不仅能强身健体，还能提升人们的感知能力。例如，人在长期搬运物品的劳动中，可以准确感知物品的重量。

2. 增长知识

陶铸曾说："劳动是一切知识的源泉。"这是因为人们通过劳动能够获得宝贵的生活、生产知识，并能够学以致用，成为具有真才实学的人才。正所谓实践出真知，人们要获得真正有用的知识，发展做实事的能力，就应该投入劳动实践中。

例如，我国的二十四节气就是古人们在劳动中不断总结出来的知识。二十四节气将农业生产与大自然的变化结合在一起，指导人们更好地开展农业活动，进而获得好收成。如"立夏不下，桑老麦罢"的意思是立夏之日如果没有下大雨，这一年的收成就成问题了；"清明前后，种瓜点豆"的意思是清明时节，气温升高，雨量增多，正是春耕春种的大好时节。又如，《天工开物》是一本详细记述我国古代农业、工业和手工业等技术的工艺百科全书，由明朝杰出的科学家宋应星所著，书中的许多科学结论是宋应星在劳动实践中通过调查研究和苦心钻研总结出来的。在成书过程中，宋应星不仅学习了稻和其他农作物的种植与栽培方法，瓷器、陶器的制作工艺，铜器、铁器的铸造工艺，还专门调查研究了采矿、冶金、造纸、榨油的过程，以及车船、兵器的制造过程等，并在实践中总结经验，积累了丰富的著书资料。

3. 提升能力

人们可以通过劳动实践不断提升个人能力。例如，现在一些青少年学生独立能力不足，他们在生活中遇到困难时，总是习惯于向教师、父母求助。而在劳动实践中，青少年学生要善于思考，独立完成劳动任务，这可以帮助青少年学生提升独立能力、掌握独立生活的本领。又如，集体劳动中，为了提高工作效率、保证工作质量，我们需要协调合作，建立紧密的人际关系，相互沟通交流，分享工作经验和劳动成果，这一过程能够增强我们的组织协调能力、社交能力和语言表达能力。

4. 发展思维

劳动有助于刺激思维能力的发展，如果不进行一定量的劳动，人的思维发展会受到影响。长期缺乏劳动，我们的肢体和思维会变得越来越迟钝。在这种情况下，我们应该适时劳动并合理分配脑力劳动与体力劳动，如在脑力劳动之余安排一点时间从事体力劳动，使自己的身心更加放松、思维更加活跃、注意力更容易集中。

5. 锻炼意志

意志是人克服困难，实现预定目标的心理倾向。能否做成一件事情，意志的坚定程度有十分重要的影响。例如，学习成绩好的学生往往都能够持之以恒地投入大量精力学习，而要做到这一点，就需要具备强大的意志力。如何获得这种意志力呢？劳动就是非常有效的方法。艰苦的劳动能锻炼人的体质，获得劳动成果能给人带来强烈的满足感和成就感，有效地提升人的意志力。

6. 塑造良好品质

实践证明，人们通过劳动实践，能够体会到劳动过程的艰辛，深刻理解劳动成果的来之不易。这有助于锻炼人们吃苦耐劳的品质，培养热爱劳动、珍惜劳动成果的习惯，养成勤俭、艰苦、朴素的好作风。

案例阅读

劳动磨炼意志

小雪出生在一个普通的家庭，她的父亲和母亲身体都不太好，需要长期靠药物来减轻病痛。因此，她家每个月都入不敷出。但是在这样的环境下，小雪十分懂事，艰苦的条件磨炼了她坚强的意志，也培养了她自强不息的精神。

小雪从小就养成了勤做家务的好习惯，主动承担了家里大多数家务，每天洗衣做饭、打扫卫生，不仅天天帮妈妈按摩，有空还帮爸爸劳作。在这种情况下，小雪更加珍惜有限的学习时间，在学习上争分夺秒。因此，她的学习成绩一直名列前茅。

时光飞逝，小雪父母的身体有了好转，小雪也以优异的成绩考上了一所重点大学。她为自己制订了一份明确的学习计划，并严格执行。通过不懈努力，她在大学期间多次获得奖学金，并且顺利通过了大学英语四级考试和计算机二级考试。小雪在学习方面取得了丰硕的成果，成为了同学们的榜样。

小雪的事迹广为流传，她也因此接受了采访。她通过采访告诉大家，长期以来的劳动锻炼了她的体质、磨炼了她的意志，使她不仅懂得坚持不懈的意义，而且更加珍惜人生有限的时光。她说在未来的日子里，希望父母身体越来越好，希望自己学有所成，将来会努力靠自己的力量，帮助更多需要帮助的人。

感悟：小雪长期坚持劳动，既锻炼了自己的体质，又磨炼了自己的意志，更因此懂得坚持和珍惜时间。我们无论身处何种环境，都应以小雪为榜样，热爱劳动、积极参加劳动，这对自己的身体素质、心理健康等各个方面都有极大好处。

7. 实现个人价值

劳动从来不是指特定的某个职业或工作，劳动无处不在，是一种自我价值的体现。存在不愿意参加劳动的思想是正常的，因为劳动总是充满艰辛，劳动过程并不一定都是愉快的，但我们要坚决克服这种思想。劳动虽然很辛苦，有时还很枯燥，但是最终会让人有成就感，因为我们付出越多收获就越多。通过劳动，我们不仅仅能收获物质上的富足，更能得到精神上的升华。

不管是炎炎夏日还是凛冽寒冬，我们总可以在田间发现祖辈、父辈辛勤劳动的身影。闲暇时，我们可以听他们诉说劳动过程中的艰辛和快乐。丰收时，我们能看到他们脸上的笑容，感受到他们的喜悦，这是大自然对他们辛勤劳动的回馈。因此，对他们而言，即使再辛苦也值得。不管是演员演出成功、作者写出一本好书，还是科学家取得科研成果，他们在此之前都在不断劳动。我们还可以看到社会上有很多义工，他们每天也在劳动，但不以获取任何报酬为目的。他们通过劳动为社会发展和祖国建设贡献自己的力量，以满足内心自我实现的需求，实现个人的人生价值。

究其根本，劳动能够使个体实现个人价值，包括自我满足、成就他人和推动社会进步的价值等。

案例阅读

从泥瓦匠到全国人大代表

1995年出生的邹彬是个地道的农家子弟，他初中没毕业就辍学在家。16岁时，父亲给他一把砌刀，让他在工地做一名泥瓦匠。从此，邹彬跟着父亲在建筑工地打工，每天和灰浆、担泥沙、挑砖头、砌砖墙……

对于砌砖墙，邹彬从不偷懒，并且特别喜欢钻研。他砌出的墙体的砂浆饱满度、灰缝垂直度都几近完美，这种"匠人精神"让工友们都称赞他不是在砌砖墙，而是在搞艺术。邹彬就这样日复一日、年复一年地严格要求自己，把每一面墙都砌得横平竖直、美观好看。2014年，在中建五局工会组织的"超英杯"劳动技能竞赛中，邹彬凭借过硬的技术在众多参赛者中脱颖而出。同年7月，他代表中建集团参加第43届世界技能大赛中国选拔赛，以第一名的成绩进入国家集训队，并获得优胜奖，实现中国在砌筑项目"零"的突破。

邹彬在精心砌墙
（图片来源：湖南日报）

载誉归来，邹彬被提拔为质量管理员。后来邹彬又获得湖南省"十行状元、百优工匠"竞赛砌筑工状元，并在2018年1月当选第十三届全国人大代表，2018年6月又当选湖南省直工会兼职副主席，成为省直工会领导班子中最年轻的成员。

2021年5月，邹彬被共青团中央、全国青联授予第25届"中国青年五四奖章"。他说："我希望把我的故事告诉更多人，只要肯努力，总能走出困境，一步步实现自己的梦想。"

> **感悟：** 劳动可以创造幸福生活，实现个人价值。邹彬兢兢业业完成本职工作，在劳动中培育出了积极的劳动态度、高尚的劳动品质，这使他从众多劳动者中脱颖而出。

学与思

劳动有时的确比较辛苦，尤其是需要付出较多体力、脑力的劳动。但一分耕耘，一分收获，没有付出，哪来收获？请同学们寻找机会持续一周每天参加一项劳动，劳动内容可以是校园清洁、家务、社区服务、公益活动等。

通过劳动，你感觉自己的身体机能、知识技能、思维能力、自理能力、意志力、人际关系等发生了什么变化？

任务三　了解劳动价值观

价值观是指一个人对周围客观事物（包括人、事、物）的意义、重要性的总体评价和看法，是人们关于应该做什么和不应该做什么的基本见解，是人们区分好与坏、对与错的总体观念。人们的劳动价值观能反映人们对劳动的态度，决定人们的劳动行为。要想树立正确的劳动观念，提升劳动素养，就需要我们理解马克思主义劳动价值观、中国特色社会主义劳动价值观的指导思想。

微课视频：
劳动价值观

一、马克思主义劳动价值观

劳动是马克思思想体系中的核心观念，马克思认为，劳动不仅是谋生的手段，更是通向客观世界与主观世界的媒介。他从历史唯物主义、伦理学、教育学等多个维度对劳动价值观作出了重要的理论解释。

1. 劳动创造世界、劳动创造历史、劳动创造人本身

马克思对人类劳动的基本价值进行的分析，主要表现为劳动创造世界、劳动创造历史和劳动创造人本身三大主张。

- **劳动创造世界**。劳动是构成人类赖以生存的现实世界的关键要素之一。正是通过劳动，人类和外部世界的关系才发生了根本性转变，自然世界逐渐被改造成了"人类世界"。劳动，特别是生产劳动，都是有意识、有目的的活动，最终使人类创造出可以满足生活需要的世界。此时，劳动作为人类最基本的实践活动，不再只是单纯的人的感性活动，而是从感性活动慢慢转变为人的现实社会活动。

- **劳动创造历史**。"人们为了能够'创造历史'，必须能够生活。但是为了生活，首先就需要吃喝住穿以及其他一些东西。因此，第一个历史活动就是生产满足这些需要的资料，即生产物质生活本身，而且，这是人们从几千年前直到今天单是为了维持生活就必须每日每时从事的历史活动，是一切历史的基本条件。"在马克思的历史唯物主义理论中，劳动被看作"一切历史的基本条件"和"人类的第一个历史性活动"，这既是人类历史发展的事实起点，也是整个历史唯物主义建构的逻辑起点。

- **劳动创造人本身**。马克思指出，人类为了能够更有效地占有自然物质，需要更好地进行手脑配合，这样一来，当人类通过劳动作用于自然并改变自然时，也就同时改变了人类本身。恩格斯也认为，无论是在人类的起源意义上，还是在人类的进化意义上，都是劳动创造了人本身。当然，我们常说"劳动创造了人"，并不是指人是由劳动创造出来的，而是指从猿到人的演化过程中，劳动起着决定性作用。例如，劳动让双手更灵活，使双手能够把石块磨制成石器；在劳动中，简单的呼叫不能满足互相交流的需要，语言便产生了。

2. 有尊严地劳动、公平地劳动、自由地劳动、幸福地劳动

劳动不仅具有经济价值，而且具有深刻的伦理意义。马克思从伦理学出发，提出有尊严地劳动、公平地劳动、自由地劳动和幸福地劳动这4个方面的主张。

- **有尊严地劳动**。劳动本身就是有尊严的，从事劳动的劳动者也应该有尊严。改革开放以来，受益于"人口红利"的助推作用，我国经济得以全面发展，各级政府部门坚持落实以人为本的科学发展理念，让劳动者在有尊严的环境下开展劳动。如果没有尊严，劳动价值就得不到充分尊重，劳动者的价值观、劳动精神就可能因此发生变化。例如，劳动者本来有艰苦奋斗的精神，却逐渐变得懈怠；本来有无私奉献的精神，却逐渐变得自私等。无论我们从事哪个行业，都应该有尊严地劳动，这将直接影响我们树立和坚持正确的劳动价值观。

- **公平地劳动**。公平地劳动是人类劳动自由的一种表现，社会上倡导的按劳分配、就业机会均等、同工同酬等，作用就是给劳动者创造更公平的劳动环境。只有在公平的劳动环境下，劳动者才能最大限度地发挥潜能，创造出更多价值。

- **自由地劳动**。自由地劳动是人的本质需要，马克思主义认为劳动是自由的、自主的、自觉的、自愿的，是劳动者的自我实现、自我创造、自我升华。在自由的劳动氛围下，劳动者的创造力可以无限放大，这有利于各种新方法、新技术、新工艺的发明创造；相反，在非自由的环境下劳动，劳动者就只能按部就班、循规蹈矩地完成自己的工作，创新也就无从谈起。

- **幸福地劳动**。幸福地劳动可以理解为，劳动者在劳动中正在实现或已经实现了自己内在的自由意志和目的，展现了自己的价值，获得了对自己的认可。正如马克思所说："我的劳动是自由的生命表现，因此是生活的乐趣。"如果劳动者都能幸福地劳动，人与人之间、人与社会之间以及人与自然之间的关系都将更加和谐美好。

3. 劳动是实现人全面发展的重要途径

在马克思、恩格斯看来，劳动是人的本质，也是发生在人身上的教育。这不仅是因为教育能够提高个人的劳动能力，还因为劳动本身也是潜移默化的教育过程，使人在劳动过程中吸取教训、总结经验，从而不断提高个人能力。

马克思、恩格斯通过对人类社会发展的观察，提出现代教育的目标在于实现人的劳动能力的全面发展。从他们所处的时代来看，当时社会分工的精细化已经导致人的劳动逐渐丧失了整体性，即体力劳动和脑力劳动逐渐被分离开来，二者各自发展，这在一定程度上限制和破坏了人类发展的全面性。因此，只有全方位地提高人的劳动能力，才能使人适应这种变化。也就是说，劳动作为人类实践活动最典型的表现，劳动能力的全面发展能够使人更好地适应劳动内容和形式的丰富性和可变动性，而劳动内容和形式的丰富性和可变动性也会促进人的劳动能力全面发展。

📖 案例阅读

打铁要靠自身硬——残疾夫妇勤劳致富

刘克香从小患有癫痫，她的丈夫林万昌因为意外双目失明、左手残疾。但身体的残缺并没有消磨夫妻俩的意志，他们辛勤地在地里劳作，面对同样的农活，他们需要付出更多的汗水。但是他们清楚，要想过上好日子，就得更加勤奋地干活。

令人敬佩的是，夫妻俩不依赖他人的帮助，他们希望给孩子树立身残志坚、勤劳拼搏的榜样。他们从不怨天怨地，反而教育孩子要学会感恩、学会自力更生。最终，他们的付出没有白费，栽种的庄稼获得了丰收，饲养的动物长得膘肥体壮，家里的债务也全部还清了，孩子的成绩在班里更是名列前茅。

感悟： 刘克香夫妇能够正确看待自己身体上的残疾，付出比常人更多的汗水，自力更生，归根结底是因为他们拥有正确的劳动价值观；坚信劳动才能使人强大，这正符合马克思主义劳动价值观。

二、新时代的劳动价值观

我国在马克思主义劳动价值观的基础上，进行中国化的劳动理论与实践探索，进一步发展马克思主义劳动价值观，形成了符合中国特色社会主义的新时代的劳动价值观——"劳动最光荣、劳动最崇高、劳动最伟大、劳动最美丽"。

1. 劳动最光荣

"劳动最光荣"以肯定劳动者的地位与作用为要义。

社会结构和社会分工的不同，导致劳动存在不同的差别，但正是这些差别造就了社会的多元化发展。劳动虽有差别，但并没有高低贵贱之分。

劳动者的付出，让整个社会有条不紊地运转，推动整个社会前进。我国要建成富强、民主、文明、和谐、美丽的社会主义现代化国家，从根本上看，只能靠劳动和劳动者来实现。所以，只要是合法劳动，就都是光荣的，每一位劳动者都应当受到尊重，每一位劳动者都值得被尊重；每一位劳动者在法律和人格上都是平等的，每一位劳动者在就业、医疗和养老等方面都享有相应的合法权益。从掏粪工人时传祥、公交车售票员李素丽，到水电工人徐虎、邮递员王顺友……无数个从平凡岗位上走出来的劳动模范，说明了在社会主义劳动价值观下，不同的劳动仅仅是分工的不同，并没有贵贱的区别。劳动者只要立足岗位和本职工作，兢兢业业、精益求精，在为社会和国家做出贡献的同时，也能实现自己的人生价值，受到社会的广泛认可。

"劳动最光荣"

素质养成　　就青少年学生而言，对劳动者的尊重，最重要的是要体现于日常行动之中。例如，走在大街上对辛劳的环卫工人多些尊重，不要乱扔垃圾；收到快递后，对风雨无阻的快递人员多些关心，由衷地表示感谢；就餐时，对服务员多些微笑与理解；等等。

2. 劳动最崇高

"劳动最崇高"是从赞扬劳模精神和工匠精神的高度认识劳动。

社会主义新时代涌现出了一批又一批的劳动模范和大国工匠，他们用自身行为诠释了何谓劳模精神和工匠精神。劳模精神和工匠精神塑造着人们的劳动价值观，激励着每一位劳动者在劳动过程中发扬爱岗敬业、争创一流，执着专注、精益求精等精神。因此，作为未来的社会主义建设者和接班人，青少年学生更要弘扬劳模精神和工匠精神，只要肯学肯干肯钻研，练就一身好本领，掌握一手好技术，就能立足岗位、成长成才，就能在劳动中发现广阔的天地，超越自我，成为他人的楷模。

3. 劳动最伟大

"劳动最伟大"是从创造世界、历史和人本身的角度出发认识劳动。

劳动创造世界、劳动创造历史、劳动创造人本身；劳动是人类社会存在和发展的基础，劳动创造物质财富和精神财富，劳动改造和完善人类社会；劳动促进个人人格健全，促进个人发展。青少年学生只有认清劳动的本质，明确劳动的个人价值与社会价值，才能树立正确的劳动价值观。其实，人的伟大就在于会劳动、能劳动和爱劳动。没有劳动的人生是毫无意义的，能劳动的生活是充满幸福的。

4. 劳动最美丽

"劳动最美丽"是从劳动创造美的角度认识劳动。

人生因劳动而精彩，生命因劳动而美丽。劳动最美丽是人类劳动本质的重要体现，劳动者正是通过辛勤劳动、诚实劳动和创造性劳动的实践过程，使劳动与美实现了和谐统一与高度结合。

"劳动最美丽"是对所有劳动者根本的价值要求，也是对全社会的价值要求。全社会都要以辛勤劳动为荣、以好逸恶劳为耻，尊重劳动、尊重知识、尊重人才、尊重创造，积极进行劳动实践。意在全社会营造一个尊重劳动的良好社会氛围，让诚实劳动、勤勉工作蔚然成风。

📖 案例阅读

"铁路小巨人"巨晓林

巨晓林，1962年出生，1987年前往中铁电气化局一公司三段铁路工地打工，从此他的一生和铁路电气化建设结下了不解之缘。

刚工作那会儿，只是普通农民工的巨晓林看着一张张施工图纸和一个个接触网零部件，脑子直发蒙。带他的师傅安慰他："只要下苦功，没有学不会的。"于是巨晓林凭着一股实干精神，白天学、晚上学，营地熄灯后还悄悄打着手电筒继续学习。他知道，农民工也应该努力学技术，成为懂行的人。

铁路接触网工是一个技术密集型工种，为了掌握铁路接触网的相关技术，巨晓林买了30多本专业书，抓紧一切时间学习。功夫不负有心人。有一次，巨晓林和工友们在北同蒲铁路工地进行接触网架线作业，当时每到一个悬挂点都要有人肩扛电线爬上爬下，不仅辛苦，效率也十分低。巨晓林用一个铁丝套挂住滑轮试了试，感觉一下子省了不少劲儿。大家按照他说的办法架线，效率瞬间提高了两倍。

学到的知识真正在施工中派上了用场，从此巨晓林学习更加努力了。他的工作服口袋里始终有一个小本子，施工中不管遇到什么问题，他都会马上记下，等有空的时候琢磨。就这样，参加工作30多年，巨晓林记下了近300万字的笔记。

更难能可贵的是，巨晓林虽然只有高中学历，但他编撰出了《接触网施工经验和方法》一书，该书成为接触网工作者的必备工具书，是铁路施工一线的"宝典"。巨晓林先后参加过大秦线、京郑线、哈大线、京沪高铁等10多项国家铁路重点工程建设，从一名普通农民工成长为知识型企业职工的优秀代表、大国工匠，荣获"改革先锋""全国劳动模范""全国创先争优优秀共产党员"等荣誉称号，获全国五一劳动奖章、中华技能大奖。

感悟：巨晓林从一名普通的农民工成长为大国工匠，主要靠他肯花气力、肯下功夫、肯去钻研的劳动精神。他用拼搏和汗水谱写了人生的精彩华章，用实际行动诠释了劳动最光荣、劳动最崇高、劳动最伟大、劳动最美丽。

素质养成

《中国教育现代化2035》指出："弘扬劳动精神，教育引导学生崇尚劳动、尊重劳动，树立依靠辛勤劳动创造美好未来的观念。强化实践动手能力、合作能力、创新能力的培养。"新时代的劳动者不仅要有力量，还要有智慧、有技术，能发明、会创新，努力营造劳动光荣、技能宝贵、创造伟大的时代风尚。

学与思

1999年，国际劳工组织（International Labour Organization，ILO）劳工局局长胡安·索马维亚在第87届国际劳工大会上首次提出了"体面劳动（Decent Work）"的概念，这一概念于2008年成为各成员努力达成的战略目标。所谓体面劳动，指"在自由、平等、安全和有人类尊严的条件下，让所有男人和女人有更多的机会获得体面的、生产性的工作"。它包括3个层面的基本内涵：一是"劳动者有劳动才体面"，有劳动是体面劳动的前提，"劳动者有劳动才体面"也是我们实现美好生活的根本前提；二是"劳动者因劳动而体面"，体面劳动的判断标准反映在劳动者的劳动态度和自身价值的创造等方面；三是"劳动者应体面地劳动"，它是体面劳动的关键环节，即劳动者的劳动是体面的，劳动者的劳动权利应得到充分的保障。

你认为体面劳动是正确的劳动价值观吗？如何实现体面劳动？

劳动实践——讨论新时代的劳动价值观

一、活动主旨

形成正确的劳动价值观，有助于我们树立正确的劳动观念，劳动观念影响劳动品质、劳动精神的培育，也会影响、支配劳动行为。本次劳动实践，请同学们分组讨论新时代的劳动价值观，在这个过程中形成对劳动的深刻认识和理解，树立正确的劳动价值观，并积极投入劳动实践中。

二、活动内容

每位同学登录央视网，搜索、观看《劳动铸就中国梦》纪录片。《劳动铸就中国梦》纪录片共6集，以"劳动铸就中国梦"为核心主题，分别从 "劳动改变命运" "劳动创造财富" "劳动点亮智慧" "劳动提升品质" "劳动缔造幸福" "劳动彰显国魂" 等角度，选取具有时代特征的典型人物，讲述普通劳动者的故事，体现社会主义核心价值观，倡导"劳动最光荣、劳动最崇高、劳动最伟大、劳动最美丽"的观念。

（1）观看《劳动铸就中国梦》纪录片后，同学们4～6人为一组，就以下3个问题进行小组讨论，每个小组集思广益，形成小组的见解。

① "劳动"是什么？

② 新时代正确的劳动价值观是什么？

③ 青少年如何树立正确的劳动价值观？

新时代劳动价值观内容参考

（2）每个小组选出一名小组代表，就讨论结果在课堂上发言。在每个小组代表发言时，其他同学注意吸收好的观点为自己所用。

三、活动要求

每个同学都要参与其中，认真观看纪录片，形成自己的见解。在小组讨论时，每个同学既要踊跃发言，又要耐心倾听，有疑问及时提出，大家一起商讨确认。

02 项目二 传承新时代劳动精神

❀ 学习目标

1. 理解劳动精神的内涵。
2. 理解劳模精神、工匠精神的内涵与意义。

❀ 素养目标

1. 培养崇尚劳动、热爱劳动、辛勤劳动、诚实劳动的劳动精神。
2. 在生产生活劳动中践行与弘扬劳模精神与工匠精神。

情境导入

"劳动精神、劳模精神、工匠精神是以爱国主义为核心的民族精神和以改革创新为核心的时代精神的生动体现……"宿舍里面，秦辉和舍友们正在听劳动教育的广播，热烈地讨论着，热切的声音激励着他们。有的人说："辛勤劳动创造幸福生活。"有的人说："我们应该用劳动的双手为国家繁荣、民族复兴、社会发展贡献自己的力量。"有的人说："我们应该在日常生活中培养、践行和弘扬劳动精神、劳模精神、工匠精神，为时代精神摇旗呐喊。"……显然，劳动精神、劳模精神、工匠精神使这群年轻学子找到了奋斗的方向。

任务一 学习劳模精神

劳模即劳动模范，劳模精神即劳动模范的精神，劳动模范是广大劳动者中的杰出代表，是广大劳动者学习的榜样。劳动模范之所以会成为劳动模范，是因为他们在平凡的岗位上做出了不平凡的业绩，他们所坚持、坚守、坚定的基本信念、价值追求、人生境界及其展现出的整体精神风貌，是伟大时代精神的生动体现。

微课视频：
劳模精神

一、劳模的形象变迁

劳模的形象，随着国家发展阶段的不同而变迁。回顾新中国成立以来的时光，从建设家园到实现现代化，随着劳动者的时代使命的变更，劳动模范的面孔发生着明显的变化。

新中国成立初期的劳模，大多是体力劳动者。例如，"宁愿一人脏，换来万家净"的掏粪工人时传祥，每天背着粪桶穿梭在大街小巷，成为备受尊重的劳动者典范；"宁肯少活20年，拼命也要拿下大油田"的王进喜，毫无保留地将生命奉献给了他所热爱的石油事业，其顽强拼搏的铁人精神激励了无数劳动者……二十世纪五六十年代广为人知的劳模，大都如时传祥、王进喜一样，以"埋头苦干"著称。在新中国成立初期，他们成了激励各族人民积极投身社会主义建设的强大力量。

改革开放时期，党和国家号召尊重知识、尊重人才，充分肯定了知识分子的地位和作用，劳模形象陡然一变，以吴文俊、陈景润、蒋筑英、罗健夫等为代表的知识分子以及"抓斗大王"包起帆、"金牌铆工"杨建华、"专家型工人"李斌等一大批"知识型"产业工人成为劳动模范。他们勇立时代潮头、锐意改革创新，在波澜壮阔的改革开放历史进程中绽放出夺目光彩。

21世纪，知识、科技与创新成为与劳模相关的关键词。党的十九大报告提出，建设知识型、技能型、创新型劳动者大军，弘扬劳模精神和工匠精神。这一阶段劳模队伍进一步扩大，不仅有知识分子和"知识型"产业工人，还有企业家和农民工，以及新兴劳动群体。例如，劳模贾磊的身份是"网络语音架构师"，这位百度员工带着用技术改变中国人生活的理想，只用半年时间就上线了完全自主研发的语音搜索系统，为中国本土的语音技术发展做出了杰出贡献。中国特色社会主义新时代的劳模在各自岗位上做出的骄人成绩，正在深刻地改变着你我的生活，他们把劳模精神、劳动精神和工匠精神融为一体，谱写了"中国梦·劳动美"的新篇章，让劳模精神在千千万万劳动者中赓续传承。

"铁人"王进喜
（图片来源：人民网）

"知识分子的优秀代表"蒋筑英
（图片来源：人民网）

时代在变，劳模的结构在变、面孔在变、工作方式在变，劳模精神的内涵不断丰富。不变的，是劳模执着于事业、不断超越的热情和爱岗敬业、甘于奉献的精神；不变的，是国家对劳模的尊重和褒扬；不变的，是劳模精神的本质。劳模是一个时代的风向标，能推动全社会形成尊重劳动、劳动光荣的良好风尚。

劳动前沿

1950年，党和国家首次表彰劳动模范。1989年以来，全国劳动模范和先进工作者评选表彰工作基本上每5年开展一次，每次表彰3000人左右，授予在中国特色社会主义建设事业中做出重大贡献者"全国劳动模范"等荣誉称号，目的就是弘扬劳模精神。

二、劳模精神的内涵

"爱岗敬业、争创一流，艰苦奋斗、勇于创新，淡泊名利、甘于奉献"，24个字、3组词，精准概括了劳模精神的丰富内涵，一方面道出了劳模能从广大劳动者中脱颖而出的根本原因，另一方面为我们科学理解和大力弘扬劳模精神提供了方向和指导。

1. 爱岗敬业、争创一流

爱岗敬业、争创一流体现的是劳模的本色和追求。

"爱岗敬业"指的是忠于职守的事业精神，爱岗就是热爱本职工作，敬业就是用一种恭敬严肃的态度对待自己的工作。爱岗敬业是一个人生存和发展的基础保障。爱岗敬业要求劳动者干一行，爱一行。劳动没有高低贵贱之分，无论你是清洁工、售票员、邮递员、水电工，还是教育者、科研工作者，只有立足本职工作，尽职尽责、兢兢业业，才能在为社会和国家做出贡献的同时，实现自己的人生价值，受到社会的广泛认可。

争创一流是指做就要做得比别人好，比别人强，敢于做标兵、做榜样。争创一流要求劳动者干一行，专一行。干一行，专一行不是体现在学科意义上的"专业"，而是岗位职责对能力素质提出的专门要求。劳动者"干一行，专一行"靠的是立足岗位职责持续学习，加快自身知识更新，加强实践锻炼，以此练就过硬本领，成为做好工作的行家里手，这样才能高质量、高标准、严要求地完成工作。

📖 案例阅读

"金牌工人"许振超

许振超，1950年1月出生，只有初中文化的他于1974年来到青岛港成为一名码头工人。凭着勤奋好学、苦学苦练，他很快成了码头上人人知晓的"许大拿"。

1984年，青岛港开始筹建专业集装箱公司，许振超当上了第一批桥吊司机。1991年，许振超当上了桥吊队队长。不管是担任桥吊司机还是担任桥吊队队长，许振超都坚持自学，家里与机械、电气有关的书籍、报刊等摆满了书橱。功夫不负有心人，许振超学出了名堂，由一名普通工人成长为名副其实的桥吊专家。2001年，青岛港启动前湾集装箱码头建设，由于种种原因，桥吊安装没有大的进展。许振超临危受命，担任桥吊安装总指挥。经过40多天的奋战，重1300吨、长150米、高75米的超大型桥吊终于矗立在前湾宽阔的码头上。

许振超常说："人总是要有一点精神的，干就干一流，争就争第一，拼命也要创出世界集装箱装卸名牌，为企业增效，为国家争光"。2003年4月27日晚，青岛港新码头灯火通明，许振超和他的工友们在"地中海法米娅"轮上开始了向世界装卸纪录的冲刺。许振超和工友用6个多小时，把3400个集装箱全部装卸完毕，创下了单船效率339自然箱的世界纪录。之后，他们又9次刷新这项纪录，"振超效率"享誉全球。

从一个普通的码头装卸工人到技术工人，再到技术能手、技术专家，许振超的多项技术改造填补了国际空白，他创造出的"振超工作法"更是为青岛港提速发展提供了宝贵经验。如今，这位荣获"全国道德模范"称号、全国五一劳动奖章等的"金牌工人"，仍在青岛港为他设立的"许振超大师工作室"里，和新一代码头工人围绕自动化集装箱码头技术，开展以高效服务为目标的创新。

许振超在青岛港工作
（图片来源：人民网）

感悟： 虽然许振超只有初中文化，但他以爱岗敬业、争创一流的劳模精神，干一行、爱一行、精一行，在平凡的岗位上做出了不平凡的业绩，从一名普通码头工人成长为学习型、知识型、创新型的当代产业工人的杰出代表。

素质养成

　　爱岗敬业是每个人都可以做到的，而且应该做到的。提倡爱岗敬业，并不是要求人们终身只能干一行，爱一行，而是选定一行，就爱一行。只要是在自己的工作岗位上认真负责、尽心尽力，遵守职业道德，就践行了爱岗敬业的精神。

2. 艰苦奋斗、勇于创新

艰苦奋斗、勇于创新体现的是劳模的作风和使命。

艰苦奋斗不仅是指崇尚节约的生活作风，还指不畏艰难、锐意进取的思想品格。劳动是一切幸福的源泉，而幸福都是奋斗出来的。历年来的劳动模范，他们身上都有一个共同点，那就是奋发奋斗、苦干实干。所有劳动者都可以依靠自己的智慧和汗水，通过不懈的奋斗，练就一身真本领，掌握一手好技术，脚踏实地做好每一件事，成就不平凡的人生。

党的二十大报告指出，教育、科技、人才是全面建设社会主义现代化国家的基础性、战略性支撑。必须坚持科技是第一生产力、人才是第一资源、创新是第一动力，深入实施科教兴国战略、人才强国战略、创新驱动发展战略，开辟发展新领域新赛道，不断塑造发展新动能新优势。国家繁荣、民族复兴、社会发展的动力来源于创新，勇于创新是劳动者的使命。近年来评选出的劳模中，高级技工、科研精兵的比重不断增加，知识型、创新型劳动者不断涌现。"多做一点点、创新一点点，日积月累，'高原'才能成为'高峰'，才能推动中国制造向中国创造转变。"全国劳动模范、中国电子科技集团公司第五十四研究所钳工夏立说。

3. 淡泊名利、甘于奉献

淡泊名利、甘于奉献体现的是劳模的境界与修为。

淡泊名利、甘于奉献是不为名、不为利，不求回报、没有私心地付出。从"公而忘私，国而忘家"一心为国的高尚品质，到"先天下之忧而忧，后天下之乐而乐"的崇高志向，再到"苟利国家生死以，岂因祸福避趋之"的爱国情操，先哲将奉献精神体现得淋漓尽致。我们可以说，淡泊名利、甘于奉献是人们追求中华民族传统美德的最高境界。各个年代的劳模们，为了党和国家的事业以及人民的幸福生活，也在默默奉献着汗水和智慧，例如"只要生命不结束，服务人民不停止"的杨善洲，"忠诚执着守初心，无私奉献担使命"的张桂梅等。

在当代社会，要做到淡泊名利、甘于奉献，我们要处理好"义"和"利"的关系，处理好经济效益与社会效益的关系，处理好个人利益与集体利益的关系，即"先义后利""见利思义"，把奉献精神落到实处。对当代青少年学生而言，要自觉意识到自己的社会责任和历史使命，在校以学知识、长能力为首要目标，以努力学习的先进个人为学习榜样，然后为社会做出实实在在的贡献。

案例阅读

点亮乡村女孩人生梦想的优秀人民教师张桂梅

1957年6月，张桂梅出生于黑龙江省牡丹江市的一个农民家庭；1988年，以优异的成绩考入丽江教育学院（今丽江师范高等专科学校）中文系；1990年毕业后，随丈夫调到大理白族自治州喜洲一中任教。

张桂梅参加二十大接受记者采访
（图片来源：人民网）

1996年8月，一场家庭变故让张桂梅从大理来到丽江山区，在华坪县中心学校任教，从此她便在山区扎下了根。1997年9月，因教学工作出色，张桂梅被调到华坪县民族中学（简称"民中"）。这期间她忍受着病痛坚守在岗位上（1997年4月，张桂梅被查出患有子宫肌瘤）。1998年中考，她所教学生的语文、政治的综合成绩分列全县第四、全县第二。1999年中考，民中全体教师在她的带动和鼓舞下，经过顽强拼搏，使全校成绩又上一个新台阶，位列全县第一，全区第二。

2001年，张桂梅兼任新建的华坪县儿童福利院（华坪儿童之家）的院长。此后，她除了上课，还要照顾福利院的孩子们。

2002年春节，张桂梅的肺部也有了病灶。她一直带病坚持工作，两次大的手术都安排在放假期间去做，没有因病耽误一节课。她的工资除了必要的生活开支，全部用来接济学生。她一边在民中教书，一边担任华坪儿童之家的院长，管理着几十个孩子的衣食住行。

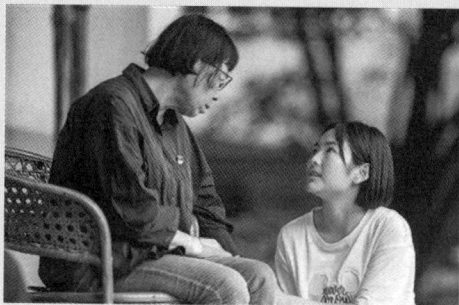

张桂梅与学生在校园内谈心
（图片来源：人民网）

初到华坪任教的张桂梅就发现，在家务农、外出打工或早早嫁人，是大多数山里女孩的共同命运。"读书能解决三代人的问题"，带着这样的初心，张桂梅四处奔波，筹措资金办学，推动创办了面向贫困山区女孩的免费女子高中——华坪女子高级中学。该校于2008年9月1日正式开学。建校以来，华坪女子高级中学高考本科上线率最高达到99%，高考综合上线率一直保持100%，帮助无数名女孩考上大学。如今，该校毕业生有的当了医生，有的参军入伍，还有的回到这里当了教师。扎根边疆山区四十余载，张桂梅用教育之光阻断贫困的代际传递，照亮了无数人的心。

感悟： 对于张桂梅，再多的褒奖都不足为过。2020年，中共中央授予张桂梅"全国优秀共产党员"称号时，评价她把全部身心投入到边疆民族地区教育事业和儿童福利事业。她坚持用红色文化引领教育，培养学生不畏艰辛、吃苦耐劳的品格，引导学生铭记党恩、回报社会。她以坚韧执着的拼搏精神和无私奉献的大爱，诠释了共产党员的初心使命。

三、劳模精神的意义

守本分、有追求、讲作风、担使命、有境界、有修为不仅是每一位劳模应该具备的精神风范，更是每一位劳动者应该追求的目标。不论时代如何变迁，劳模都是每个时代劳模精神的典型化身，劳模精神始终熠熠生辉。

1. 劳模精神是实现中华民族伟大复兴的精神资源

新时代的劳模精神是数代劳模经过日复一日、年复一年的劳动实践形成的，顺应了社会发展的现实需要，是新时代迫切需要的精神力量。它将继续激发广大劳动者的劳动热情，是实现中华民族伟大复兴的精神资源。

2. 劳模精神昭示新时代的价值取向

习近平总书记强调："要在学生中弘扬劳动精神，教育引导学生崇尚劳动、尊重劳动，懂得劳动最光荣、劳动最崇高、劳动最伟大、劳动最美丽的道理，长大后能够辛勤劳动、诚实劳动、创造性劳动。"这既是对广大学生的谆谆嘱托，也是对未来劳动者用奋斗成就梦想的殷切期待，昭示着新时代劳动教育的价值取向。

长期以来，广大劳模以高度的主人翁责任感、卓越的劳动创造、忘我的拼搏奉献，为中国特色社会主义建设事业贡献出巨大的力量，生动诠释了中国人民具有的伟大劳模精神。青少年学生应该以劳模为榜样，认真聆听劳模故事，在实践中体悟劳模精神，在磨炼意志和增长才干中感受劳动的乐趣和成果，从而培育辛勤劳动、诚实劳动、创造性劳动的精神气质。

3. 劳模精神激励广大劳动者做新时代的奋斗者

社会主义是干出来的，新时代是奋斗出来的，在全面建设社会主义现代化国家的新征程上，广大劳模是"干出新时代"的排头兵，是践行"实干兴邦"的楷模，激励着广大劳动者做新时代的奋斗者，为民族振兴、国家富强、人民幸福而拼搏奋斗。

📖 **案例阅读**

"中国天眼之父"南仁东

南仁东（1945年2月—2017年9月），中国天文学家、人民科学家，"中国天眼"建设工程的主要发起者和奠基人。"中国天眼"指500米口径球面射电望远镜（Five-hundred-meter Aperture Spherical Radio Telescope，FAST）。没有南仁东，很难想象"中国天眼"会伫立于世。20多年来，从FAST的选址、立项、可行性研究，到指导各项关键技术的研究以及模型试验，南仁东似乎为这只"中国天眼"着了魔，把精力毫无保留地奉献给了它。而这一切需要从1993年讲起。

1993年，国际天文界动议，要联合建造大射电望远镜。一位中国天文学家说："咱们也建一个吧。"为此，他辞去了日本国立天文台客座教授的职务，毅然回到祖国，帮助中国争取到这个机会。这个人，就是南仁东。

在国际上，用钢结构建造的大射电望远镜，口径突破100米已经是工程的极限。想建更大口径的射电望远镜，就要选择一个又大又圆的坑，借助地势来实现。贵州的喀斯特地貌中洼坑无数，成了候选目标。可是，具体选在哪里呢？南仁东为此来到中科院遥感所求助。在那里，他遇到了日后成了"中国天眼"选址组组长的聂跃平。聂跃平为其提供了贵州喀斯特地貌的1万多个洼坑的信息。台址的要求苛刻，半年过后，才在这1万多个洼坑中挑选出100多个合适的。而对于这100多个洼坑，南仁东坚持每一个都要实地考察。于是，他一头钻进贵州的大山里，一路翻山越岭，一晃就是12年。无数个风雨交加的日夜，无数次泥泞不堪的征途，无数个人迹罕至的终点……直到2006年，南仁东找到了完美的台址——贵州省黔南布依族苗族自治州平塘县克度镇大窝凼。这一年，他已经61岁了。

"中国天眼之父"南仁东
（图片来源：新华社）

2007年7月，FAST工程作为国家重大科技基础设施正式立项。2011年3月，工程正式开工。2013年12月，直径500.8米的圈梁合拢。2014年11月，6座百米馈源塔竣工。在此期间，南仁东事事亲力亲为，对每个细节了如指掌。2015年，"中国天眼"的索网终于胜利地完成了合拢。也就在那一年，夜以继日的付出让南仁东病倒了，他被确诊肺癌晚期。然而，后面还有那么多重要的工程都还没有完成，怎么能没有南仁东呢？半年后，南仁东回到了工地上，他一如既往地拼命工作。2016年9月25日，经过了20余年艰苦卓绝的努力，"中国天眼"落成启动。

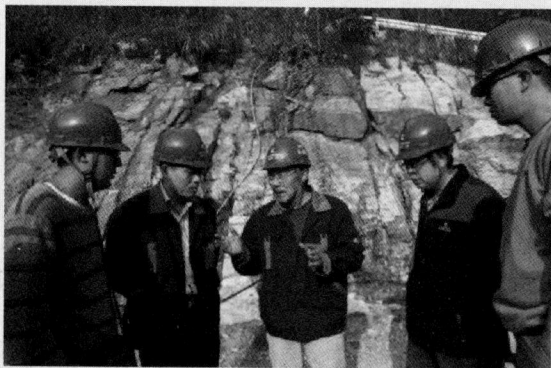

南仁东（左三）与工程技术人员在大窝凼施工现场
检查施工进展
（图片来源：新华社）

一年后，南仁东因病逝世。从提出建造大射电望远镜开始，南仁东就把自己与"中国天眼"捆在一起，把余生毫无保留地献给了它。2017年，"中国天眼"正式启用，那一刻，世界和中国都为之一振！"天眼之父"南仁东却没能看见这一天。

感悟： 20多年间，南仁东无怨无悔，从未放弃。他选择放弃一切优渥的待遇去追求他心中的梦想，并且一直奋斗他到生命的最后一刻。南仁东值得每个人铭记，南仁东的精神值得每个人学习。

☆ 学与思

新中国成立以来，一批又一批具有崇高精神和时代特色的劳模脱颖而出，生动诠释了不同时代的精神力量。请同学们以小组为单位，以新时代劳模精神的内涵为准，评选出本班的"劳模"，并在课堂上介绍相关人物的先进事迹和精神风貌，让大家学习他的优良品质和精神。

任务二　培养劳动精神

劳动精神是指崇尚劳动、热爱劳动、辛勤劳动、诚实劳动的精神。劳动精神是每一位劳动者为创造美好生活而在劳动过程中秉持的劳动态度、劳动理念及展现出的精神风貌。"三百六十行，行行出状元"，尽管大家职业不同、岗位有别，但只要具备劳动精神，肯学肯干肯钻研，就能练就一身真本领、掌握一手好技术，就能在劳动中发现广阔的天地，在劳动中体现自己的价值，创造不平凡的人生。

一、崇尚劳动

"崇尚"是尊崇、提倡的意思，常用于表述推崇某种观念。崇尚劳动就是推崇劳动、提倡劳动。中华民族是勤于劳动、善于创造的民族，崇尚劳动的观念自古就存在于中华民族的血脉中。

我们崇尚劳动，是因为劳动创造物质财富，一粥一饭、半丝半缕都是劳动的结晶；所谓"仓廪实而知礼节"，我们崇尚劳动，是因为劳动不仅创造了物质财富，还创造了精神财富，使我们的生活更加充实；我们崇尚劳动，是因为梦想总是靠脚踏实地的行动实现的，追梦之路虽然坎坷，但劳动给了我们坚定的信心，去成就自己心中绚烂的梦想。

总之，只有崇尚劳动，懂得一切幸福生活皆来源于劳动，人们才渴望劳动。崇尚劳动是树立劳动观念、培育劳动精神和劳动品质的基石。

案例阅读

农民工"逆袭"技术专家

出身农村，没有学历、文凭的打工者能不能在大城市里有一番作为？刘军用他的奋斗经历告诉你：能！

1976年冬天，刘军出生在河北省张北县大河乡一个穷苦的小山村里。中学辍学后，刘军当过餐厅服务员，在老家县城摆过摊，从事过珠宝首饰的加工与设计工作，也跑过业务，但他知道，他的人生不能止步于此。

2000年，刘军开始了他的"北漂"人生。他干过硬件拆卸工、墙体装修工，住的是地下室，什么便宜吃什么。尽管生活艰难，但是刘军从未放弃过学习。来北京的几年间，刘军自学了CAD和Solidworks等设计制图软件，并参加了成人高考，获得了大专学历、高级电气工程师职称。这都为他日后的工作打下了坚实的基础。

皇天不负有心人，很快，刘军便迎来了发挥才能的机会。2004年，刘军应聘到北京基业达电气有限公司工作。他的第一份工作并不是产品研发，而是制作公司的广告牌。虽然不是科班出身，但这份工作对于读书时担任过板报组组长的刘军来说却是轻车熟路。仅一个星期，他就完成了作品并获得了公司领导的认可。原本有三个月的试用期，刘军只用一个月就转正了。因勤于动脑、手脚麻利、创新想法多，刘军很快便开始负责公司的产品研发工作。

参加工作十几年，靠着勤奋好学、刻苦钻研的精神，刘军从一名普通的车间安装工成长为工艺员、工程师。他不仅获得多项国家专利、创新成果奖，还荣获了"北京市劳动模范""第二十二届北京优秀青年工程师""全国劳动模范"等荣誉称号。这一切，刘军认为，就是源自一句话：要不停地学习、提高自己，并且踏踏实实地工作。

感悟： 十几年时间，从农民工到技术专家，刘军用劳动实现了自己的价值。作为一位平凡的劳动者，他在平凡的岗位上，靠辛勤劳动、刻苦钻研一步步走到今天。若不是怀着崇尚劳动的观念和态度，懂得一切幸福生活皆来源于劳动，刘军无法描绘出人生的精彩篇章，创造出属于自己的幸福生活。

二、热爱劳动

《左传》中栾书对楚国赞叹有加，说楚国国君告诫本国臣民："民生在勤，勤则不匮。"这句话是说，人民的生计在于辛勤劳动，辛勤劳动就不会缺衣少食。对于劳动，我们应该持有热爱的态度，只有热爱，才更容易勤劳。

持有热爱劳动的态度能够促使劳动者自觉自愿、积极主动劳动，表现为劳动者既能欣然接受劳动任务，又能主动承担劳动任务，还能正确对待"苦差事""分外事"。

1. 欣然接受劳动任务

在家里，父母会为我们安排劳动任务，如洗衣做饭、打扫房间等；在学校里，教师和同学会给我们安排劳动任务，如整理课桌、处理垃圾等。

当他人给你安排劳动任务时，你是欣然接受还是婉言推辞或断然拒绝？每个人在接到劳动任务时的想法不同，有的人不愿意承担，有的人拈轻怕重，有的人只接受对自己有利的任务。凡此种种，都不是热爱劳动的正确态度。要培养热爱劳动的精神，面对他人安排的劳动任务，我们应该欣然接受。将欣然接受劳动任务的习惯带到未来的工作岗位上，对我们的职业生涯和人生发展都将有很大的帮助。

2. 主动承担劳动任务

拿破仑·希尔是在全世界享有盛名的现代成功学专家和励志书籍作家。他在读了《致加西亚的信》这本影响了许多人的畅销书后，对自觉自愿的美德给出了极高的评价："自觉自愿是一种极为难得的美德，它能驱使一个人在被吩咐应该去做什么事之前，就能主动地去做应该做的事。"自觉自愿、主动承担劳动任务的人，是大家学习的榜样。同时，积极主动不仅仅是主动劳动，更重要的是敢于承担，敢于对自己、对劳动任务负责，这是积极主动更深层的含义。

积极工作赢得同事认可

消极被动的人容易被环境左右，例如在工作中受到表扬就愉快积极，受到批评则消极抵触；对自己有利的任务尚能坦然接受，遇到困难则会退缩逃避。而积极主动的人心中自有一片天地，热爱劳动的劳动观是促使他们积极主动劳动的关键，即使在劳动过程中面对恶劣环境，他们依然不会动摇自己的敬业精神。要想追求幸福而圆满的人生，我们就应该具备积极主动的精神，主动去追求想要实现的目标。所谓"逆水行舟，不进则退"，培养良好的习惯依赖于我们每一次积极主动的实践，如果消极被动，我们就可能养成一些坏习惯，从而被各种难题压垮。

📖 案例阅读

工作积极主动赢得他人尊重

有位员工在一家公司工作了一年，他的工资是公司所有员工中最低的，老板对他也不太重视。因此，这位员工告诉他的朋友，如果继续这样下去，他总有一天要跟他的老板翻脸，然后辞职。

他的朋友问他："你把你们公司的业务都搞清楚了吗？公司开展业务的秘诀你掌握了吗？"他心有不甘地说："还没有！"于是朋友劝他："那我建议你先静下心来，认认真真地工作，把公司的业务流程、合同文书、组织结构等各方面内容都完全弄清楚了再辞职，这样做岂不是既出了气，又可以很容易地找到其他工作。"他接受了朋友的提议，一改往日的散漫习惯，开始认真地工作，甚至下班以后，还经常留在办公室里研究商业文书的写法。

又过了一年，那位朋友偶然碰到他，便问："你把该学的东西都学会了吧？什么时候辞职呢？"他却说："我发现近半年来，老板对我另眼相看了，最近更是对我委以重任，又给我升职，又给我加薪。对了，不仅仅是老板，公司里的其他人都开始敬佩我了！"

感悟：这位员工在公司的地位，完全取决于他对待工作的态度。消极被动地工作，自然得不到赏识和重用，也不会赢得他人由衷的敬重；而积极主动地工作，则能够赢得他人的重视并使自己不断成长。

3. 正确对待"苦差事""分外事"

所谓的"苦差事""分外事"，何尝不是自己提升能力的机会？一方面，我们可以有更多机会不断地锻炼自己、充实自己；另一方面，我们会拥有更多的展示舞台，把自己的能力和才华适时地表现出来，引起别人的注意，得到别人的尊重和认可。所以，不要局限于自己的"分内事"，更不要抱着"我只负责简单的工作就好了""我只负责自己的工作就好了"的想法，而要看看除基本职责之外，自己还能多做些什么。

三、辛勤劳动

"辛勤劳动"表明劳动者要充分遵循劳动的客观规律并要达到一定的劳动强度，做体力劳动要付出辛劳和汗水，做脑力劳动也要付出智慧和心血。如果说热爱劳动是一种自觉自愿、积极主动的态度，那么辛勤劳动就是将这种态度落到实处的表现。

1. 及时实施劳动任务

我们承担劳动任务后，要及时实施劳动任务，以收获立竿见影的劳动成效。有的人在实施具体的劳动任务时有"拖延症"，常常把今天的事放到明天做。如果抱着"能拖则拖"的心态，久而久之，面对劳动任务就会养成消极拖延的坏习惯。而拖延行为会导致我们马马虎虎地实施劳动任务，以在规定的劳动期限内完成劳动任务。这样会让我们陷入劳动效率不高、劳动成效不好的不良循环中，最终会导致我们越来越抵触劳动。

"闻鸡起舞"的故事，讲的是东晋时期的将领祖逖年轻时胸怀坦荡，具有远大抱负，他与好友刘琨同为司州主簿，两人常互相勉励。为了报效国家，他们在半夜一听到鸡鸣，就披衣起床，拔剑练武，刻苦锻炼。这个故事表达了及时奋发的刻苦精神。"明日复明日，明日何其多。我生待明日，万事成蹉跎。"明朝的钱福在《明日歌》中告诉了我们一个浅显的道理：如果我们把今天的事情放到明天做，就会白白浪费很多时间，错过很多机会，虚度年华，导致很多的事情都成了空想。因此，我们要克服自己的拖延心理，在接到劳动任务时，要进行自我管理，给自己设定任务完成期限和完成标准，充分利用好劳动时间，及时付诸行动。此外，为了督促自己及时实施并高效完成劳动任务，我们可以积极暗示自己完成任务将获得的益处和成就感。

2. 不折不扣地落实劳动

不折不扣是完完全全、十足的意思。不折不扣地落实劳动，就是指我们在劳动中不能滥竽充数，不能偷工减料，不能投机取巧，要认真完成全部的劳动任务。优秀的劳动者，不管是做什么工作都践行"干一行，爱一行"的工作态度，总是不折不扣地落实劳动。如果没有这种态度，我们很难长期坚持，更别提做出优异的成绩。

在实施劳动任务的过程中，不折不扣地落实劳动是顺利完成劳动任务、保证劳动质量的重要前提。然而，日常生活和工作中，有不少人存在"差不多"心理，这种心理其实是一种侥幸心理，是不负责任的表现。这种心理将直接导致劳动标准降低、创造力减弱。要想克服"差不多"心理，不折不扣地落实劳动，在思想指导方面，我们要树立勇于担当的责任意识；在具体行动方面，我们首先应该明确劳动任务的目标和要求，并制订合理的劳动计划，其次要严格按照劳动计划，一步一步地开展劳动。例如，我们在打扫教室、实验室等地方时，可以分区域打扫，并认真仔细地打扫每一个角落，那么我们就是不折不扣地落实了劳动；相反，如果我们认为一些角落不干净不会影响整个室内的干净整洁，而不去打扫这些角落，那么我们就没有不折不扣地落实劳动。

3. 全身心地投入劳动

全身心地投入劳动是一个人职责范围内的事情。全身心地投入劳动需要我们怀着满腔的热情，充满激情，这样才能在劳动中更好地发挥自己的聪明才智，将不可能变为可能，将平凡的事情变得不平凡。

现在，我们正处于学习知识、增长才干的关键时期，做任何事都要专心致志、心无旁骛。将来，我们无论从事何种

皮匠师傅在专注画皮具草稿

职业，都要全身心地投入其中，尽自己最大的努力，在工作中挑战自我，主动克服困难，不断地追求进步。我们始终要相信，要想干出一番事业，就要坚持不懈地付出极大的努力，全身心地投入劳动中。做事马马虎虎、敷衍了事，只想寻觅快活，充其量只能获得一时的快感，绝不会感受到内心深处的惊喜和快乐。聚精会神、孜孜不倦地完成劳动任务，不仅会获得成就感和充实感，还可以修身养性、磨炼人格。

📖 案例阅读

做一颗"小小螺丝钉"

谢坚，1967年12月出生，中国邮政珠海市分公司外伶仃邮政营业所主管兼邮递员。

谢坚人如其名，自1988年从海军部队退役以来，坚守岗位30多年。30多年来，他投递邮件270多万件，投送党报党刊45万多份，救活"死信"3万多封，做到件件有着落，封封有回音。这些都是谢坚在外伶仃岛上的"战绩"。

"海岛通信权到位，就是海岛主权到位。"谢坚道出了坚守了多年的心声。曾经，20多岁的谢坚没想到，缺水少电、条件艰苦的外伶仃岛，会成为他奉献整个青春的"新战场"。当年，书信电报是岛上渔民、驻岛官兵与外界联系的唯一方式，谢坚一个人承担了外伶仃岛及周边6个海岛的邮政服务。并且一些信上常常只写"外伶仃岛某某收"，谢坚必须挎上邮差包，上渔船、爬渔排挨个找人。而看着人们收信时的狂喜或痛哭，他有了坚持下去的动力。物质条件的艰苦，越发凸显精神的富饶。本来有几次机会可以轮换回市区工作，但谢坚都放弃了。"以前我送电报，内容不是喜事，就是悲事。无论哪种，接报人大多会抱着我哭，对于外伶仃岛的人来说，'家书抵万金'。"谢坚说自己就是想干好本职工作，做一颗中国版图上的"小小螺丝钉"。慢慢地，外伶仃岛上有了公路，有了电话，能上网，还成了旅游景点。虽然"零丁洋里叹零丁"的恶劣条件不再，但谢坚和渔民始终忘不了基础设施落后带来的苦。

2018年是谢坚当选全国人大代表的第一年，他调研偏远地区实际情况、汇集群众心声后，呼吁加快推进海岛等偏远地区公共基础设施建设，很快得到相关部门的答复与响应。自2018年当选全国人大代表以来，谢坚提出了多个建议，助力偏远地区公共基础设施建设、推动快递进农村、建言海水养殖业发展等。这些无一不来自基层群众的真切心声，为的都是让父老乡亲的生活更加幸福。

感悟： 谢坚在平凡的岗位上辛勤劳动，以高度的主人翁责任感忘我拼搏和奉献，克服工作中的困难，展现了"劳动最美丽"的时代形象。正是无数个谢坚似的劳动者，为社会的发展添砖加瓦，造就了强大的祖国。

4. 克服劳动中的困难

在劳动中，我们难免会遇到各种各样的困难。体力劳动者会因为工作环境不佳而感到劳累，在办公室里工作的中层管理者会因为忙于协调各种矛盾而身心疲惫，居于高位的领导者常常承受着公司内部管理和整体运营的压力。如果一个人只想享受劳动带来的益处和快乐，遇到困难就逃避，喋喋不休地抱怨，那么这个人就是一个不负责任的劳动者。

我们只有全身心地投入劳动，才能享受到劳动带来的快乐，也才能有收获。倘若我们遇到困难就逃避和抱怨，必然享受不到劳动带来的快乐和成功的喜悦。要想把事情做出色，我们就一定要坦然地接受劳动的一切，除了益处和快乐，还有艰辛和困难。许多发明和创造就是在艰苦的劳动实践中产生的。除了通过知识学习和劳动实践提高自身解决问题的能力，我们还可以通过以下3种办法来克服劳动中的困难。

● **劳逸结合**。在劳动中遇到困难时，我们可以放下手中的工作适当放松身心，如到户外散步、打球。紧绷的精神状态有时不利于开展工作，等到压力释放了，在心情放松的状态下，可能事情就会峰回路转，出现新的转机，难题就会迎刃而解。

● **分解劳动任务**。我们可以分解复杂的劳动任务，然后按计划分阶段实现目标。以学习为例，如要在本月记住900个英文单词、读300页的课外专业书，那么我们可以将总任务分解，要求自己每天记住30个单词、读10页书。我们还可以结合奖惩制度来鞭策和激励自己，如果每天的任务完成了，就给自己奖励，反之则给自己惩罚。

● **请教他人**。人无完人，一个人不可能掌握所有的知识，具备处理所有事情的能力。当自己拼尽全力，尝试了一切方法都无法克服困难时，不妨去请教他人、寻求帮助。

案例阅读

杰克·法里斯少年时的劳动经历

杰克·法里斯是美国一位著名的企业家，他少年时就开始在父母的加油站里帮忙。杰克·法里斯本想学修车，但他的父亲只让他做前台接待的工作。

前台接待的工作很简单，当有汽车开进来时，他必须在车子停稳前就站在车门的位置，然后检查车的油量、蓄电池、传动带、胶皮管和水箱等。工作一段时间后，杰克·法里斯注意到，如果自己的工作干得好，那些顾客往往会再来。于是，他总是额外帮助顾客清洗车身、挡风玻璃和车灯上的污垢。

有段时间，一位老太太几乎每周都会开着她的车来清洗和打蜡。她的车使用得太久了，所以清洗起来很麻烦。而且这位老太太要求很苛刻，每次杰克·法里斯帮她清洗完后，她都要挑三拣四，一分钱也不愿意多掏。

杰克·法里斯实在受不了老太太的苛刻，便不想再为她服务了，他希望父亲能帮助他。可是他的父亲并没有帮他，还在事后告诫他："孩子，这是你的工作。无论顾客如何你都要记住，这是你的工作，你必须为此负责并解决遇到的困难，而不是依赖我。"

父亲的话让他深受震撼，杰克·法里斯回忆："正是加油站的工作让我学到了什么是职业道德，以及独立完成工作的重要性。这些东西在我以后的人生中起到了非常重要的作用。"

感悟： 杰克·法里斯的故事告诉我们一个道理，无论什么时候都要记住自己的职责，哪怕遇到困难，我们也不能找借口。那些在工作中推三阻四、老是抱怨、寻找种种借口为自己开脱的人，那些没有激情、总是推卸责任、不知道自我批评的人，那些不能按期完成自己的本职工作的人，都是不具备勇于担当精神的人，他们久而久之就会丧失主动进取的精神。

5. 克服劳动中的懒惰情绪

不仅劳动中的困难会削弱我们劳动的积极性，长期存在的懒惰情绪也会削弱我们劳动的积极性。实际上，一个人在劳动中有懒惰情绪是正常的，因为让身体安逸是人类的本能。但是长期存在懒惰情绪，行为上散漫、松懈，做事得过且过，不思进取，这些都不利于我们健康成长。因此，我们应该通过自我调整克服这种懒惰情绪。

早在2000多年前，我国先哲就号召："天行健，君子以自强不息。"这一号召激励了后来无数的人奋发图强。"天地生人，有一人应有一人之业；人生在世，生一日当尽一日之勤。"勤能补拙，勤劳的人能够得到自身的进步和别人的尊重。相反，懒惰使人消极，使人不受欢迎。

像蜜蜂一样勤劳采蜜，终会收获甘甜的蜂蜜

四、诚实劳动

"诚实劳动"是对劳动者品德的客观规定，是劳动者安身立命之本，表明劳动要遵守规范、脚踏实地、实事求是。

1. 遵守规范

诚实就是言行一致，不弄虚作假。韩非子说："万物莫不有规矩。"这句话的意思是万事万物都有其准则法度。孟子说："不以规矩，不能成方圆。"这句话的意思是生活处处需要规范，人们遵守规范，生活才会有秩序。可见，遵守规范是对人们生活的基本要求。劳动当然也如此，诚实劳动的首要要求就是遵守规范。

- **遵守社会规范**。社会规范是被广泛认可的行为标准，诚实劳动必须遵守社会规范。这就要求我们在劳动中，一要遵纪守法，自觉学法、懂法，合法劳动；二要明礼诚信，待人接物应该文明礼貌，与人交往应该信守承诺；三要团结友善，与人和睦相处、互助友爱；四要勤俭自强、勤奋工作、俭朴节约、积极进取；五要敬业奉献、服务社会。
- **遵守劳动规范**。诚实劳动要求劳动者在劳动过程中遵守团队或组织制定的劳动规范：一是遵守规章制度，严格按照规范的流程操作；二是履行个人或岗位职责，按时按质完成劳动任务，杜绝偷工减料、投机取巧、欺骗、窃取劳动资料和他人的劳动成果等行为；三是对劳动过程中涉及的个人和组织讲诚信。

📖 **案例阅读**

小吴秉持职业操守获公司青睐

小吴原来就职于一家网络公司，他为公司开发出了一套用于网络维护的软件包。但为了寻求更大的舞台，小吴选择从公司辞职。

正巧有一家知名的软件公司招聘程序员，待遇非常优厚。小吴比较心仪这家公司，觉得在这里可以大展拳脚，于是去应聘。凭借自己深厚的技术功底，小吴轻松通过了笔试。当他进入最后的面试环节时，该公司的技术主管问他："听说你为原来就职的公司开发出一套用于网络维护的软件包，如果你加入我们公司，需要多长时间为我们开发出同类软件？"小吴瞬间明白，对方很关心这项技术。

既然如此，到底答应还是不答应呢？小吴左右为难。不答应的话，自己多半会丢掉这次难得的机会；答应的话，心里似乎又有个坎儿过不去。

这项软件技术是自己为前公司花了两年多时间开发出来的。前公司为了这项技术，向小吴提供了全方位的支持，包括财力、人力和物力，只要小吴提要求，前公司都尽量满足。而且，当时和他一起工作的同事们也是夜以继日地拼命工作，大家都付出了很多努力。关于这项技术，前公司并没有和小吴签署保密协议，其看重的也是小吴的职业操守。

现在如果答应，那么几乎可以肯定前公司和曾经的同事将无法在这个行业中生存下去。想到这里，小吴打定了主意，他不会为了自己的前程而砸了大家的饭碗。"对不起，我不能回答这个问题。如果贵公司为此而让我获得这个工作机会，我宁愿放弃。"说完，他毅然起身离开了办公室。

令人意外的是，半个月后的某一天，小吴突然接到这家公司人事部的通知，告知他被录用了，并向他说明当天的面试只是一项测试的内容，他已经交出了一份很专业的答卷。

> **感悟：** 小吴保守公司商业秘密就是遵守规范、诚实劳动的体现。如果当时小吴选择答应要求，会损害前公司和相关人员的利益，可谓损人利己。这样的人，又有哪家公司敢聘用呢？

2. 脚踏实地

我国地质力学的创立者李四光对科学的态度是"让事实说话"，他曾说："科学是老老实实的东西，它要靠许许多多人的劳动和智慧积累起来。"诚实劳动需要我们培养脚踏实地的实干精神，对待劳动任务态度诚恳，埋头苦干，任劳任怨。

老子说："合抱之木，生于毫末；九层之台，起于垒土；千里之行，始于足下。"做人也一样，我们需要脚踏实地，相信勤能补拙，付出终有收获。成功不是一朝一夕就能实现的，成功是一步一个脚印不断积累的过程。为了实现理想，我们需要从小事做起，不断提高自己的能力。然而，许多人认为做这些小事是浪费自己的才干。事实上，这个观点是错误的。一个人如果总想一步登天，不能脚踏实地，那么不管他做什么，不管他怎么做，终究不能取得出色的成绩。

📖 案例阅读

心态决定成败

有两个人——小军和小张，他们相约来到一家玩具模型加工厂工作。小军心高气傲，总想自己能够一步登天，并在大城市里做出一番事业。所以从进厂的第一天起，他就常常抱怨玩具模型加工工作枯燥无聊，每天都在做同样的事情，因而对工作缺乏热情，总是应付自己的工作。而同一时间来的小张却一直在脚踏实地地工作，受到了领导的赏识。最后，小军由于工作时心不在焉，损坏了一批玩具模型，给工厂造成了极大的损失，最终被老板解雇了。

> **感悟：** 有的人整天怨天尤人，像小军一样眼高手低，想取得一些成绩却不能脚踏实地，最后只能眼睁睁看着别人升职加薪，自己却失去了工作。这类人的抱怨对解决问题没有任何益处。反观小张，面对同样的工作，他可以通过自己的努力脚踏实地找到出路，不断提高自己的能力，这才是智者的做法。

3. 实事求是

实事求是指从实际情况出发，不夸大、不缩小。诚实劳动不仅要求我们合法合规地从事各种劳动，还要求我们在失误面前勇于担责，实事求是地认识和对待自己的劳动过程与劳动成果。

不同的劳动，其劳动环境和劳动条件有所差异。即使是有同样的劳动环境和劳动条件，不同的人由于能力的不同，产生的劳动效果也会有所不同。但只要我们在劳动中遵纪守法，做人纯粹，做事实在，对自己的劳动过程、劳动成果有一是一、有二是二，不夸大其词，不弄虚作假，不投机取巧，不坑蒙拐骗，不侵占他人的劳动成果，不损害集体的劳动利益，我们就问心无愧。

从古至今，实事求是都是做人做事最基本的要求。孔子在教导子路时说："知之为知之，不知为不知，是知也。"《荀子》中有这样的观点："能之曰能之，不能曰不能，行之至也。"欧阳修在《代人上王枢密求先集序书》中提到写好文章必须遵循的基本原则："言以载事，而文以饰言，事信言文，乃能表见于后世。"意思是言辞能够记载事件，文采可以装饰言辞，事情记录得真实可信，同时语言又有文采，这样的文章才能够呈现给后人看。不管是为人处事还是钻研学问，古人都追求实事求是，作为当代青年，我们更应该实事求是、诚实劳动。

案例阅读

小蒙诚信做事，获得信任，赢得商机

小蒙大学毕业后，在父亲的帮助下开了一家汽车维修店。由于为人勤恳，维修店的生意蒸蒸日上，前来修理汽车的顾客络绎不绝。有一天店里来了一位陌生的顾客，自称是某运输公司的汽车司机。在车辆维修结束后，这位顾客拉着小蒙来到修理车间的角落，表示希望小蒙可以在他的账单上多填一些维修零件的数量，在事成之后会给小蒙一定的回报。无论这位顾客如何劝说小蒙，小蒙都坚决地拒绝，并让他立刻离开。让人意想不到的是，这位顾客却满脸笑意地告诉小蒙，自己就是那家运输公司的老板，他一直在寻找一个固定、信得过的汽车维修店，今天总算找到了，他被小蒙的诚信品格深深折服。之后，这位运输公司的老板便与小蒙建立了长期的合作关系。

> **感悟：** 汽车维修店店主小蒙坚持实事求是，在诱惑面前没有弄虚作假，这使他获得了顾客的信任，赢得了商机。可见，诚实劳动是正确的劳动观念，且诚实劳动的人可以赢得他人的尊重和信任。

诚然，随着社会的快速发展，劳动的方式也在不断变化。但"民生在勤，勤则不匮""功崇惟志，业广惟勤"的道理是不变的，劳动一直是社会发展进步的主旋律。新时代离不开劳动精神，我们也离不开劳动精神。无论是体力劳动还是脑力劳动，无论是简单劳动还是复杂劳动，劳动精神都是相通的。

学与思

由于学习任务繁重等原因，我们在劳动中可能时常产生懒惰情绪，导致做起事来敷衍了事，无法保证劳动质量。假如这种情况发生在你身上，请你找出产生懒惰情绪的具体原因，然后设计克服懒惰情绪的方案。

任务三　弘扬工匠精神

在社会主义现代化建设的进程中，无论是在大国重器的建造中，还是在各种日常用品的设计与研发中，我们都能看到工匠精神。要想加快建设制造强国，加快发展先进制造业，我们就需要通过弘扬工匠精神，倡导劳动者追求完美、勇于创新，以工匠精神助推创新，实现制造转型。

微课视频：
工匠精神

一、工匠精神的内涵

我国自古就有尊崇和弘扬工匠精神的优良传统，《诗经》有云："有匪君子，如切如磋，如琢如磨。"其中的"切""磋""琢""磨"，都是古代加工玉、石、骨、象牙等材质器物的基本工序。这句话的意思是，有文采的君子需要不断打磨、提升自己的学问、品德和修养，由打磨器物引申到磨炼学问、品德和修养。在新时代，工匠精神被引申为一种职业精神，承载着职业精神的核心价值，它的内涵是"执着专注、精益求精、一丝不苟、追求卓越"。

1. 执着专注

执着专注体现的是劳动者的精神状态，是劳动者内心笃定，着眼于细节的耐心、执着、坚持的精神，这是所有"大国工匠"必须具备的精神特质。从千百年来的劳动实践经验来看，工匠精神都意味着几十年如一日的坚持与韧性。"术业有专攻"，劳动者一旦选定一种职业，就要一门心思执着钻研，心无旁骛，在所在领域成为"领头羊"。在中国早就有"艺痴者技必良"的说法，如《庄子》中记载的游刃有余的"庖丁"、《核舟记》中记载的奇巧人王叔远等。

2. 精益求精

精益求精体现的是劳动者对品质的追求。精益求精不仅要求劳动者尽心尽力地完成劳动任务，还要求劳动者以高标

雕刻师专注于创作根雕作品

准要求自己。简单来说，就是"已经做得很好了，还要求做得更好"。

一位企业管理学家说过："一个公司有99名员工工作非常认真、谨慎，但有1名员工1%的行动偏离正轨，这个公司就有可能出现问题甚至倒闭。"实践证明，有时比战略家更稀少的是精益求精的执行者。对青少年学生而言，我们不能仅满足于书本知识，还要拓展自己的课外知识和技能；我们在做实验和开展实践活动时，不仅要达到标准、完成任务，还要精益求精地钻研，如尽力缩小实验的误差，创造性地劳动以提高劳动效率等。具备了精益求精的精神，即便我们起点低、水平差，输出的结果也会不断优化，最终由不完美走向完美。

3. 一丝不苟

一丝不苟体现的是劳动者严谨敬业的职业态度。何为一丝不苟，就是做事认真细致，一点儿不马虎。中国古代的劳动者非常注重质量，《礼记》中就记载有"物勒工名，以考其诚"的质量责任体系，即将工匠的姓名刻在器物上，一旦器物质量出了问题，便可以根据姓名追查责任。

孔子主张人在一生中始终要"事思敬，执事敬，修己以敬"，教导我们做事要严肃认真、专心致志，并加强自身修养，保持恭敬谦逊的态度。老子也曾说"天下大事，必作于细"，告诉我们天下的大事一定是从细小处开始累积的。因此，在全面建设社会主义现代化国家的新征程上，劳动者应该怀抱"失之毫厘，谬以千里"的严谨态度，在自己的岗位上兢兢业业、认真负责、耐心坚守，不忽视任何一个细微之处，创造出巧夺天工的精品，为社会发展注入充沛动力。

📖 案例阅读

"航空手艺人"胡双钱

一名技术人员做到"零差错"有多不容易？或许没有多少人体会过。但有一个人做到了30多年里加工数十万个飞机零件无一次品，这是一种怎样的境界？这个人就是人称"航空手艺人"的胡双钱。

胡双钱专注打磨飞机零件的状态，就像一位匠人在倾心倾力完成他的作品。在飞机制造这个领域，这种匠人精神是不可或缺的。因为在制造飞机的过程中，许多零件精细化要求极高，是无法完全通过数控机床、电子设备来制造的，要靠手工完成。世界一流的飞机制造公司都保留着独当一面、不可替代的手工工匠。

成为不可替代的人，胡双钱靠的是多做多干，默默练习，攻坚克难，勇于创新。经过数十年的实操积累和沉淀，胡双钱形成并总结出自己的一套方法和习惯。在工作前，他一定会先看懂图纸，了解工艺要求和技术规范；而在接收零件时，他也会先按照图纸检查上道工序是否存在不当之处，再动手加工零件。他还摸索出一些原理简单却非常实用的"诀窍"，能够保证产品以高质量交付。例如，用在画线步骤中的"对比复查法"就是他的"法宝"之一。常规做法中，人们会先涂有防锈作用的淡金水，然后使用画线液勾出零件形状。而在胡双钱的操作中，涂淡金水就是零件的初次画线。"这就好比在一张纸上先用毛笔写一个字，然后用钢笔再在这张纸上同一个地方写同样一个字，多一道步骤，多一次复查机会，也就多了一道保障。"画线工序中的"反向验证法"也是胡双钱自创的。通常钳工在画线零件角度时，采用万能角度尺画线。复查时如果选择同样的方法，往往有差错也很难找到。胡双钱复查时则会采用三角函数算出画线长度进行验证，结果一致，就继续下面的操作；结果不相符，那么就说明存在问题。多加一次验算虽然增加了工作量，却能保证加工质量。

为了培养更多的优秀人才，胡双钱言传身教，将这些工作经验无私传授给青年技能人才，把技艺毫无保留地传授给更多胸怀飞机梦的年轻人。2015年10月13日，他被授予"全国敬业奉献模范"称号，2019年荣获"最美职工"荣誉称号。

> **感悟：** 30多年如一日坚持在看似平凡但无比伟大的工作岗位中，胡双钱的努力与执着让他有了今天的成就，他的不放弃与忍耐铸就了他今天的人生辉煌。确保零失误是胡双钱的工作信条和人生理想，30多年没有出现过一件次品让工匠精神在他身上得到最好的诠释。

4. 追求卓越

追求卓越体现的是劳动者积极进取、超越自我、开拓创新的理想信念，是工匠精神中追求突破、追求革新的创新内蕴。古往今来，热衷于创新和发明的工匠们一直是科技进步的重要推动力量。新中国成立初期，我国涌现出一大批优秀的工匠，如倪志福、郝建秀等，他们为社会主义建设事业做出了突出贡献。改革开放以来，"汉字激光照排系统之父"王选、从事高铁维护的铁路工人和维持特高压、智能电网运行的电力工人等都是工匠精神的优秀传承者，他们让中国创新影响了世界。

案例阅读

"金牌焊工"高凤林

高凤林在2018年荣获"大国工匠年度人物"称号，同时他也是"全国劳动模范"荣誉称号、全国五一劳动奖章的获得者。在2015年的央视纪录片《大国工匠》中，高凤林是开篇介绍的人。高凤林于1980年参加工作，一直坚守在车间一线，负责火箭发动机的焊接，至今已有40余年。

1978年，16岁的高凤林以高分考入隶属于首都航天机械有限公司的技校，在那里学习焊接工艺与制造。实习时，他扎实的基本功和吃苦耐劳的精神给焊工师傅留下了良好的印象，毕业以后他成了一名焊工。高凤林在工作初期表现优异，很快就崭露头角，并担任工作组组长。但他的成长并非按部就班的，除了在工作上精进焊接技术，他从1988年就开始报读大专、本科，自学研究生课程，力求理论和实践一样不落下。

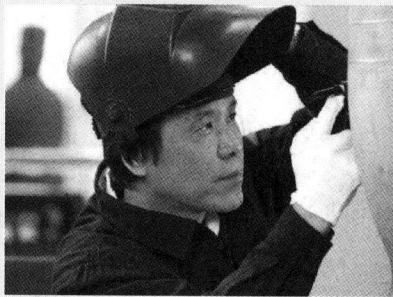

"大国工匠"高凤林
（图片来源：人民网）

高凤林所焊接的火箭发动机被称为火箭的"心脏"，这意味着它对焊接质量要求非常高。他的作业对象经常是只有1~2厘米厚的材料或者指头大小的小部件，手略微抖一下都可能导致焊接失败。

技能的纯熟可以通过反复练习来实现。高凤林在入行初期常常举着铁块、沙袋，以增强手腕和手臂的力量；吃饭时常用筷子练习送焊丝的动作，防止焊接时手抖；他甚至冒着高温观察铁水的流动规律。这些只是焊工的基本功，和很多工作一样讲究熟能生巧，但只有长期坚持练习，才有可能成为一名优秀的焊工。如果说常规的焊接操作通过多加练习就可以顺利完成，那么技术难关对焊工而言就是一道坎儿，能够成功突破的人凤毛麟角，而高凤林便是其中之一。

多年来，高凤林共攻克技术难关90多个。科学家们为火箭提供设计图纸，而高凤林就处于将这份图纸转换为现实的至关重要的一环，因此，人们将他称为"为火箭焊心的人"。据统计，高凤林为我国火箭焊接过的"心脏"占总数的近四成。

高凤林长期在艰苦的环境下工作，但正如他所说的那样："岗位不同，作用不同，仅此而已，心中只要装着国家，什么岗位都光荣，有台前就有幕后。"高凤林一心为祖国的做贡献，甘于做祖国航天事业上一颗不起眼的螺丝钉，默默发挥自己的作用。

感悟： 有一颗精益求精的"匠心"，是对工作最好的尊重。高凤林在工作中始终严谨、认真地对待每一个环节，不放过任何一个细节，在日复一日的坚守中实现自己的人生价值，积极践行着工匠精神。他用最朴实的行动诠释了精益求精、追求极致的精髓。

素质养成

青少年学生有着无限的精力，正处于学习进步的最好时光。青少年学生应培养工匠精神，把精力聚焦到学习这件事上来，做好自己的职业规划，从职业规划出发，制订具体计划与任务，保证学习投入的时间。并且，无论是知识的学习、技能的训练还是身体的锻炼，都要专注于做好当下的事。同时，青少年学生还要通过精益求精、一丝不苟、追求卓越的态度进行实践，在实践中培养精进的思维。

二、工匠精神的意义

实现中华民族的伟大复兴，不仅需要大批科学技术专家，也需要千千万万的能工巧匠。更为重要的是，工匠精神作为一种优秀的职业精神，它的传承和发展契合了时代发展的需要，具有重要的时代价值与广泛的社会意义。

1. 工匠精神是社会文明进步的重要尺度

物质文明与精神文明是推动社会文明进步的"两个轮子"，二者缺一不可。工匠精神的发展程度与社会物质文明、精神文明的进步程度有直接关联：从精神文明来看，工匠精神作为一种职业精神，本质上与社会主义核心价值观，特别是其中的"敬业""诚信"要求高度契合；从物质文明来看，工匠精神在物质财富的创造过程中可以发挥强大的精神动力及智力支持作用。

2. 工匠精神是中国制造前行的精神源泉

经过改革开放40多年的发展，虽然我国已成为制造大国，大到汽车、电器，小到笔、鞋，贴着"中国制造"标签的产品在世界上随处可见，但我国还不是制造强国，依然缺少真正中国创造的东西，其重要根源之一就是缺乏具备工匠精神的高技能人才。因此，在全社会弘扬工匠精神，是实现中国从制造大国到制造强国的重要手段，也是社会发展的时代需求。

3. 工匠精神是个人成长的方向指引

工匠精神是敬业态度、担当精神、严谨作风与卓越品质的综合体现，它指引着广大劳动者提升个人职业素养、实现个人成长进步。工匠不一定都能成为企业家，但大多数成功企业家身上都有工匠精神。实践证明，高尚的职业操守和强烈的工匠精神，同较高水平的专业知识技能一样，是劳动者立足职场的重要条件和在未来职业生涯中脱颖而出的制胜法宝。

☆ 学与思

工匠是与工业文明的发展联系在一起的，有的人说工匠是手工艺人，有的人说工匠是手工业劳动者，有的人说工匠是手工品制造者……你如何定义工匠精神所指的工匠？

劳动实践——探讨劳模精神、劳动精神、工匠精神的关系

一、活动主旨

近年来，党和国家立足时代发展需求，多次就劳模精神、劳动精神、工匠精神做出指示，科学界定了这3种精神的内涵，回答了关于这3种精神的重大理论和实践问题，为广大劳动者培育和践行劳模精神、劳动精神、工匠精神，保持创新创造的热情与活力，提供了科学理论指导和有力思想武器。有鉴于此，我们应当深刻理解这3种精神的丰富内涵，并有效把握它们之间的关系。本次劳动实践，请同学们探讨劳模精神、劳动精神、工匠精神的关系，在这个过程中加深对这3种精神的认识和理解，并将其落实到学习与劳动实践中，成为一个有理想信念和卓越追求的时代新人。

"劳模精神、劳动精神、工匠精神的关系"内容参考

二、活动内容

请同学们结合本项目的学习，通过互联网或图书馆查阅劳模精神、劳动精神、工匠精神的相关资料，就劳模精神、劳动精神、工匠精神的关系形成自己的见解，然后以4～6人为一组，分组讨论，集思广益。

三、活动要求

每个同学都要参与其中，认真查阅资料，形成自己的见解。在小组讨论时，每个同学既要踊跃发言，又要耐心倾听，有疑问及时提出，大家一起商讨确认，梳理清楚劳模精神、劳动精神、工匠精神的关系。

03 项目三 提升劳动品质

✿ 学习目标

1. 理解坚韧、协作的劳动品质与职业劳动素养的主要内容。
2. 掌握提升劳动能力及设计并实施劳动任务的方法。

✿ 素养目标

1. 培养吃苦耐劳、坚韧不拔、团结协作的劳动品质和职业劳动素养。
2. 在生产与生活中不断提升劳动能力。

情境导入

课堂上，老师给同学们播放了建党百年献礼剧《理想照耀中国》中的单元作品《白骏马》。该片以吴登云为原型，讲述他扎根乌恰县，为边疆的医疗扶贫事业奉献一生的故事。从热血青年到白鬓暮年，吴登云在边疆当了60多年医生。一个人，一匹白马，一个药箱，他飞驰在苍茫的高原，身披风沙，忍耐孤独，只为给牧民送去健康和希望。吴登云把个人的理想抱负同祖国人民的需要紧紧拧在一起，在人民最需要的地方奉献自己的青春热血，他无怨无悔、矢志不渝、甘于奉献的高尚情操深深感染着每位同学。影片结束后，大家久久没有说话，随后课堂上爆发出热烈的掌声。正如《白骏马》的制片人杨隽所说：“如果大学生能够像吴登云老师一样，遵从自己的内心，去需要自己的地方，坚持且热爱，一定会收获不悔的人生。”

任务一 培养劳动品质

劳动需要劳动者身体力行、勤劳刻苦。一般而言，劳动者的劳动成效取决于其劳动的量和质。“一分耕耘，一分收获”，付出与收获总是同向同行的，因此我们要想成长为一名优秀的劳动者，必定需要具备优良的劳动品质。

微课视频：
劳动的品质

一、坚韧的劳动品质

坚韧的劳动品质主要体现为吃苦耐劳、坚韧不拔。吃苦耐劳的意思是能过困苦的生活，也经得起劳累，形容在达成自己目标的过程中不怕苦、不怕累；坚韧不拔是指意志坚定顽强，不可动摇。无论从事什么样的职业，吃苦耐劳、坚韧不拔的品质都能使我们在工作中不惧艰

辛、持之以恒，最终锻炼出过硬的本领。无论在什么年代，吃苦耐劳、坚韧不拔的品质都是我们成为优秀劳动者的精神力量。

1. 吃苦耐劳

培养吃苦耐劳的品质具有两方面的现实意义。

一方面，具备吃苦耐劳的品质能帮助劳动者适应艰苦的劳动。每一个成年人从学校毕业后就将面临工作，为理想、为生活，也为充实自己、不断成长。在现实生活中，有的工作工作环境较好，工作内容轻松；有的工作有较高的强度，也有较大的压力，比较苦和累。例如，建筑工人和铁路工人常年在户外作业，总会爬高下低，脏活累活多，不仅辛苦也有一定危险性；石油工人持续工作的时间长，假期少，工作环境相对恶劣，也存

建筑工人正在辛勤劳作

在一定的危险性；城市清洁工起早贪黑，穿梭于城市的各个角落，打扫卫生、搬运垃圾。另外，快递配送员、搬运工、装修工、理货员等的工作也比较辛苦。当然不只是这些以体力劳动为主的工作比较辛苦，一些乡村、山区的一线医生、护士、教育工作者、基层干部等的工作也是比较辛苦的。然而干一行、爱一行，每一个劳动者在其岗位上履行工作职责、完成劳动任务，都应具备吃苦耐劳的品质。

另一方面，具备吃苦耐劳的品质能使劳动者变得更加优秀。"吃得苦中苦，方为人上人。"这句流传千百年的俗语告诉人们一个道理：吃苦耐劳是一个人走向成功、成就事业的有效途径。清末民初的实业家张謇也通过自己的亲身实践勉励年轻人：一个人之所以能够建功立业、有所成就，志存高远而又能吃苦耐劳是至关重要的。不难理解，具备吃苦耐劳的品质，能够使劳动者在艰苦的环境中勤劳工作，锻炼出坚强的意志。

对于有的青少年学生来说，现在很少有机会真正体会艰苦的劳动。这种情况下，培养吃苦耐劳的品质首先要端正思想。一是正确认识"暴富"现象。年轻人胸怀大志无可厚非，但不可盲目崇拜"暴富"者。社会规律证明，一夜暴富的人毕竟是少数，绝大多数人都是通过踏实劳动致富的。如果我们只看少数"暴富"的案例，而投机取巧或铤而走险，就会本末倒置、事与愿违。同

"无奋斗，不青春"宣传画

时，财富也不是衡量成功的唯一标准，这是因为每个人的人生价值不能仅依靠财富的多少来衡量。兢兢业业在工作岗位上奋斗的劳动人民是成功的，在各自领域有所成就的人是成功的，为家庭、为社会努力付出的人也是成功的。成功人士不一定拥有大量的财富，却一定能得到人们的尊重。二是杜绝贪图享乐的思想。"好逸恶劳千金也能吃空，勤劳勇敢双手抵过千金。"这一古老的谚语劝诫人们，辛勤劳作的双手能抵过千金，而贪图享乐、厌恶劳动，即使拥有千金

也会坐吃山空。事实上，贪图享乐不仅会对个人和家庭造成巨大的伤害，还会荼毒社会风气，破坏社会的稳定繁荣。青少年学生如果沾染上贪图享乐的风气，轻则学业不成、工作失败，重则思想迷茫，进而自甘堕落。

📖 案例阅读

"马班邮路"的忠诚信使王顺友

王顺友（1965年11月—2021年5月）出生于四川省木里藏族自治县，这里地处青藏高原和云贵高原的结合处，平均海拔3000多米，高山连绵起伏，地广人稀，当时很多乡镇都不通公路、没有电话，牵着马、驮着邮件的乡村邮递员成为散居在大山深处的群众与外界联系的重要桥梁。

1985年，年仅19岁的王顺友从父亲手中接过马缰绳，成了木里县马班邮路的乡邮员。从此，王顺友一个人与马为伴，驮着邮包，默默地穿行在绵延数百公里的雪域高原上。这一路，他要翻越海拔从1000米到5000米不等的十几座高山。从高山峡谷到原始森林，从"一身雪"到"一身汗"，这样的行程，他每个月要往返2次，有半个月的时间在路上，一年的总路程相当于走了两万五千里长征。这条一个人的"长征路"上，有着常人难以想象的苦。山上夏季多雨、冬季干

王顺友穿越雅砻江钢索吊桥
（图片来源：人民网）

燥容易引发火灾。于是，王顺友很少生火，随身带着干粮。饿了，就啃几口腊肉和糌粑面；渴了，就喝几口山泉水，甚至吃几口雪；累了，只能在山洞里、草丛中休息片刻，甚至裹块塑料布睡在泥水里。最大的苦是长年与日月相伴的孤独。但他舍不得这些乡亲们："父老乡亲离不开我，我也离不开他们。"

王顺友曾荣获全国五一劳动奖章，以及全国劳动模范、全国优秀共产党员、全国敬业奉献模范、最美奋斗者等荣誉称号。他一个人，一匹马，坚守马班邮路30余年，在雪域高原跋涉了26万公里，投递准确率达到100%，成为当地老百姓心中最温暖的形象，被誉为"深山信使"。

感悟： 王顺友做着平凡的工作，但他吃苦耐劳的品质感染、感动着我们每个人。他30多年与马为伴，忍受孤独，和恶劣的天气作斗争，只为帮乡亲们及时传递信息、与外界联系。吃苦耐劳、爱岗敬业是对他最好的注解。

2. 坚韧不拔

苏轼在《晁错论》中写道："古之立大事者，不惟有超世之才，亦必有坚忍不拔之志。" 意思是说做大事的人，不但有超越世人的才能，也必定有坚毅而绝不动摇的远大志向。这里的"坚忍不拔之志"体现了坚韧不拔的品质，这种品质也是一个优秀的劳动者不可缺少的。具备坚韧不拔的品质，使我们不忘初心，坚定成就事业的信念，实实在在地付出努力，坚持不懈地做成、做好每一件

事；使我们长存发奋图强之志、勤勉耐劳之心，在面对困难时，迎难而上、勇往直前；使我们勇于承担社会责任、职业责任与家庭责任，在人生旅途中脚踏实地、埋头苦干。

雅典演说家德摩斯梯尼天生口吃，为了实现演说家的梦想，他日复一日地训练。他通过把石子含在嘴里说话来改进发音，通过在大海边说话来提高自己的音量。经过长期的努力，德摩斯梯尼终于成了一位受人欢迎的演说家。

乒乓球世界冠军邓亚萍5岁起就跟着父亲学习打乒乓球。由于没有先天优势，她加倍苦练，凭借长年累月的付出，她在16岁时就成了世界冠军。体育事业的成功并没有使邓亚萍感到满足，她于2001年取得了清华大学英语学士学位，于2002年、2008年分别取得了英国诺丁汉大学中国当代研究专业硕士学位和英国剑桥大学经济学博士学位。

"当代愚公"黄大发带领群众，历时30余年，靠着锄头、钢钎、铁锤和双手，在绝壁上凿出一条长9400米的"生命渠"，用实干兑现"水过不去，拿命来铺"的誓言，结束了草王坝长期缺水的历史。2019年，黄大发获"最美奋斗者"称号。2021年6月29日，中共中央授予黄大发"七一勋章"。

从一名普通的护林员到治沙造林的带头人，郭万刚和八步沙（腾格里沙漠南缘的林场）3代治沙人，40年如一日，战风沙，斗严寒，用汗水和心血谱写了一曲让沙漠披绿生金的时代壮歌，在不毛之地上建起了一道绿色屏障，创出了一条沙漠治理的成功之路，成为新时代中国特色社会主义生态文明建设的强大精神财富。2020年11月24日，郭万刚荣获"全国劳动模范"称号。2021年11月5日，郭万刚荣获"全国诚实守信模范"称号。2022年2月4日，郭万刚参加2022年北京冬奥会开幕式国旗入场环节。

谢立亭一生践行"一辈子听党的话、跟党走，一辈子行好事、做好人"的诺言。他坚持退休不褪色，刻苦学习党的理论，倾心宣传党的政策，成为受广大干部群众欢迎的宣讲宣传员。他累计写出80多万字讲稿，印制130多种"红色名片"，发放6万多本"红色小册子"，创作100多首"红色歌曲"，宣讲行程累计达72500公里。2021年6月28日，谢立亭荣获"全国优秀共产党员"称号；2021年11月5日，谢立亭荣获"全国道德模范"称号。

"沙漠玫瑰"殷玉珍本是一名普通的农村妇女，她没有优越的家庭背景，没有大量的知识储备，却靠着自己的双手和坚韧不拔的精神，与丈夫一起在沙漠中种树治沙30多年。她经历了多次沙暴摧毁，但凭借从头再来的顽强拼搏精神，她摸索出一套层层设防、步步为营的方法，在沙漠中治理流动沙丘面积达7万亩，建成防风林4000多米、输水渠道6000多米，种植了上百万棵杨树和柳树，让昔日的不毛之地变成了"绿色王国"，让自己活出了生命的厚度。殷玉珍荣获"全国劳动模范""全国防沙治沙十大标兵"等称号。2022年，殷玉珍被评为"2020—2021年绿色中国年度人物"。

众多的事例不断告诉我们，伟大的成绩和辛勤的劳动是成正比的，有一分耕耘就有一分收获，持之以恒，日积月累，从少到多，就可以创造奇迹。

素质养成

　　作为社会成员，劳动者有权分享社会的劳动成果，但同时劳动者也有为社会付出劳动、做出贡献的义务，付出一定形式的劳动是劳动者分享社会成果的前提条件。要成为一名优秀的劳动者，吃苦耐劳、坚韧不拔的品质是必不可少的。虽然劳动品质的培养并非一朝一夕之功，但是只要我们在正确的劳动观念的引导下，以优秀劳动者的光荣事迹为榜样，日复一日地进行学习和实践，终能培养出可贵的劳动品质，真正蜕变为优秀的劳动者。

二、协作的劳动品质

　　协作即团结协作，是在合作劳动中形成的一种品质。人们在生产生活中，为了达到共同目的，或者为了将利益最大化，有时会选择合作劳动。例如，学生分小组完成化学实验，工人合作建造一幢高楼，科学家组建团队实现科研创新等。特别是对于那些环节复杂或技术含量高的劳动，个人往往显得势单力薄，需要与他人团结协作，一起将其完成。

1. 团结协作的意义

　　俗话说："一个和尚挑水喝，两个和尚抬水喝，三个和尚没水喝""一只蚂蚁来搬米，搬来搬去搬不起；两只蚂蚁来搬米，身体晃来又晃去；三只蚂蚁来搬米，轻轻抬着进洞里"。上面两种相似的场景产生了截然不同的结果："三个和尚"之所以"没水喝"，是因为团队成员互相推诿、不讲协作；"三只蚂蚁来搬米"之所以能"轻轻抬着进洞里"，正是因为团队成员团结协作。

　　如今，科技高速发展，社会分工精细，而个人的能力总是有限的。为了共同的目的一起工作，已成为当下主要的工作模式。特别是对复杂劳动而言，团结协作是我们提高劳动效率、顺利完成劳动任务的必然选择。具体来说，团结协作具有以下几方面的意义。

建筑工地测量员合作测量

- **满足人类群体的需求**。在日常生产生活中，有的劳动过程繁杂或对劳动者的个人能力要求较高，这时个人很难完成劳动任务，就需要与他人团结协作，通过团队的力量来完成劳动任务。
- **满足人际交往的需求**。人是群居性的动物，有人际交往的需求。例如，人具有社交需求，希望与别人来往、结交；人具有情感需求，渴望友情、爱情等。在合作劳动中，人与人之间必然发生社交联系，人们从中获得不同的情感体验。例如，与家人合作劳动，能够使人认识到自己的价值和责任，有利于促进家庭关系和谐；与同学合作劳动，能够增进彼此的感情，收获友谊；与朋友合作劳动，能够使友情更牢固，增强彼此之间的亲密感。
- **满足自我发展的需求**。通常，在合作劳动开始之前我们需要合理组织和充分沟通，并且要有详细的劳动计划，这就为我们提供了相互学习、取长补短，以及锻炼个人能力的机会。同时，合作劳动也提供了充分展示个人能力的舞台。

红花还得绿叶扶

　　爱迪生是举世闻名的发明家，拥有上千项重要的发明专利。一个人的精力和时间有限，有如此多的发明创造是不可思议的，但爱迪生把它变成了现实。其中的奥秘就在于，爱迪生有3个得力助手：第一个是奥特，他在机械方面的专业知识水平超过了爱迪生；第二个是白契勒，他虽然沉默寡言，但善于钻研，常常提一些稀奇古怪的问题，给爱迪生以极大启发；第三个是克鲁西，克鲁西擅长绘图，无论爱迪生提供的手稿多么潦草，他都能毫无差别地根据手稿制成正式的机械图。

　　感悟： "红花还得绿叶扶"，能力再强的人也需要别人的帮助、扶持，这是古今中外各行各业普遍适用的道理。

2. 树立合作意识

　　合作意识是指个体对共同行动及其行为规则的认知与情感，是劳动者团结协作行为产生的基本前提和重要基础。在现代社会，人与人之间的沟通和合作越来越多，合作意识成了人们生存和发展必备的素质。未来，协作能力、沟通能力强的人，将更加受到社会的青睐。

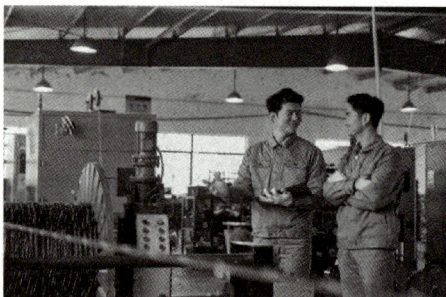

工人正在交谈

　　当代青少年学生拥有良好的学习环境和教育条件，为迎接新时代的挑战，应积极树立合作意识，奠定个人发展的基础。要树立合作意识，应做到以下几点。

- **尊重团队成员。** 合作意识的要义是"团结"，需要团队成员"心往一处想，劲往一处使"，团队成员相互尊重是保证大家团结一心、合作成功的基础。在团队中，即使自己的能力十分突出，也需要尊重与认可他人的付出，要知道劳动成果是所有团队成员一起努力得到的结果；也需要倾听他人的意见和观点，当自己与其他成员的观点不一致时，不能依仗自身在团队中的地位武断地否定他人的观点，即使他们的观点是错误的，也需要以理服人。

- **信任团队成员。** 我们要懂得与别人合作时，先信任别人，别人才会信任我们。如果团队成员之间能够形成和谐的信任关系，相处就会融洽，就有助于形成相互尊重、相互理解的工作氛围和宽松的工作环境。这将激发我们的工作热情，使我们更好地发挥聪明才智。多交流、多协调、多沟通，互相帮助，共同提高，这样才能团结一致、齐心协力，共同把工作做好。

- **善于鼓励他人。** 在团队中，我们除了要提出自己的观点，还应该鼓励其他成员各抒己见，鼓励他们在团队中发挥自己的作用，让他们意识到自己的重要性。即我们不仅要让自己积极参与团队活动，还应该鼓励团队中的其他人也积极参与进来。

- **充分发挥自己的聪明才智。** 树立合作意识，需要我们在团队中充分发挥自己的聪明才智，更多地在团队中展示自己的才能，让大家了解自己的观点、思想和个性，为实现共同目标，积极主动协同他人做好各项事务，"尽我所能"贡献最大的力量。

案例阅读

团队成员不和导致团队解散

林佳佳在大学时学的是企业管理专业，大学毕业后在一家外贸企业的市场部工作。工作两年后，林佳佳积累了一些客户资源，并学会了一些和客户打交道的方法。刘厉和杨丹是林佳佳的大学同学，大学毕业后他们两人都在民营企业从事销售工作，各自都积累了一些客户资源并拥有一定的积蓄。

一次同学聚会，三人谈得投机，萌生了共同创业的想法。很快，他们就凑齐了一笔创业资金，成立了一家公司，并在上海的一座写字楼里租了一间80多平方米的办公室，还购买了一些办公设备，包括计算机、打印机和复印机等。

创业之初，他们轮流开展市场工作，奔波于各个展览会场，向往来商户发放资料。经过不懈努力，他们终于迎来了第一个客户。为了给客户留下好印象，他们商量尽量降低利润，先提升产品质量和服务质量，打开市场后再盈利。后来，他们陆续签了几笔业务，口碑也越来越好。

但好景不长，由于客户订单金额较小，公司所赚的利润不多，算上日常支出，他们只能勉强维持。一次，刘厉和杨丹为了抢同一笔业务吵了起来。尽管经过林佳佳的调解，两人各让了一步，但在以后的工作中，两人开始明争暗斗、互相拆台。有一次刘厉私下以公司的名义与厂商签了合同，但产品出现问题，严重损害了公司的名誉和利益。更糟糕的是，这件事的影响渐渐在行业内扩散，而刘厉和杨丹仍旧不知悔改。几个月后，公司陷入绝境，林佳佳在心灰意冷下提出了散伙的要求，并带走了自己的客户资源，这个创业团队就这样解散了。

> **感悟：**巴尔扎克有句名言，即"单独一个人可能灭亡的地方，两个人在一起可能得救"。这说明合作可以使人互帮互助、共同进步，有助于战胜困难、走向成功。上面的案例中，刘厉、杨丹和林佳佳都是同龄人中的佼佼者，他们可能都有很强的专业能力和丰富的专业知识，但是他们都缺少合作意识，以致没有精诚合作，共同渡过难关，最后导致团队解散。

素质养成　　在文明社会，团结协作的品质不仅仅体现在合作劳动中，也可以体现在乐于助人、甘于奉献的行动中。在他人非常忙碌、疲于应对劳动任务时，我们可以真诚地提供帮助，与其共同完成劳动任务。赠人玫瑰，手有余香。帮助他人完成劳动任务，有时收获的是个人的成长，有时收获的是真诚的友谊，有时收获的是无私奉献的精神。

三、职业劳动素养

毕业后，无论就业还是创业，我们都会参加各种各样的职业劳动，开启新的人生篇章。劳动者进行职业劳动必定要具有一定的职业劳动素养。

1. 遵守职业道德

职业道德是劳动者在职业劳动中应遵守的，符合人民根本利益的职业行为准则。不同的职业劳动，其职业道德的内容有所不同。总体上，"爱岗敬业、诚实守信、办事公道、服务群众、奉献社会"是各行各业的劳动者都应该遵守的基本职业道德。

- **爱岗敬业**。热爱本职工作，用恭敬严肃的态度对待自己的工作，是对劳动者从事职业劳动最基本的要求。
- **诚实守信**。实事求是、信守诺言是各行各业的行为准则，也是做人做事的基本准则。
- **办事公道**。办事公道要求劳动者无论对人还是对事，都要做到公平和公正。
- **服务群众**。服务群众是社会主义职业道德的核心，是贯穿社会共同的职业道德的基本精神。服务群众就是为人民群众服务，它要求社会全体劳动者通过互相服务，促进社会发展，实现共同幸福。
- **奉献社会**。奉献社会自始至终体现在爱岗敬业、诚实守信、办事公道和服务群众的各种要求中，它要求劳动者积极自觉地为社会做出贡献。

案例阅读

使人由衷敬佩的"白衣天使"

小刘毕业于某大学护理学院，后来成了一名护士。同千千万万的"白衣天使"一样，小刘在工作中兢兢业业、任劳任怨，用其高尚的职业道德感动了许多患者和家属。

小刘所在的科室曾经收治过一名多发骨折并颈髓损伤的小儿患者，由于疾病的原因，患者体内的痰液无法咳出来，因此出现了呼吸困难的症状。危急时刻，需要有人及时为这名患者吸痰，而小刘挺身而出。

有一次小刘值夜班，科室收治了一名女患者，根据病情及手术的需要，患者在手术前要排空小便。但由于病痛的折磨，又无家属陪伴，患者一直过度紧张而无法排便。小刘此时一边安慰和开导患者，一边让患者听流水的声音，用毛巾热敷患者的腹部。但患者仍无法排出小便，小刘继续进行安抚，并协助患者慢慢坐起，不断地轻揉患者腹部。这一次，患者双手紧紧抓住小刘的手臂，使劲排便。最终，患者顺利排出了小便，免受导尿的痛苦。与此同时，小刘的手臂却留下了一大片抓痕和淤紫，疼痛不已。小刘选择默默地陪伴患者，强忍疼痛，直到患者家属赶到才去处理伤口。

小刘在工作中遇到的事情远不止这些。她说，选择成为护士就是选择服务和奉献，把苦、累、怨留给自己，将乐、安、康送给病人。护士们每天都重复着相同的工作，患者及家属对他们的一次次感激和称赞，就是对他们工作的一次次肯定。他们是高尚的，是无私的，是值得社会广泛学习的。

感悟： 小刘不怕脏、不怕麻烦，让患者得到贴心的服务，感受到温暖。一个人若不具备基本的职业道德，是无法做到这些的。

2. 具备职业责任感

职业责任感是指劳动者对岗位和工作的一种积极态度。

社会学家戴维斯曾说："放弃了自己对社会的责任，就意味着放弃了自身在这个社会中更好的生存机会。"如果将其用到职业领域，则是放弃了自己对职业的责任，就意味着放弃了自己在所从事的行业中更好的生存机会。可见，一个人如果没有职业责任感，那么他的职业生涯就得不到更好的发展。劳动者只有具备应有的职业责任感，才会自觉地履行好自己的职业责任，尽心尽力地把工作做好。劳动者的职业责任感越强，他的职业责任就能履行得越好。所以，职业责任感是履行职业责任的核心。

青少年学生培养自己的职业责任感应做到3点：对自己负责、对别人负责、对事情负责。

3. 树立职业荣誉感

职业荣誉感是每个劳动者在自己职业范围内履行好职业责任后，在社会上获得的尊敬、赞扬及感到光荣的感觉。它是劳动者热爱工作、忠于职守、做好工作的心理基础。显然，一名劳动者无论从事什么职业、在什么岗位上，只要尽心尽力地履行好自己的职业责任，就能获得充分的职业荣誉感与幸福感，就会得到人们的赞扬和肯定；反之，就会受到别人的批评和否定。

4. 提高职业道德修养

提高修养，是指人们为了在科学文化知识、艺术、思想等方面达到一定水平，培养高尚的品质和正确的待人处世态度，所进行的自我教育、自我改善和自我提高的活动过程。人的一生是一个不断提高修养的过程，提高修养是人们提升个人的人生境界必不可少的手段。提高职业道德修养则是指劳动者按照职业规范，在职业活动中进行自我教育、自我改善和自我提高，以形成良好的职业道德品质并达到一定的职业道德境界，具体办法如下。

- **树立正确的人生观**。树立正确的人生观是提高职业道德修养的前提。在现实生活中，每个人对人生都有自己的根本看法和态度。例如，有的人认为人活着就是为了享乐，有的人则认为人生在世对他人和社会要有所担当。因此，不同的人生观会从根本上影响一个人职业道德修养。人们只有树立正确的人生观，才能在职业活动中自觉地提高职业道德修养，形成良好的职业道德。

- **从日常生活的细微处做起**。荀子曾说："积土成山，风雨兴焉；积水成渊，蛟龙生焉；积善成德，而神明自得，圣心备焉。故不积跬步，无以至千里；不积小流，无以成江河。"优良的职业道德修养不是一夜之间能够形成的，是日积月累逐步培养起来的，需要一个"积小善为大善"的过程。因此，我们要从日常生活的具体事情做起，在细微处下功夫。既要从点滴小事入手，培养良好的行为习惯，又要防微杜渐，随时克服和纠正自己不道德的思想和行为。

- **在社会实践活动中提高修养**。参加社会实践，在实践活动中进行自我教育、自我改善和自我提高，是形成良好的职业道德品质并达到一定的职业道德境界的基本方法。作为学生，为了不使提高职业道德修养成为一句空话，就要把职业道德品质的培养渗透到平时的实践活动中去。只有在实践活动中，自己才能更加清楚地认识到哪些行为习惯符合职业道德的要求，哪些行为习惯有悖职业道德的要求。

● **接受批评与自我批评**。首先，提高职业道德修养要善于接受批评，因为我们自己不易察觉自己在实际工作中的缺点或错误，而有了别人的批评帮助后，我们就可以加深对自己的认识。其次，提高职业道德修养讲究个人自觉性，形象地说，就是"内省"，自己与自己做斗争。一个严于律己的人往往能依据职业道德进行反省和检讨，严于剖析自己，勇于自我批评，认真检查自己的一切言论和行动，改正一切违背职业道德的行为，不断提高自己的职业道德水平。

案例阅读

慎独、积善成德与防微杜渐

小周从小受家风影响，在工作、学习、生活中都秉承家风家训，深受领导、同事和朋友的赞许。在小周的记忆中，爷爷讲的3个词他一直铭记在心，分别是慎独、积善成德和防微杜渐。

首先是慎独。慎独是一个人道德水准的试金石，是指一个人在独处的时候也要自觉地严于律己，能真诚地面对自己的内心，谨慎地对待自己的所思所行。爷爷告诉小周，一个人在公共场合不做坏事比较容易，而在独处时也能不做违反道德准则的事，就需要有很高的道德修养。我们应该提倡慎独，而做到慎独的关键则在于自律，即在道德上自我约束。

其次，爷爷也一直给小周灌输积善成德的思想。他告诉小周，一个人做一件好事容易，难就难在一直做好事；而要想成为一个拥有高尚道德品质的人，需要长期积善。

最后就是防微杜渐。爷爷说，当错误的思想和行为刚有苗头或征兆时，就应加以预防与制止，坚决不让它继续发展。爷爷用刘备叮嘱刘禅时说的话来提醒小周——勿以恶小而为之，勿以善小而不为。

小周从小到大一直将爷爷告诉他的这3个词牢记于心，并严格应用到生活中，这使得小周在工作后培养出了良好的职业道德品质。他严于律己、尽忠职守、大公无私、甘于奉献，用他自己的话说，这些品质都是他在生活中不知不觉培养起来的。

感悟： 生活是培养一个人的劳动素养的重要场景之一。心术不正之人，会在生活中不断表现出各种陋习，而这些陋习必然会被带到工作中。我们应该知道，想要培养出良好的劳动素养，就应该从生活中的点点滴滴做起。

学与思

在现代社会，企业对人才的需求与日俱增，企业不仅看重员工的学历，更看重员工的动手能力、学习能力、思想品德等方面的综合素质。青少年学生要想提高竞争力，除了树立正确的劳动价值观以外，还需要培养良好的职业道德品质。培养良好的职业道德品质，除了依赖社会、集体和教育，更重要的是需要自觉。青少年学生可以从哪些方面来培养良好的职业道德品质呢？

任务二　提升劳动能力

如果说良好的劳动素养是一个人劳动的"软件"，那么劳动能力就是一个人劳动的"硬件"。劳动能力不仅是完成劳动任务的基础，也是提高工作质量的关键。显然，我们要想成为一名合格的、优秀的劳动者，为社会提供优质服务，不仅要树立正确的劳动观念、培养良好的劳动精神和品质，还需要不断提升劳动能力。

微课视频：
提升劳动能力

一、劳动能力的构成

劳动能力是指人进行劳动的能力，是一个人多种能力的总和，是一个人完成劳动任务、从事与职业相关的活动所必备的本领。劳动能力包括一般性劳动能力、职业性劳动能力和专业性劳动能力。

1. 一般性劳动能力

一般性劳动能力是不受特定领域知识的影响、适用于广泛的实践活动的基本能力，具有稳定性和多样性的特点，主要包括观察能力、记忆能力、思维能力、想象能力和动手能力等。形象、具体地讲，一般性劳动能力多指日常所需的劳动能力。

2. 职业性劳动能力

职业性劳动能力是指经过系统训练，需要专业知识的劳动能力。例如，计算机维修人员要知道计算机的各个组成部分；计算机编程人员要掌握编程的知识；广告设计人员不仅要掌握绘图软件的使用方法，还要对印刷知识有所了解；财务人员需要了解相关法律，需要利用财务软件将计算机知识和财务专业知识融合在一起；工程师必须掌握工程经济、工程法规和工程管理实务等相关专业知识；等等。

车间工人正在检查器械

3. 专业性劳动能力

有些职业的专业性很强，如歌唱家、作曲家、钢琴家、文学家、音乐家等，他们所具备的专门的劳动能力就是专业性劳动能力。

一般性劳动能力、职业性劳动能力和专业性劳动能力是相互联系的：没有一般性劳动能力，人就无法适应环境，不能从事正常的工作、学习、娱乐等活动；职业性劳动能力是我们从事某个具体的职业时必须具备的能力，否则我们很难胜任具体工作；专业性劳动能力虽然有时是一种天赋，但是在职业性劳动能力的基础上也可以培养出来。

二、劳动能力的提升方法

工欲善其事，必先利其器。对即将步入社会的青少年学生来说，有必要通过各种方法与途径努力提升自身的劳动能力，从而增加就业竞争优势。

1. 认真学习专业知识

专业知识的积累能为技能的运用奠定坚实的基础。新时代的青少年学生有良好的学习环境和教育条件，应该提高自己对专业知识的重视程度，稳扎稳打地学好专业知识，并时刻关注与专业相关的最新动态。

2. 规划职业生涯

青少年学生可以根据职业生涯规划中对劳动能力的需求，对自身进行有针对性的能力培养和提升。职业生涯规划又叫生涯规划或职业生涯设计，是指个人结合自身条件和现实环境，确立职业目标，选择职业路线，制订相应的培训、教育和工作计划。简而言之，对职业生涯进行规划，就是给自己的未来绘制理想蓝图。

职业生涯规划可以为我们提升劳动能力提供指导方向。例如，一位播音主持专业的学生根据个人的喜好及擅长的领域，决定以主持人作为自己的职业。要想成为一名优秀的主持人，他需要掌握流畅标准的普通话，有敏锐而细致的观察能力以及深厚的学识修养和很强的舞台控场能力。这就为他有针对性地提升相关的劳动能力提供了指导方向。

3. 参加职业培训

青少年学生通过参加职业培训，可以快速、容易地获取有关劳动能力的知识，可以在培训教师的指导下有规划地对自身劳动能力进行培养和提升。我们在参加职业培训时，应根据职业目标选择培训课程。例如，想要成为舞蹈家，就选择参加舞蹈培训学习舞蹈；想要从事电商行业，就选择参加电商培训，学习网店运营管理、网店美工、网络推广、电商客户服务与管理等知识；有志于创业，就选择参加创业培训，了解创业的相关知识和技能。

参加职业培训的途径多种多样：一是参加学校开设的培训课程或讲座，二是参加专业机构开设的培训班，三是参加当地政府组织的培训班，四是通过互联网教育平台参加职业培训。具体途径可结合自身情况进行选择。

4. 勇于实践

青少年学生要想提升自己的劳动能力，只学习劳动理论知识远远不够，还要经常参加劳动实践。通过劳动实践，我们一方面可以加深对理论知识的理解，验证理论知识的可行性；另一方面可以将理论与实践深度融合，在实际操作中创新劳动方法，提高劳动效率，积累经验。

案例阅读

执着追求，将艺术面包做得出神入化

几乎每个人都吃过面包，而提到艺术面包却只有极少数人知道。把面包做成一米多高的功夫熊猫造型，使其周围有瑞气祥云围绕，并融入琵琶、唢呐等中国传统古典乐器，这一件充满"灵性"的作品出自"95后"烘焙师龚鑫之手，他给这个作品取名为"和平大使——音乐熊猫"。2020年，在法国巴黎举行的第十届烘焙世界杯上，中国队凭借"和平大使——音乐熊猫"这个作品获得了总决赛

的冠军。烘焙世界杯代表着全球烘焙业竞赛活动的最高水准，素有烘焙界的"奥林匹克"之称。此次夺冠也是烘焙世界杯创办近30年来，中国队首次登上冠军领奖台。

龚鑫中学毕业后只身前往深圳，在一家电子厂的流水线上工作，两班倒的工作辛苦并且单调。为了改变命运，龚鑫决定换一份工作。在父母的建议下，他找到了一家连锁面包店学做西点。在当学徒的日子里，虽然生活简单、工作从早做到晚，但龚鑫却觉得学做西点的过程有滋有味，并且他学会了西点制作的基本操作技艺。

为了深入学习西点烘焙的整套工艺，2015年，龚鑫到西点烘焙培训机构深造，并在学习期满后成为烘焙培训机构的教练。他一边向学员传授自己的经验，一边继续提升自己西点烘焙的理论水平和操作水平。2017年，龚鑫开始接触艺术面包，并在同年10月以助手的身份跟随有经验的烘焙师参加法国世界面包大赛，获得了最佳艺术面包奖。2018年11月，在上海举行的第二届世界面包六强精英赛中，知名烘焙师朋福东获得了冠军，而龚鑫作为朋福东的助手也参与了这次比赛。正是这次比赛打开了龚鑫的视野，他从此迷上了艺术面包。艺术面包体现了烘焙师精确到分毫的技术把控能力与美学素养。为了使自己制作艺术面包的技艺更上一层楼，龚鑫在工作之余，常常独自练习艺术面包的制作，直至出神入化。

尼采说过："如果这世界上真有奇迹，那只是努力的另一个名字。"的确，站上职业的巅峰，龚鑫并不觉得自己有多了不起，因为他知道自己付出了多少努力。龚鑫手上有很多伤痕，这些伤痕能充分说明他为了站上最高领奖台所经历的种种艰辛，这一切也源于他对西点烘焙艺术的执着追求。

> **感悟：** 龚鑫的成长过程就是不断提升劳动能力的过程，他凭着自己的热爱，当过学徒，到过培训机构深造，也做过有经验的烘焙师的助手。从龚鑫的案例可以看到，劳动能力的提升方式是多种多样且不固定的。当我们明确了人生目标后，就应该不断地对自己进行反思和总结，及时发现自己的不足，有针对性地去改善这些不足，并像龚鑫那样为实现目标努力奋斗、不懈追求。

三、设计并实施劳动任务

要将崇尚劳动、热爱劳动落到实处，还要注重劳动实践。设计劳动任务和接受他人安排的劳动任务不同，接受他人安排的劳动任务是按照其他人员的意思按部就班完成工作，设计劳动任务需要设计实施劳动任务的方案，对能力要求较高。

总体来说，设计并实施劳动任务分为以下3个阶段。

1. 开始阶段

开始阶段的重点工作是与服务对象沟通，明确他们的实际需求，并根据服务对象的需求设计实施劳动任务的方案。方案内容要清楚明了、具有可行性，包括实施劳动任务的目的、地点、时间、服务对象、劳动形式、任务清单、人员分工等。除设计实施劳动任务的方案外，其他工作包括准备实施劳动任务的相关工具和防护物品等。

2. 进行阶段

进行阶段即实施劳动任务的过程，此过程要严格按照方案的指导开展具体工作，并且在具体实施过程中，工作人员需汇报工作情况并接受相关人员的指导等。

3. 结束阶段

结束劳动任务后，所有参与此次任务的人员要对劳动过程进行总结与反思，归纳好的工作方法、方式，汲取经验，对发现的错误进行纠正，避免再犯。

当我们踏上工作岗位后，不能局限于承担他人安排的劳动任务，还要善于发现、主动规划、合理设计和全力实施劳动任务，在自己的工作领域不断取得突破。

⭐ 学与思

人们在职场中常说年轻人成长成才要做到"心中有责、眼里有活、手上有招"，你是如何理解这句话的？

劳动实践——植树护绿活动

一、活动主旨

植树护绿是我们爱护环境、保护环境的一种方式。在此号召学生开展"植树护绿"实践活动，在于帮助学生加深对植树与环保、植物的了解，增强环保意识、生态意识，培养学生的主人翁责任感和团队合作精神，促进师生之间的情感交流。在实践过程中，要体现学生的才能，发挥出学生的自觉与自律，向社会展示学校的风采，锻炼学生的动手操作能力与相互协作的能力，令学生体验成功的喜悦。

二、活动内容

1. 前期准备

（1）选择学校附近的郊区或林区作为植树场地。

（2）进行实地调研，选择合适的树苗。

（3）由教师组织，让学生代表对参与活动的学生进行简单培训，向大家介绍植树与环保的知识，可邀请相关工作人员讲述植树的要领和日常维护树木的方法，使学生掌握植树的实际操作方法以及后期的树苗成长管理方法。

（4）活动前由教师和学生代表前往市场购买树苗，并准备好植树工具。

2. 实施过程

（1）2~3人为一个小组，负责树苗种植。

（2）在约定时间于指定位置集合，教师负责清点人数及签到。

（3）从学校出发前往目的地。到达目的地后，教师清点人数，划分好场地，分好工具，并向学生说明相关事项，提醒要注意安全。

植树护绿

（4）各小组拿好工具，前往植树地点，在划分好的场地植树。

（5）完成植树后，教师对各小组的植树成果进行评比，为优秀的小组发放小礼品。

（6）各小组做好树苗的备注，包括标注姓名和日期，也可添加自己的愿望，并与树苗合照留念，然后教师回收工具。

三、活动要求

（1）做到人人参与，将植树知识与实际行动结合。

（2）要求学生着装统一，沿途或植树过程中注意言行，讲究文明礼貌，给他人好的印象。

（3）教师负责学生安全，学生代表做好带头示范作用，严禁学生在路上或过程中嬉戏打闹。

（4）完成任务后，每位学生根据自己的劳动情况，客观评价自己在劳动过程中的整体表现，总结自己在劳动实践中掌握的新知识、新技能。

04 项目四 保障劳动安全

✿ 学习目标

1. 掌握树立安全意识的方法。
2. 掌握安全防范技能与救护常识。
3. 掌握保障劳动权益的方法与途径。

✿ 素养目标

1. 树立安全意识，重视安全防范，强化"我要安全"的观念。
2. 掌握保障劳动安全的知识与技能，在劳动实践中做到"我能安全"。

情境导入

秦辉所在学校非常重视学生的动手实践能力，实践课程和活动较多，这种情况下学校特别重视学生的劳动安全。尽管学校一再强调学生必须遵守劳动安全规章制度，但仍有学生心存侥幸。这不，近期就有一位学生在做实验时，未听从实验管理人员安排，操作不当，引起实验设备着火。好在师生共同努力，在火势未蔓延时将其及时扑灭。虽未造成人员伤害，但在场的不少学生都受到了惊吓。这起事故再次为学生们敲响警钟，王老师希望所有学生树立安全意识，掌握安全防范技能和一些救护常识，在劳动过程中真正做到"我要安全，我能安全"。

任务一 树立安全意识

劳动安全是指在劳动过程中，防止中毒、车祸、触电、爆炸、火灾、坠落、机械外伤等危及劳动者人身安全的事故发生。劳动安全是保护劳动者安全健康的基本条件。劳动者树立安全意识，就是建立"安全第一，预防为主"的观念，就是将"要我安全"的被动观念转变为"我要安全"的主动观念。培养良好的安全意识是预防劳动者做出不安全行为、预防事故发生的根本措施。青少年学生可通过以下方法切实提高自身的安全意识。

一、遵守安全规章制度

在校园生活中，我们会接触到各种安全规章制度，如宿舍安全规章制度、实验室安全规章制度、网络安全规章制度、消防安全规章制度、校园治安规章制度等。大家应该可以直观地感受到，这些安全规章制度在保障学生安全方面发挥了积极的作用。因此，对于相关的安全规章制度，我们应该严格遵守。

青少年学生要在劳动中形成"始终将安全放在首位"的观念，久而久之，就能养成重视并遵守安全规章制度的习惯。如果为了自己省力省事而去违反安全规章制度，那就是对自己和他人不负责任，最终会付出血的代价。我们应该首先从遵守校园的安全规章制度开始，

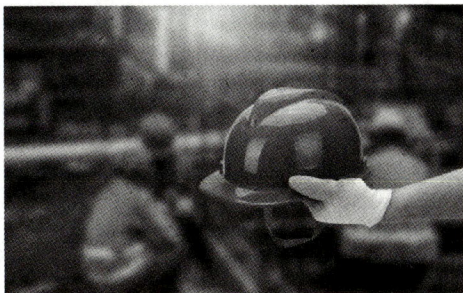
遵守安全规章制度，安全生产

养成重视安全规章制度的习惯，增强遵章守纪的自觉性，抵制违反安全规章制度的行为，防患于未然。

案例阅读

麻痹大意，终酿大祸

某企业机务段折返车间机车司机黄某在出库检车过程中，盲目松开机车手制动机，造成机车溜逸，将正在两车之间检查车钩的陈某挤死。这起事故的原因，既有黄某违反规定擅自解除防溜措施，也有陈某未遵守"在作业前必须检查作业设备、工具、防护用品及周围环境，如有不安全因素，应消除或采取措施后，方可进行工作"的规定。

在这起出库检车作业中，由于两名作业人员安全预想不到位及存在违章行为，其中一名作业人员被两车挤死，教训十分惨痛。

感悟：这个案例告诉我们，工作容不得一丝一毫的马虎，劳动者必须自觉遵章守纪，严格按照标准化操作作业，这样才能确保劳动者的人身安全。

二、避免不良心理与情绪

从事故原因看，人的不安全行为占主要地位。调查显示，有超过95%的安全事故是由人的不安全行为导致的。人产生不安全行为则是因其安全意识淡薄。而安全意识淡薄，除客观因素外，从个人角度看，就是轻视危险的心理在作祟，以及受到个人情绪的影响。

1. 轻视危险的不良心理

以下详细列举了轻视危险的各种心理，青少年学生要认识到这些心理的错误和危害，并及时积极地纠正。

- **侥幸心理**。有的劳动者偶然违章没有出事，就认为自己能够掌控作业环境和条件变化，盲目自信，从而慢慢滋生了侥幸心理，忽视了长期违章导致事故的必然性。
- **麻痹心理**。安全生产形势相对稳定时，有的劳动者容易思想松懈，忽视规章制度，掉以轻心，麻痹大意。

- **逆反心理**。有的劳动者认为操作标准太严，管理措施烦琐，便消极抵触，甚至反其道而行之。
- **自大心理**。有的劳动者自以为技术好，即使预见有危险，也自大地相信凭借自己丰富的经验，可以轻易避免危险。
- **逞能心理**。有的劳动者技术有待锤炼，欠缺经验，但是为了表现自己，往往不顾客观条件，明知会违章或有危险，却偏要尝试。
- **马虎心理**。有的劳动者工作不细心，即使进行的是特殊作业，注意力也未高度集中，依然我行我素，马虎应付。
- **从众心理**。有的劳动者平时不注意学习安全知识和操作技能，对作业中应注意的安全问题模糊不清，别人违章时非但不制止，自己也稀里糊涂地跟着干。
- **好奇心理**。有的劳动者对于不熟悉的事物总想摸一摸、试一试，但须知一定要谨慎。

2．个人情绪的影响

人们常常讲，不要把个人情绪带入工作中，因为个人情绪有时不仅会影响工作效率，也会对安全行为产生影响。因此，青少年学生要养成不把个人情绪带入劳动过程中的习惯。

- **紧张**。紧张情绪容易造成工作失误。
- **兴奋**。兴奋情绪往往使人忘乎所以，从而忽视劳动安全问题。
- **消沉**。消沉情绪使人思想难以集中，内心难以平静，容易造成工作失误。
- **急躁**。急躁情绪使人心态不平衡，做事急于求成，从而忽视劳动安全问题。
- **抵触**。抵触情绪使人缺乏工作主动性，做事马虎，应付了事，易导致劳动安全事故。

三、重视安全教育

美国著名心理学家马斯洛认为，安全需要是人类的重要需要之一。由此可见，安全与我们的日常生活是息息相关的。而青少年学生经历少、阅历浅，一直是在家长的监护和学校的保护下无忧无虑地生活着、学习着。一方面，青少年学生对劳动安全问题认识不清晰，缺乏自我保护意识和必要的安全知识；另一方面，青少年学生缺乏解决各种复杂问题和矛盾的能力。另外，有的青少年学生自制力较差，不考虑事情的后果，或受到不良风气的影响，往往明知故犯。

种种原因，要求青少年学生务必重视安全教育，积极接受安全教育。青少年学生应通过安全教育的积极引导，认识事故的危害性，了解树立安全意识的重要性，学习做好安全防范的相关知识和注意事项，防止因安全意识淡薄或不了解安全知识，在劳动过程中做出不安全的行为。

四、积极参加安全活动

安全不是喊喊口号，安全更不是"面子功夫"，而是要行动起来，真正落到实处，这样才能帮助自己筑起从思想到行为都永远不倒的安全长城。因此，青少年学生应该积极参加学校或实习单位组织的安全活动，包括各类安全演练和培训，如消防安全演练、应急救援演练、疾病预防的培训、急救知识的培训、心理健康知识的培训等。

积极参加安全活动，可以增强判断所处环境潜在危险的能力、抗压力和调节情绪的能力，以及事故应急处理和逃生自救的能力等。因此，青少年学生不仅要积极参加安全活动，而且在活动中不能有觉得小题大做的想法，不能抱着好玩的心态，不能敷衍了事，要按照活动主题、步骤和要求，认真执行活动内容，使自己的安全意识通过安全活动不断得到提升，真正做到有备无患。

五、汲取经验教训

其实每个人从懂事起到入学教育再到步入社会的每一个阶段，都有相关的人或事在无时无刻地提醒我们要有安全意识，要注意自身和他人安全，要珍爱生命，青少年学生应当从中汲取经验教训。

安全无小事

素质养成　　青少年学生不能因为还没有正式步入工作岗位、未正式进行生产作业，就不重视劳动安全。我们现在就应该树立良好的安全意识，将"要我安全"的观念转换为"我要安全"的观念。长此以往，我们就会具有强烈的自我保护意识，让保护自身的安全成为一种本能。

☆ 学与思

安全意识在生活和生产中关乎着自己和他人的健康甚至生命，关乎着每一个人的家庭完整，关乎着社会的稳定。对青少年学生而言，谈及安全、安全意识的重要性时应该懂得一些浅显的道理，即弄明白谁是事故的受害者与安全的受益者，这样才能避免对安全问题产生无所谓的态度和思想。那么，你认为谁是事故的受害者？谁是安全的受益者？

任务二　掌握安全防范技能

在参加劳动的过程中，青少年学生应该积极学习基本的安全防范技能，不仅要做到"我要安全"，还要努力做到"我能安全"。

一、认识安全标志

安全标志是向人们警示工作场所或周围环境的危险状况，指导人们采取合理行为的标志。安全标志能够提醒人们预防危险，从而避免事故发生；当危险发生时，能够指示人们尽快逃离，或者指示人们采取正确、有效、得力的措施，对危害加以遏制。

安全标志由几何形状、安全色（安全色是用以表达禁止、警告、指令、提示等含义的颜色，包

微课视频：
劳动安全知识

括红、蓝、黄、绿4种颜色）和图形符号构成，用以表达特定的安全信息。安全标志分为禁止标志、警告标志、指令标志和提示标志四大类。我们要正确认识一些工作场所常见的安全标志的含义，以防止事故发生，避免造成不必要的麻烦。

1. 禁止标志

禁止标志的含义是不准或制止人们的不安全行为。禁止标志的几何形状是带斜杠的圆环，其中圆环与斜杠相连，安全色为红色，图形符号的颜色为黑色。根据《安全标志及其使用导则》（GB 2894—2008），我国规定的禁止标志共40个，部分常见禁止标志及其名称、设置范围和地点的说明如表4-1所示。

表4-1　部分常见禁止标志及其名称、设置范围和地点的说明

禁止标志	名称	设置范围和地点
	禁止吸烟	有甲、乙、丙类火灾危险物质的场所和禁止吸烟的公共场所等，如木工车间、油漆车间、沥青车间、纺织厂、印染厂等
	禁止启动	暂停使用的设备附近，如检修的设备、更换零件的设备等
	禁止饮用	禁止饮用水的开关处，如循环水、工业用水、污染水等的开关处
	禁止用水灭火	生产、储运、使用中有不准用水灭火的物质的场所，如变压器室、乙炔站、化工药品库、各种油库等
	禁止放置易燃物	具有明火设备或高温的作业场所，如动火区，各种焊接、切割、锻造、浇注车间等场所
	禁止乘人	乘人易造成伤害的设施，如室外运输吊篮、外操作载货电梯框架等
	禁止停留	对人员具有直接危害的场所，如粉碎场地、危险路口、桥口等处

续表

禁止标志	名称	设置范围和地点
	禁止倚靠	不能倚靠的地点或部位，如列车车门、车站屏蔽门、电梯轿门等
	禁止入内	易造成事故或对人员有伤害的场所，如高压设备室、各种污染源等入口处
	禁止开启无线移动通信设备	火灾、爆炸场所以及可能产生电磁干扰的场所，如加油站、飞行中的航天器、油库、化工装置区等

2. 警告标志

警告标志的含义是提醒人们对周围环境引起注意，避免可能发生的危险。警告标志的几何形状是黑色边框的正三角形，安全色为黄色，图形符号的颜色为黑色。根据《安全标志及其使用导则》（GB 2894—2008），我国规定的警告标志共39个，部分常见警告标志及其名称、设置范围和地点的说明如表4-2所示。

表4-2　部分常见警告标志及其名称、设置范围和地点的说明

警告标志	名称	设置范围和地点
	注意安全	易造成人员伤害的场所及设备等
	当心触电	有可能发生触电危险的电气设备和线路，如配电室、开关等
	当心烫伤	具有热源易造成伤害的作业地点，如冶炼、锻造、铸造、热处理车间等
	当心中毒	剧毒品及有毒物质，如氰化钠、三氧化二砷等的生产、储运及使用场所
	当心高温表面	有灼烫物体表面的场所

续表

警告标志	名称	设置范围和地点
	当心低温	易于导致冻伤的场所，如冷库、气化器表面、存在液化气体的场所等
	当心火灾	易发生火灾的危险场所，如可燃性物质的生产、储运、使用等地点
	当心机械伤人	易发生机械卷入、轧压、碾压、剪切等机械伤害的作业地点
	当心车辆	厂内车、人混合行走的路段，道路的拐角处、平交路口；车辆出入较多的厂房、车库等出入口处
	当心障碍物	地面有障碍物，绊倒易造成伤害的地点

3. 指令标志

指令标志的含义是强制人们必须做出某种动作或采用防范措施。指令标志的几何形状是圆形，安全色为蓝色，图形符号的颜色为白色。根据《安全标志及其使用导则》（GB 2894—2008），我国规定的指令标志共16个，部分常见指令标志及其名称、设置范围和地点的说明如表4-3所示。

表4-3　部分常见指令标志及其名称、设置范围和地点的说明

指令标志	名称	设置范围和地点
	必须戴防护眼镜	对眼睛有伤害的各种作业场所和施工场所
	必须戴安全帽	头部易受外力伤害的作业场所，如矿山、建筑工地、伐木场、造船厂及起重吊装处等
	必须戴防尘口罩	具有粉尘的作业场所，如纺织清花车间、粉状物料拌料车间以及矿山凿岩处等

续表

指令标志	名称	设置范围和地点
	必须戴防护手套	易伤害手部的作业场所，如具有腐蚀、污染、灼烫、冰冻及触电危险的作业等地点
	必须穿防护服	具有放射、微波、高温及其他须穿防护服情况的作业场所
	必须穿救生衣	易发生溺水的作业场所，如船舶、海上工程结构物等
	必须拔出插头	在设备维修、故障、长期停用、无人值守状态下
	必须接地	防雷、防静电场所

4. 提示标志

提示标志的含义是向人们提供某种信息（如标明安全设施或场所等）。提示标志的几何形状是方形，安全色为绿色，图形符号的颜色为白色。根据《安全标志及其使用导则》（GB 2894—2008），我国规定的提示标志共8个，各提示标志及其名称、设置范围和地点的说明如表4-4所示。

表4-4 提示标志及其名称、设置范围和地点的说明

提示标志	名称	设置范围和地点
 	紧急出口	便于安全疏散的紧急出口处，与方向辅助标志结合设在通向紧急出口的通道、楼梯口等处

续表

提示标志	名称	设置范围和地点
	避险处	铁路桥、公路桥、矿井及隧道内躲避危险的地点
	应急避难场所	在发生突发事件时用于容纳危险区域内疏散人员的场所，如公园、广场等
	可动火区	经有关部门划定的可使用明火的地点
	击碎板面	必须击开板面才能获得出口处
	急救点	设置现场急救仪器设备及药品的地点
	应急电话	安装应急电话的地点
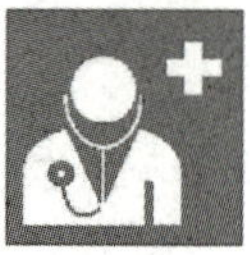	紧急医疗站	有医生的医疗救助场所

　　安全标志的名称可作为文字辅助标志，对安全标志起到补充说明的作用。文字辅助标志有横写和竖写两种形式。横写时，文字辅助标志写在标志的下方。禁止标志、指令标志的文字辅助标志为白色字，警告标志的文字辅助标志为黑色字。禁止标志、指令标志的文字辅助标志衬底色为其安全颜色，警告标志的文字辅助标志衬底色为白色。对"紧急出口"提示标志而言，提示目标方向时要加方向辅助标志。按实际需要指示左向时，文字与辅助标志应放在提示标志的左方；指示右向时，方向辅助标志则应放在提示标志的右方。

横写的文字辅助标志

提示标志添加方向辅助标志指示目标方向

竖写时，文字辅助标志写在标志杆的上部。禁止标志、警告标志、指令标志、提示标志的文字辅助标志均为白色衬底、黑色字。标志杆下部色带的颜色应和标志的颜色一致。

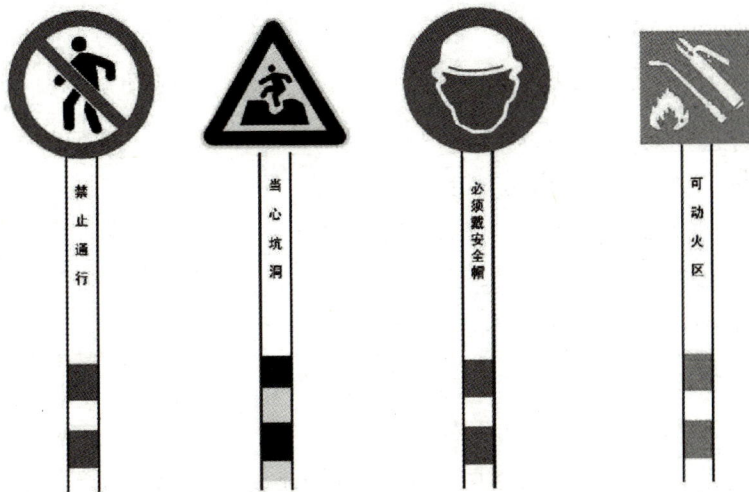
竖写在标志杆上部的文字辅助标志

劳动前沿

安全标志不仅类型要与所警示的内容相吻合，而且设置的位置要正确、合理。《图形符号 安全色和安全标志 第5部分：安全标志的使用原则与要求》（GB/T 2893.5-2020）规定，使用的安全标志宜确保在最大观察距离内的观察者能够知晓危险源的位置、危险源的性质以及将风险控制到可接受水平所需采取的措施。另外，安全标志与使用环境之间应具有足够的对比度，应确保安全标志能够始终在观察者的视线范围内，不会出现偶尔被遮挡的情形，且安全标志在观察距离上应具有足够大的尺寸和充足的照明。

二、防止触电、火灾与机械伤害

触电、火灾与机械伤害是劳动过程中比较常出现的安全事故，这些事故一旦发生，对劳动者危害可能较大，造成的损失无法弥补。因此，我们尤其要注意防止触电、火灾与机械伤害。

1. 防止触电

触电又称电击伤，是指一定量的电流通过人体，造成机体损伤或功能障碍，甚至死亡，危害非常大。为防止触电，无论是日常劳动使用电气设备（尤其是在宿舍生活场景中），还是在生产实践中，我们都必须加强用电安全管理，如下所示。

● 严禁在宿舍走廊、卫生间、洗漱间等地私拉乱接电线，严禁破坏宿舍楼内的供电线槽和供电电缆，严禁拆修配电设施等。

- 不使用电热杯、电磁炉、电热锅、电饭锅等违反宿舍安全管理规定的大功率电器（一般功率超过200瓦的电器即被视为大功率电器）或劣质电器等。

- 不将电线缠绕在床铺上，不在灯具上挂蚊帐、晾晒衣物、悬挂装饰物等易燃物品。

- 不用湿手触摸正在运行的电器，不用湿布擦拭正在运行的电器。如果有必要进行彻底清理，要在切断电源的情况下进行。

电器不能超负荷使用

- 使用中发现电器有烟、冒火花、发出焦煳味等情况，应立即关掉电源开关，停止使用。

- 生产实践中，为防止触电，应落实用电安全管理制度，严格执行行业和企业的用电规定。

- 需具备用电的基本专业知识，这样才具备上岗的资格；或者需要经过用人单位的专业培训，具备必要的用电安全知识且考核合格后，才能上岗作业。

不用湿手触摸电器和接通电源

- 作业时，必须穿戴好劳动保护用品，必须熟悉触电的急救方法，最好结伴劳动，不宜单独操作。

- 应爱护用电设施，如发现电线损坏、裸露、漏电等现象，应及时报告管理人员，等待专业人员维修。

- 应养成良好的用电习惯，电器使用完毕后应拔掉电源插头。

案例阅读

违反安全作业规定的惨痛教训

某彩印厂夜间进行厂房通道的混凝土施工，需用滚筒进行碾压抹平，但施工区域内有一活动操作台（用钢管扣件组装）影响碾压作业。于是，3名作业人员去推开操作台，但操作台因被电线挂住而推不动，3人便使用钢管撬动操作台，从而使电线破损，造成漏电，导致操作台带电，3人当场触电身亡。

感悟： 这起事故的原因是多方面的。夜间施工，施工现场照明要强，操作人员要及时发现各种触电隐患；用电设备一定要有漏电保护装置，当漏电保护装置跳闸时，不能强行合闸，应由电工查明原因、排除故障后才能继续使用；任何外露的通电线路上严禁乱搭乱挂任何物件。事故造成的惨痛损失已无法挽回，但我们要从这次事故中吸取教训。在存在安全隐患时，劳动者要先排除隐患再谨慎作业，同时劳动者要具备一定的安全防范技能，这样才能对安全隐患做出正确的判断，有效保障自己的人身安全。

2. 防止火灾

火灾是劳动中最可怕的事故之一，不严重时可能只造成财产损失，无人员伤亡，但如果是重大火灾，其后果难以想象。因此，我们在参与劳动时，一定要注意防止火灾，可以参考如下提示。

- 严禁在宿舍内或走廊上焚烧垃圾，该行为容易引起火灾。
- 电气设备超负荷运行、短路、接触不良，以及自然界中的雷击、静电火花等，都能使可燃气体、可燃物质燃烧，在使用电气设备时必须做到安全和防护。
- 从事专业劳动的劳动者必须经过防火教育后才能上岗。
- 严禁在工作场所吸烟，随手扔掉的燃烧着的烟头要是掉在易燃物品上，容易引起火灾。
- 易燃易爆场所严禁烟火，必须穿戴好防静电服装鞋帽才能在这些场所作业。
- 使用明火前要进行审批，且在使用时必须控制火源。

案例阅读

未关闭电源，自习室的空调自燃

某大学学生小杨某天晚上到教学楼自习室自习，同往常一样，他学习到12点左右才离开。这晚，小杨最后一个离开自习室时忘记关闭空调开关，使空调处于整夜运行状态。第二天早上，空调由于整夜运行引发电路问题产生自燃。此时该楼层恰好无人值守，没能在空调自燃时将火扑灭，以致火势蔓延引发火灾，造成立式空调一角受损严重，台式计算机、课桌、书全部被烧毁，天花板被烧出一个洞，附近窗户玻璃被烧爆。万幸的是，学校保卫处巡逻队员在校内巡逻时，发现教学楼有黑烟冒出，立即赶到现场，切断该楼的电源后出水将火扑灭，防止了火势进一步蔓延，避免了更严重的损失。

感悟： 用电不当历来是火灾的主要原因之一。大学的公共教室、自习室等场所一般都配备有空调、饮水器等电气设备，这些电气设备使用多年，如再加上电路老化、检修不及时，就会大大增加火灾的隐患。如果师生消防意识淡薄，用电不当，令空调长时间不关、饮水机长时间空烧等，就存在发生火灾的可能。

素质养成

日常生活中，烟花爆竹、火柴、打火机、煤气罐、汽油桶、酒精、油漆、油墨、漆布、漆纸等都是大家熟知的易燃易爆物。此外，还有一些常用的且不被大家重视的物品也是易燃易爆物，如花露水、香水、染发水、指甲油、啫喱膏、驱蚊水、杀虫剂、空气清新剂等。其中，花露水较为危险，它的酒精含量一般为70%～75%，燃点仅为24℃。在使用和存放易燃易爆物时，应注意避开火源、热源，不得随意使用和存放。尤其是在酷热的夏季，禁止将易燃易爆物置于阳光直射处。

3. 防止机械伤害

机械伤害也是劳动中常见的一类事故，青少年学生参加劳动时需要注意以下4点，以免产生机械伤害。

- 必须遵守相关法律法规和规章制度，做到"安全生产、人人有责，遵章守纪、确保安全"。
- 必须经过专门培训，了解机械设备的基本结构、性能和用途，熟悉机械设备的使用方法和保养技术，做到会使用、会保养、会检查、会排除简单故障。
- 工作时必须集中精神、严肃认真，不得擅自离开工作岗位。离开机械设备时必须将其停机。
- 机械设备启动前、工作中和工作完毕后，都要随时检查操作环境。

三、实验室安全事故预防

实验室是教学、科研的重要场所，为了培养学生的实验操作能力，很多学校每年都安排大量的实验课。然而，实验室中可能存放有易燃易爆物品和腐蚀性、有毒化学试剂等，这些都可能成为安全隐患。实验中，稍有不慎，危险就可能降临到实验人员的身边，轻则影响教学、科研进度，重则毁坏实验设备、技术资料，使实验功亏一篑，甚至损害人员的身体健康与生命。

青少年学生必须高度重视实验室安全问题，要有安全防范意识，严格遵守实验室的安全规则，避免实验室安全事故的发生，确保自己、他人的安全，如下所示。

- 实验前，一是要了解并学会使用实验室配备的应急设施，熟悉消防通道的位置；二是要详细了解实验内容，掌握实验细节、操作方法及注意事项；三是要确认实验材料、设备等是否存在危险，排除安全隐患后再做实验；四是要对不熟悉的实验任务、操作、设备、材料等的相关内容多听、多看、多问，与他人进行必要的沟通协商再做实验。
- 实验时，一是不将与实验无关的物品带进实验室，不在实验室内存放易燃易爆物品；二是使用必要的防护用品，如戴手套、戴安全护目镜、穿着实验服等；三是远离实验室中已标识的潜在危险，除非得到充分的安全防护及安全许可；四是严格执行实验室安全规定、指令，有任何状况或疑问可随时提出，切勿私自变更实验程序或违规操作；五是不随意触摸和打开各种试剂，不任意混合各种试剂，及时清理打翻的药品、试剂及器皿等，防止意外发生；六是无人监管的情况下，不得离开实验岗位，防止意外发生；七是虚心接受他人对自己不安全行为的提醒与纠正，且不得故意制造危险事件，不得蓄意伤害他人。
- 实验结束后，一是要对实验室进行全面清理，包括关闭电源、水源、气源，处理残存的化学物质，清扫易燃的纸屑杂物等，消除隐患；二是要对实验造成的危险因素或发现的实验室危险因素予以标识，并及时告知教师和实验室管理人员；三是若实验过程中发生了意外事故，应告知教师和实验室管理人员；四是与其他成员分享自己的实验室安全知识与经验，帮助其他成员提高安全风险防控能力。

案例阅读

增强实验安全意识是预防事故发生的根本措施

某校的化学实验室通风条件不好，也没有安装必要的通风设施。一天，某班级的学生在实验室做化学实验。实验进行中，小李感觉自己头晕、恶心，良好的安全意识使他觉得实验中可能产生了有害气体，随即他便打开门窗通风。不久后，小李身边的同学也反映出现头晕、恶心等症状。小李意识到事态的严重性，立即让所有同学终止实验，撤离了实验室。后经学校医务室结合实验情况诊断，学生们身体不适的原因是甲烷中毒，所幸小李打开了门窗让大家及时终止实验并迅速撤离实验室，大家最终并无大碍。

感悟： 实验室应保持良好的通风条件，经常检查通风管道，会产生较大气味或有毒气体的实验室应设有规范的通风橱。在进行可能产生有毒气体的实验时，应尽可能密闭化，不要使有毒气体散发出来。操作时要穿戴防护用品。归根结底，保障实验室安全要具备安全意识，发现问题要及时报告，特别是进行有一定危险的实验时更要提高警惕，中途若遇突发情况要及时反映，采取正确的措施。

学与思

一般而言，实验室发生安全事故的原因是多方面的，主要包括实验人员自身问题、实验设备问题、实验室环境问题和实验室管理问题。因此，保障实验室安全需要多方面的努力，预防实验室安全事故需要考虑到实验人员、实验设备、实验室环境等多个要素，同时也需要落实好安全观念、安全规范和科学对策。请同学们分小组，从师生安全意识增强和实验室安全制度完善等方面探讨保障实验室安全的有效措施。

任务三　掌握救护常识

现实生活中，我们有时会在劳动中遇到发生危重急症、受到意外伤害的人，我们掌握了基本的救护技能后，在事发现场对伤病人员实施及时、有效的救护，可以起到"挽救生命、减轻伤残"的作用。青少年学生也应掌握一些救护常识，在危急关头若能做到沉着冷静、临危不乱，就地取材，采取有效的救护措施，既能保障自身安全，又能救护他人。

一、触电的急救

发生触电时，首先施救者要在确保自身安全的情况下，立即切断电源，然后用竹竿、扁担、木棍、塑料制品、橡胶制品等不导电物体使触电者尽快脱离电源。未切断电源之前，施救者一定不能用自己的手直接去拉触电者。此外，触电事故发生现场的急救是救治触电者的关键，触电者丧失意识、无自主呼吸时，施救者应立即给予心肺复苏，并拨打120。

心肺复苏的目的是开放气道、重建呼吸和循环。通常只有接受过此方面训练的人员才可以为他人实施心肺复苏，没有经验的人千万不要随便为他人做心肺复苏。采用心肺复苏时必须确定病人已经丧失意识，可拍摇病人并大声询问，同时用手指甲掐压其人中穴约5秒，如无反应表示其丧失意识。

心肺复苏的3项基本措施是通畅气道、人工呼吸和胸外按压。

- **通畅气道。**确定病人丧失意识后，最主要的是要始终确保其呼吸通畅。首先应使病人水平仰卧，解开其颈部纽扣，若发现病人口鼻内有异物，注意清除异物，然后使病人仰头抬颌，通畅气道。具体做法是施救者一只手放在病人前额，另一只手的手指将病人下颌向上抬起，两只手协同将其头部推向后仰，气道即可通畅。此时用耳贴近病人口鼻未感到有气流，或病人胸部无起伏，则表示病人已停止呼吸。

- **人工呼吸。**人工呼吸就是利用人工机械的强制作用维持病人的气体交换，并使病人逐步恢复正常呼吸。具体操作方法如下：在保持病人仰头抬颌的前提下，施救者用放在病人前额上的那只手捏住病人的鼻孔，然后深吸一口气，迅速用力向病人口内吹气，吹气后放松病人被捏住的鼻孔，并用手压其胸部，以帮助其呼气。照此操作5～6秒重复一次（即每分钟10～12次），每次吹气的时间需持续1秒以上，1～1.5秒较合适，直到病人恢复自主呼吸。

- **胸外按压。**胸外按压就是利用人工机械的强制作用维持病人的人体血液循环，并使病人逐步过渡到正常的心脏跳动。4次人工呼吸后应观察病人胸部有无起伏，同时测试其颈动脉，若无搏动，便可判断为心跳已停止，此时应立即同时实施胸外按压。实施胸外按压时，病人必须平卧，施救者跪于病人一侧，由病人的胸部（近施救者侧）找寻肋骨下缘，沿肋骨下缘向上滑动，至肋骨与胸骨交汇的胸窝处，此处即为按压位置；将一手的掌根置于按压位置，另一手掌根附于前掌之上，手指向上方翘起，两臂伸直，凭自身重力通过双臂和手掌垂直向胸骨加压。胸外按压应该有力而迅速，但不能冲击式地猛压，每次按压后应使胸廓完全恢复原位。胸外按压的频率为每分钟100～120次，按压深度为5～6厘米。

胸外按压与人工呼吸同时实施时，以30∶2的比例交替进行，即30次胸外按压后行2次人工呼吸，5个循环后重新评估病人生命体征，随后决定是否继续进行心肺复苏。当病人无脉搏时，继续交替进行胸外按压与人工呼吸；有脉搏时，检查呼吸3～5秒，无呼吸则进行人工呼吸，有呼吸则维持呼吸道畅通，使病人保持侧卧姿势，等待专业救援人员赶来。

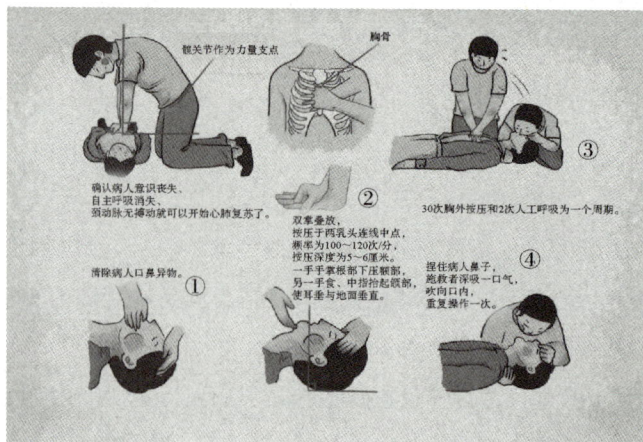

心肺复苏关键步骤示意图

二、烧烫伤的应急处理

烧烫伤的应急处理关键在于使病人迅速脱离现场，转移到安全的地方；在将病人送往医院之前，迅速给予其必要的急救处理。对于热力烧伤，包括火焰、蒸气、高温液体、金属等造成的烧伤，首先脱去着火或被沸液浸湿的衣物，特别是化纤衣物，以免火势加大或衣服上的热液继续作用，使创面加大，或用水将火浇灭、就地打滚压灭火焰；然后立即离开密闭和通风不良的现场，以免发生吸入性损伤和窒息；最后可进行冷疗，如用大量清洁水清洗，并及时送医院救治。对于化学烧伤，酸碱烧伤的严重程度除与酸碱的性质和浓度有关外，多与接触时间有关。因此无论何种酸碱烧伤，均应立即用大量清洁水冲洗，冲洗时间一般在30分钟以上，这一方面可冲淡和清除残留的酸碱，另一方面可作为冷疗的一种方式，用于减轻病人的疼痛。注意开始时用水量应足够大，保证迅速将残余酸碱从创面冲尽。

烫伤的程度一般分为3级：一级烫伤只损伤皮肤表层，局部轻度红肿，无水疱，疼痛明显；二级烫伤是真皮损伤，局部红肿疼痛，有大小不等的水疱；三级烫伤是皮下损伤，脂肪、肌肉、骨骼都有损伤，损伤处呈灰色或红褐色。对于一级烫伤，应立即脱去衣物，将无破损伤口放入冷水中浸洗；对于二级烫伤的大水疱，可用消毒针刺破水疱边缘放水，涂上烫伤膏后包扎；对于三级烫伤，应用干净布包住伤口及时前往医院。切不可在伤口上涂药水或膏类药物，以免影响病情观察与处理。需要注意，如果烫伤严重，不能用生冷水冲洗或者浸泡伤口，否则会引起肌肤溃烂，加重伤势，大大增加留疤的概率。伤员口渴时，可饮用少量热茶水或淡盐水，不要在短时间内饮服大量的开水，否则可能出现脑水肿。

烧烫伤一般处理步骤示意图

三、火灾扑救与逃生

一旦发生火灾，我们应当及时、有效地进行扑救。因此，我们在做好火灾预防工作的同时，要加强对火灾扑救知识的学习，才能够在火灾刚发生时有效地将其扑灭，最大限度地减少火灾造成的伤亡和财产损失。此外，青少年学生还要掌握发生火灾时的逃生自救知识，做到有备无患。

1. 火灾扑救的基本方法

一切灭火方法的核心都是破坏已有的燃烧条件。任何物质发生燃烧都必须具备3个条件，即可燃物（如木材、服装、酒精）、助燃物（如空气、氧气）和着火源（明火、电热能、光能），缺少任何一个条件，燃烧都不能发生。根据燃烧的条件，火灾扑救可采取的基本方法是冷却灭火法、隔离灭火法和窒息灭火法。

- **冷却灭火法**。冷却灭火法的要点是降低温度，即将灭火剂直接喷射到正在燃烧的物体上，将其温度降低到燃点之下，使燃烧停止；或者将灭火剂喷洒在火源附近的物体上，使其不因火焰热辐射作用而形成新的起火点。冷却灭火法是灭火的主要方法，常用水和二氧化碳做灭火剂。

- **隔离灭火法**。隔离灭火法的要点是移去可燃物，即将正在燃烧的物体和周围未燃烧的可燃物隔离开，中断可燃物的供给，使燃烧因缺少可燃物而停止。可按以下具体方法实施隔离灭火：把火源附近的可燃、易燃、易爆和助燃物体搬走；把着火的物体移到安全的地方；关闭可燃气体、液体管道的阀门，以减少和阻止可燃物进入燃烧区；设法阻拦流散的易燃、可燃液体。

- **窒息灭火法**。窒息灭火法的要点是隔绝空气，即阻止空气流入燃烧区，或者用不燃物冲淡空气，使燃烧因得不到足够的氧气而停止。可按以下具体方法实施窒息灭火：用沙土、水泥、湿麻袋、湿棉被、湿棉毯等不燃或难燃物体覆盖在燃烧的物体上；在燃烧的物体上喷洒雾状水、干粉、泡沫等灭火剂；用水蒸气或氮气、二氧化碳等灌注发生燃烧的容器、设备。

在实际应用中，往往是根据燃烧的物体、燃烧特点、火场具体情况以及消防设备性能等，采用一种或多种方法，以达到迅速灭火的目的。

2. 常见灭火器的使用

灭火器是一种可由人力移动的轻便灭火器具，它能在内部压力作用下，将所充装的灭火剂喷出，以扑救火灾。目前，日常生活中常见的灭火器主要是手提式干粉灭火器（充装的灭火剂为干粉）和手提式二氧化碳灭火器（充装的灭火剂为二氧化碳）。

使用手提式干粉灭火器灭火时，操作者可手提或肩扛灭火器快速奔赴火场，在距燃烧处3~5米的位置放下灭火器，先将开启把上的保险销拔下，然后一只手握住喷射软管喷嘴部，另一只手用力压下压把，喷出干粉进行灭火。

手提式干粉灭火器　　**手提式干粉灭火器的操作示意图**

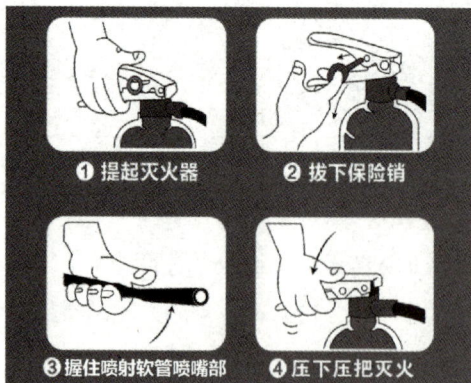

使用手提式干粉灭火器扑救可燃、易燃液体火灾时，应对准火焰扫射；如果被扑救的液体呈流淌状燃烧时，应对准火焰根部由近而远并左右扫射，直至把火焰全部扑灭。如果可燃液体在容器内

燃烧，应对准火焰根部左右扫射，使喷射出的干粉覆盖整个容器开口表面，当火焰被赶出容器后，仍应继续喷射，直至将火焰全部扑灭。在扑救容器内可燃液体火灾时，应注意不能将喷嘴直接对准液面喷射，防止喷流的冲击力使可燃液体溅出而扩大火势，造成灭火困难。如火灾发生在室外，应选择在上风方向喷射。

手提式二氧化碳灭火器与手提式干粉灭火器的使用方法相似，操作者将灭火器提到或扛到火场，在距燃烧处3～5米处放下灭火器，拔出保险销，一只手握住喇叭筒根部的手柄，另一只手用力压下压把。对没有喷射软管的手提式二氧化碳灭火器，应把喇叭筒往上扳70°～90°。使用时，不能直接用手抓住喇叭筒外壁或金属连线管，以免手被冻伤。灭火时，当可燃液体呈流淌状燃烧时，操作者可使用手提式二氧化碳灭火器由近而远向火焰喷射。如果可燃液体在容器内燃烧，操作者应将喇叭筒提起，从容器的一侧上部向容器中喷射，但不能使二氧化碳喷流直接冲击燃烧的液面，以防止将可燃液体冲出容器而扩大火势，造成灭火困难。同时，二氧化碳虽然无毒，但是可能造成窒息，使用时应尽量避免吸入。特别是在室内窄小空间使用时，灭火后操作者应迅速离开，以免窒息。

案例阅读

灭火器使用不当差点让灭火的小吴窒息

星期六，小吴在宿舍看书，为考试做准备，突然听到旁边的宿舍有人大喊："着火了，快来帮忙灭火。"小吴所在宿舍的旁边就有灭火器，他便提着灭火器往着火宿舍赶去。快到着火宿舍时他将灭火器的保险销拔出，进到宿舍内，对着燃烧处按下灭火器压把灭火。匆忙中他没有握稳喷嘴，由于压力作用喷嘴四处摇摆，大量干粉喷到小吴的嘴里、脸上，小吴一时喘不过气来，差点窒息。

感悟： 小吴着急灭火，灭火器操作失误，导致了此次事件的发生。有的青少年学生安全意识淡薄，也从未面对过火情，灭火器操作技术可能比小吴还差。针对这种情况，青少年学生应积极参加消防安全培训讲座和实际演练，做到应对突发事件有条不紊，熟练使用消防器材，不要"书到用时方恨少"。

劳动前沿

在宾馆、饭店、影院、医院、学校等公众聚集场所使用的多数是磷酸铵盐干粉灭火器（俗称"ABC干粉灭火器"，A代表可燃固体、B代表可燃液体及可熔化固体、C代表可燃气体）和二氧化碳灭火器；在加油、加气站等场所使用的是碳酸氢钠干粉灭火器（俗称"BC干粉灭火器"）和二氧化碳灭火器。另外，二氧化碳灭火器还常应用于实验室、计算机房、变配电所，以及对精密电子仪器、贵重设备或物品维护要求较高的场所。碳酸氢钠干粉灭火器适用于扑救易燃、可燃液体、气体及带电设备的初起火灾；磷酸铵盐干粉灭火器除可用于上述火灾外，还可扑救固体类物质的初起火灾。但两者都不能扑救金属燃烧引起的火灾。二氧化碳灭火器适用于扑救易燃液体及气体的初起火灾，也可扑救带电设备发生的火灾。

3. 室内消火栓的使用

消火栓包括室内消火栓、室外消火栓和泡沫消火栓。室外消火栓用于扑救室外露天火灾和室内火灾的室外救援灭火，以及给消防车取水用，分为地上消火栓和地下消火栓两大类。室内消火栓由消火栓箱、水枪、水带和消防管道等组成，主要用于扑救室内发生的火灾。泡沫消火栓主要用于特殊的不宜直接用水扑灭的火灾，如机场、储油罐等发生的火灾。

下面主要介绍室内消火栓的使用方法。首先打开消火栓箱门取出水带；然后一人接好水枪和水带奔向起火点，另一人接好水带和消火栓阀门口，按下消防泵的启动按钮；最后逆时针打开阀门，对准火焰根部进行灭火。需要注意的是，使用室内消火栓灭火要确定已切断电源。

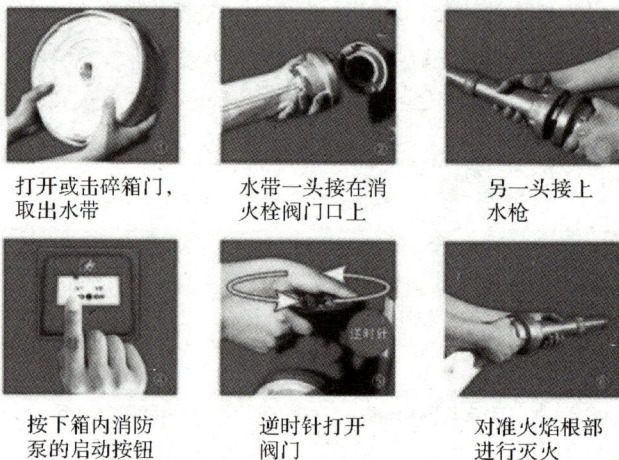

打开或击碎箱门，取出水带

水带一头接在消火栓阀门口上

另一头接上水枪

按下箱内消防泵的启动按钮

逆时针打开阀门

对准火焰根部进行灭火

室内消火栓的操作示意图

4. 火灾逃生自救知识

当火灾发生时，如果火势凶猛，当前条件下已无法对火灾进行扑救，就要迅速撤离，火场避险的基本原则是趋利避害、逃生第一。

"只有绝望的人，没有绝望的处境"，面对滚滚浓烟和熊熊烈焰，我们只要冷静机智地运用火灾逃生自救知识，就有极大可能拯救自己。

- **保持镇静，明辨方向，迅速撤离**。突遇火灾时，首先要强令自己保持镇静，迅速判断危险地点和安全地点，决定逃生的办法，尽快撤离。一般来说，在火势蔓延之前，应朝逆风方向快速离开火灾区域。当发生火灾的楼层在自己所处楼层之上时，应迅速向楼下跑。逃生时要注意随手关闭通道上的门窗，以阻止和延缓烟雾向逃离的通道蔓延。

- **不入险地，不贪财物**。在火场中，人的生命最重要，不要因害羞或顾及贵重物品，把宝贵的逃生时间浪费在穿衣服或寻找、搬运贵重物品上。已逃离火场的人，千万不要重返险地。

- **简易防护，掩鼻匍匐前进**。火灾造成人员伤亡的主要原因之一是浓烟所致的窒息。因此，火场逃生通过浓烟区时，可用毛巾、口罩蒙住口鼻，匍匐撤离，以防中毒、窒息。另外，也可以向头部、身上浇冷水，或用湿毛巾、湿棉被、湿毯子等将头、身裹好后再冲出去。

● **善用通道，莫入电梯**。规范标准的建筑物都会有两个以上的逃生楼梯、通道或安全出口。发生火灾时，要根据情况选择进入相对较为安全的楼梯、通道或安全出口。千万要记住，在高层建筑中遇到火灾时，不可乘坐电梯。因为普通电梯在火灾时随时会断电，以及电梯因热的作用可能发生变形，将人困在电梯内。

火灾发生后，用湿毛巾捂住口鼻从楼梯逃生

● **暂时避难，固守待援**。假如用手摸房门已感到烫手，此时一旦开门，火焰与浓烟势必迎面扑来。这时首先应关紧迎火的门窗，打开背火的门窗，用湿毛巾、湿布等塞住门缝，或用水浸湿棉被，蒙上门窗，然后不停用水淋透房间，防止烟火渗入，固守房间，等待救援。在因窒息失去自救能力时，应努力滚到墙边，便于消防人员寻找、营救，因为消防人员进入室内大都是沿墙壁摸索着行进的。

来不及逃离火灾现场，固守待援时，
用湿毛巾、湿布等塞住门缝，防止烟火渗入

● **传送信号，寻求援助**。被烟火围困暂时无法逃离时，在尽量待在阳台、窗口等容易被人发现的地方，并可通过打手电筒、挥舞衣物、呼叫等方式向外面发送求救信号，便于消防人员寻找、营救。

● **火已及身，切勿惊跑**。在火场中如果发现身上着了火，惊跑和用手拍打只会形成风势，加速氧气补充，促旺火势。正确的做法是赶紧设法脱掉衣服或就地打滚，压灭火苗。及时跳进水中或让人向身上浇水更有效。

● **缓降逃生，滑绳自救**。在高层遇到火灾时，可迅速利用身边的绳索、床单、窗帘、衣服等自制简易救生绳，将其用水打湿后，从窗台或阳台沿绳滑到下面的楼层或地面逃生。即使跳楼也要跳在消防员准备好的救生气垫上，还要注意朝着水池、软雨棚、草地等地方跳。如有可能，要尽量抱着棉被、沙发垫等松软物品或打开大雨伞跳下。跳楼虽是为了求生，但会对身体造成伤害，所以要慎之又慎。

综上所述，火灾自救要记住以下4个要点：果断迅速逃离火场、寻找逃生之路、防烟熏毒气、等待他救。青少年学生在遭遇火灾、逃生自救时要最大限度地克服慌乱无措、冲动盲从的心理。当然，要临危不乱，关键还是在于平时多了解消防安全知识，积极参加消防演习，掌握更多的逃生自救诀窍，并通过应急训练提高心理素质。同时，青少年学生平日就要做到对自己学习、居住、工作所在的建筑物的结构及逃生路径了然于胸；而身处陌生环境，如酒店、商场时，为了自身安全，务必留心疏散通道、安全出口以及楼梯方位等。如果心里有底，那么遭遇火灾等突发情况时就不容易产生恐慌、盲从和冲动等心理了。另外，火场中的儿童和老弱病残者不具备或者丧失了自救能力，在场的其他人除自救外，还应当积极帮助他们尽快逃离险境。

素质养成

《消防法》第四十四条规定，"任何人发现火灾都应当立即报警。任何单位、个人都应当无偿为报警提供便利，不得阻拦报警。"所以一旦发现火灾，我们要立即拨打119报警，报警越早，损失越小。报警电话接通后要沉着冷静，向接警中心讲清失火单位的名称、地址、什么东西着火、火势大小以及着火的范围；同时还要注意听清对方提出的问题，以便正确回答。

四、止血与包扎方法

劳动中受伤是很常见的，如被劳动工具划伤、搬东西时跌倒摔伤等。面对不同的伤情，我们不仅要防范，还要知道如何紧急处理。下面主要介绍止血和包扎这两种受伤时的简易处理办法。

1. 止血

人受到外伤之后，往往首先会出血。一个体重为50千克的成年人，血液约有4000毫升。失血量达总血量的20%以上时，会出现头晕、头昏、脉搏加快、血压下降、出冷汗和肤色苍白等症状，失血量达到总血量的40%就有生命危险。因此，止血是救护中极为重要的一项措施。外伤止血的具体方法如下。

- **包扎止血法**。包扎止血法一般限于无明显动脉性出血。对于小创口出血，有条件时先用生理盐水（1000毫升冷开水加食盐9克可自制生理盐水）冲洗局部，再用消毒纱布覆盖创口，最后用绷带或三角巾包扎。无条件时可用冷开水冲洗，再用干净毛巾或其他软质布料覆盖包扎。如果创口较大而出血较多，要加压包扎止血。加压包扎止血法应用很普

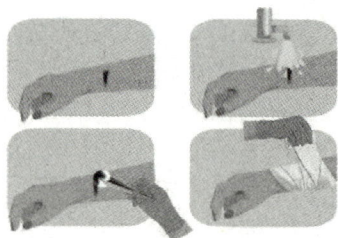

小创伤包扎止血过程示意图

遍，可用于小动脉以及静脉或毛细血管的出血，伤口内有碎骨片时，则禁用此法，以免加重损伤。其具体方法是，用已消毒的纱布、棉花做成软垫放在伤口上，再用力加以包扎，以增大压力达到止血的目的。

- **指压止血法**。该方法用手指压迫出血的血管上部（近心端），使血管被压闭住，以达到止血目的。指压止血法适用于头部、颈部和四肢的外伤出血。要采用此法，救护人员必须熟悉各部位血管出血的压迫点。
- **屈肢加垫止血法**。当前臂或小腿出血时，可在肘窝、腘窝内放入纱布垫、棉花团或毛巾、衣服等物品，屈曲关节，用三角巾做"8"字形固定。但有骨折或关节脱位者不能使用此法。
- **橡皮带止血法**。橡皮带止血法主要用于上肢较大的动脉出血，是将止血带绑扎在出血部位的近端，阻断肢体的全部血流，从而达到止血的目的。其方法是，在上肢出血伤口的近心端，肘关节上或腋窝处的肢体皮肤上，围上一块毛巾或纱布。橡皮带一端夹在施救者的拇指和手

掌之间，手背贴在毛巾或纱布上，另一端拉紧，绕过肢体和手掌两圈，然后手从橡皮带下面拔出，扎紧打结橡皮带，防止滑脱。使用橡皮带止血法止血，应每隔30分钟放松止血带2~3分钟，防止远端组织坏死。

2. 包扎

包扎是最基本的急救技术之一，常用于一般烧烫伤、普通外伤、动物抓咬伤以及骨折等情况。及时正确的包扎，可以起到压迫止血、减少感染、保护伤口、减少疼痛以及固定敷料和夹板等作用。包扎材料以绷带和三角巾最为常见，现场急救时，如没有专用的绷带和三角巾，可将衣服、床单等撕剪成绷带或三角巾。

常用的应急包扎方法主要有绷带包扎法和三角巾包扎法。

- **绷带包扎法**。绷带包扎法中最基本的是绷带环形法，一般小伤口清洁后的包扎都是用此法。方法是，第一圈环绕稍作斜状，第二圈、第三圈做环形，并将第一圈斜出的一角压于环形圈内，这样固定更牢靠，最后用胶布将绷带尾部固定，或将绷带尾部剪开，两头打结。

手臂受伤用绷带包扎处理

- **三角巾包扎法**。对有较大创面，需固定夹板、悬吊手臂等情况，需应用三角巾包扎法。例如普通头部包扎时，先将三角巾底边折叠，把三角巾底边放于前额拉到脑后，相交后先打一半结，再绕至前额打结；需悬吊手臂时，将患肢屈肘放在三角巾上，然后将底边一角绕过肩部，在背后打结即成悬臂状。三角巾包扎法的要点是边要固定，角要拉紧，中心伸展，敷料贴紧，打结要牢。

需要注意，包扎前清洁、消毒伤口时，如有大而易取的异物，可酌情取出；深而小又不易取出的异物切勿勉强取出，以免把细菌带入伤口或增加出血量。如果有刺入体腔或血管附近的异物，切不可轻率地拔出，以免损伤血管或内脏，引起危险。另外，应使用干净无污染的材料进行包扎，包扎动作要迅速准确，不能造成伤口污染或加重伤员的疼痛、出血；如内脏脱出，不应送回，以免引起严重的感染或发生其他意外。烧烫伤中，如果是大面积深度烧伤创面，或包扎后对防治感染不利，特别是在炎热季节，则不宜采用包扎处理。

五、其他常见急救知识

青少年学生可以多储备一些急救知识，这样在劳动过程中遭遇危险或紧急情况时，可以进行自救或及时救助他人。急救的首要任务是抢救生命、减少伤员痛苦、避免伤情加重及发生并发症，正确而迅速地把伤病员转送到医院。下面分别介绍中暑、煤气中毒、蜇伤咬伤、晕厥等事件的应急处理办法。

1. 中暑的应急处理

中暑是人持续待在高温环境下或受阳光暴晒所致，户外劳动者在烈日下长时间站立就容易发生中暑。中暑者常见头晕、头痛、恶心、呕吐、乏力等症状，重度中暑时可能出现高烧、痉挛等。预防中暑一是要做好防晒的准备，二是大量出汗后要及时补充水分。

中暑的应急处理办法如下。

- 将中暑者迅速移动到通风阴凉的地方，使其平卧并解开衣扣，松开或脱去其衣服，如衣服被汗水湿透应更换衣服并降温，头部可捂上冷毛巾，同时让其双脚提高，这样有利于增加中暑者脑部的血液供应，同时起到散热的作用。

- 给中暑者降温，用冷毛巾捂住中暑者额头，有条件的情况下，还可以用酒精、白酒、冰水或冷水擦拭全身，然后用扇子或者电风扇吹风，以加速散热。等中暑者清醒后，可给一些清凉饮料，或解暑类的药物等来帮助解暑。中暑者在补充水分时，可加入少量盐或小苏打，但不可急于补充大量水分，否则会引起呕吐、腹痛、恶心等症状。

中暑的应急处理

- 若中暑者已经失去知觉，可以按压其人中穴和合谷穴，使其恢复意识。如果中暑者出现呼吸停止的情况，应及时做人工呼吸。

- 对于重症中暑者，即出现高烧、昏迷抽搐等症状的中暑者，必须立即拨打120，送医院治疗。搬运中暑者时，应用担架运送，不可使其步行。同时运送途中要注意，尽可能用冰袋敷于中暑者额头、胸口、肘窝及大腿根部，积极进行物理降温，以保护大脑、心肺等重要脏器。

2. 煤气中毒的应急处理

煤气中毒即一氧化碳中毒，中毒者先是有头痛、头晕、心慌、耳鸣、恶心呕吐等症状，慢慢出现呼吸困难、意识障碍。发现自己有中毒迹象时，要迅速关闭煤气开关，打开门窗，然后走出室内；若无力打开门窗，可砸破门窗玻璃等，使之通风，并呼叫救援者。

对他人煤气中毒的应急处理办法如下。

- 发现煤气中毒者需要救助时，施救者不要直接冲进煤气浓度高的室内，防止自己中毒。应先深吸一口气，用湿毛巾等捂住鼻子进入室内，然后迅速打开窗户，关掉煤气开关。进入室内后千万不能开灯、点火、使用手机等，谨防爆炸。

- 将中毒者抬离现场使其脱离中毒环境，然后松解衣扣，使其呼吸通畅，同时要注意为中毒者保暖，防止着凉。轻度煤气中毒者，到室外呼吸新鲜空气则能缓解；较重者，应立即送医院治疗。

- 将中毒者抬离现场后，如中毒者呕吐应使其头偏向一侧，并及时为其清理口鼻中的异物。

- 对丧失意识者，让其保持昏睡体位，以保持气道通畅。中毒者呼吸停止时，应对其进行人工呼吸；若中毒者心跳停止，立即交替施行胸外按压与人工呼吸。

3. 毒蜂蜇伤的应急处理

被毒蜂蜇伤后被蜇伤处会疼痛、红肿，伤者会出现恶心、呕吐、发热、胸疼等反应，较重者伴有呼吸困难、肌肉抽搐疼痛。严重者会出现过敏性休克、急性肾功能衰竭等，甚至死亡。所以，野外劳动作业时不小心被毒蜂蜇伤后切莫大意，要及时处理。

被毒蜂蜇伤的应急处理办法如下。

● 被毒蜂蜇伤后，先找到被蜇伤部位，如果发现还有刺在皮肤里面，一定要先挑出断刺。如果20分钟后被蜇部位没有太大不良反应，一般就没事了。

● 如果伤口处疼痛、红肿，可以用醋或肥皂水洗伤口，在野外可以找到新鲜的马齿苋、蒲公英或紫花地丁，洗干净后捣烂涂抹在被蜇伤处。

● 如果出现头疼、头昏、恶心、呕吐、烦躁、发烧等症状，应立即到医院治疗。万一伤者发生休克，在送医途中，要注意使其保持呼吸畅通并对其进行人工呼吸、胸外按压等急救处理。

4. 蛇咬伤的应急处理

被蛇咬伤后，首先要判断蛇是否有毒，简单的区别方法是毒蛇的牙痕为单排，无毒蛇的牙痕为双排，或从伤口看，由于毒蛇有毒牙，伤口上会留有两颗毒牙的牙痕，而无毒蛇留下的是一排整齐的牙痕。在无法判别是否为毒蛇咬伤时，应按毒蛇咬伤进行治疗。

蛇咬伤的应急处理办法如下。

● 伤者应保持镇静，尽量减少运动，避免加快血液循环使毒液加速扩散。在镇静的状态下，将伤者迅速送到医院。

● 如在野外，离医院较远或救援人员需要一定时间才能赶到，则必须立即进行自救或互救。

● 用生理盐水冲洗伤口，无条件时用肥皂水或清水冲洗，此时如果发现有毒牙残留，必须拔出。

● 用止血带或橡皮带（也可用布条或手巾等物代替）在肢体被咬伤处上方扎紧，以阻断淋巴和静脉回流；缠扎时应留一较长的活的结头，便于解开，每20分钟左右松开2~3分钟，避免肢体缺血坏死；急救处理结束后可以解除，一般扎紧时间不要超过2小时。

● 缠扎止血带后，可用手指直接在咬伤处挤出毒液，在情况紧急下可用口吸吮，吸吮者口腔应无破损，以免中毒，边吸边吐，再以清水、盐水或酒漱口。

5. 狗咬伤的应急处理

被狗咬伤时，一般情况下很难区分是被"疯狗"或正常狗咬伤，所以一旦被狗咬伤，都应按"疯狗"咬伤处理。被狗咬伤后千万不要包扎伤口，就地、立即、彻底冲洗伤口是决定应急处理成功的关键。冲洗伤口要彻底，可用肥皂水或清水冲洗，若一时无法找到水源，可先用人尿代替，然后再设法找到水源，切不可忘了冲洗伤口或者马马虎虎冲洗。若伤口出血较多，应设法立即用止血带止血，但千万不要包扎伤口。经应急处理后，立即送医院接种狂犬病疫苗；如果伤势比较严重，还要注射狂犬病免疫球蛋白。

6. 晕厥的应急处理

晕厥又称昏厥、昏倒，常由大脑暂时缺血、缺氧引起，有短暂性意识丧失。晕厥常是由于受恐惧、焦虑、剧痛、闷热、疲劳、饥饿等因素刺激，心律失常、心肌梗死、脑血管痉挛发作等也可导致晕厥发生。病人晕厥前常见周身乏力、头晕目眩，晕厥后可见面色苍白或出冷汗、手足变凉、脉搏细弱等。轻度晕厥者经短暂休息即可自然清醒，醒后可见头痛头晕、乏力等症状。

晕厥的应急处理办法如下。

- 令病人平卧，松解其衣服和腰带，打开室内门窗，便于空气流通，同时使其双脚略抬高，增加病人脑部的血液供应。
- 可用手指掐病人的人中、合谷等穴位，促使病人苏醒。注意随时观察病人的呼吸、脉搏等情况。待病人苏醒后，可给病人服用温糖水或热饮料（晕厥时忌经口给予病人任何饮料及药物）。
- 若经处理病人仍未清醒，应及时呼救或将其妥善送往附近医院。

✪ 学与思

劳动者在劳动过程中遇到危险时，一是可以利用通信工具报警求救，二是可以根据自身的情况和周围的环境条件，发出不同的求救信号。你知道哪些常用的求救电话，电话拨通后应注意说明哪些事项？若是现场无通信工具，你可以采用哪些方式发出求救信号？

任务四　保障劳动权益

劳动者重视劳动安全不只局限于保护人身安全，还包括保障劳动权益，使自己的合法劳动权益不受侵犯。这就需要我们在时刻保持警惕、学会自我保护的同时了解相关的法律法规，以便在权益遭受侵犯时用法律武器捍卫自己的权益。

微课视频：
保障劳动权益

一、识别就业陷阱

许多毕业生为了找到一份满意的工作，广搜信息，遍投简历，只要看到符合自己意愿的招聘信息，就积极行动、绝不放过。然而一些企业或组织抓住了毕业生求职心切的心理，故意设置虚假信息或其他陷阱，引诱大学生投简历后坑骗大学生的时间和金钱。对此，我们应提升识别就业陷阱的能力，谨防上当受骗。

1. 虚假广告陷阱

一些用人单位在招聘会上为了招到条件较好的毕业生，往往会夸大或隐瞒自己的某些情况。例如，在发布招聘信息时，故意夸大单位的规模和岗位数量，进行虚假宣传；又或者把招聘职位写得冠冕堂皇，不是"经理"就是"总监"，但实际上只是"办事员""业务员"。

如果招聘单位存在"美化"职位的情况，其招聘信息一般很简单，涉及细节的内容都未明确，例如没有职责和应聘条件等。因此，毕业生应聘时要提前了解职位的具体信息，询问工作细节，认真考虑后再做打算。

2. 高薪陷阱

毕业生刚参加工作，薪酬不高多属正常。相反，如果出现一个不熟悉的单位声称提供高薪，毕业生一定要警惕，因为不少不法人员会利用高薪的幌子，骗取毕业生的押金、培训费、服装费等。

毕业生千万不要轻信高薪诱惑，要清楚自身实力，从基础做起，逐渐展现自己的才华；对于某些单位提出的交所谓押金、培训费、服装费的要求，要敢于说"不"。

> **劳动前沿**
>
> 某些不正规的用人单位在招聘或录用过程中，为了谋取钱财，会向求职者收取招聘费、押金、培训费或服装费，扣押证件等，这些行为在《劳动合同法》中都是被禁止的。

3. 传销陷阱

传销已被严令禁止。

传销者的首选对象往往是急于挣钱的求职者，尤其是刚刚毕业的学生。他们通过各种渠道得到求职者的电话后，便打着同乡、同学、亲戚等幌子，以帮忙找工作为由，以高薪为诱饵，投其所好，骗求职者进行非法传销活动。求职者一旦进入陷阱，传销者便限制其人身自由，迫使其从事传销活动。此外，传销者还会采取扣留身份证、控制通信工具、监视等手段不让求职者离开，强迫他们联系亲友前来，或者寄钱、寄物，从中牟利。

因此，毕业生在求职的过程中如遇到非正规单位非常主动，并把发展前景说得天花乱坠，同时要求介绍朋友和同学一起加入，那一定要小心，这很可能是传销陷阱。

4. 中介陷阱

通过人才中介机构寻找就业单位不失为一种有效的求职途径，但是毕业生一定要选择政府主办的或社会信誉好的大型人才中介机构。

一些"黑中介"没有资源共享资格，当求职者缴纳数目不菲的中介费后，它们就会列出种种理由来拖延，从而骗取求职者的中介费。

5. "皮包公司"陷阱

如果毕业生接到一些自己并不熟知或者并未投递简历的公司的面试通知，应该事先向有关部门查询、核实该公司的真实情况，确定其规模与用人需求，然后再去面试。

6. 地点陷阱

很多大企业在全国各地有分部，而参加招聘会的往往是总部的人力资源部门。因此，毕业生在应聘时容易产生误解，误以为工作地点就在总部所在的城市。

有的用人单位在招聘时故意不说明工作地点，对此，毕业生在面谈时一定要咨询清楚。

7. 智力陷阱

智力陷阱指以招聘为名，无偿占有求职者的广告设计、策划方案等创意成果，甚至知识产权等无形资产的现象。

例如，某些单位按程序对前来应聘的毕业生进行面试和笔试，在面试、笔试时，故意要求毕业生解决本单位遇到的问题，待毕业生利用自己的专业优势给出解决方案后，再找各种理由拒绝录用。

此时，用人单位就理所当然地将毕业生的劳动成果据为己有，使毕业生陷入智力陷阱。

案例阅读

凡事要多留一个心眼

某天，毕业生小程收到一家餐饮公司的短信，短信通知他去面试。小程觉得很奇怪，自己并未向该公司投递过简历，怎么会收到面试通知呢？他心想，这不会是骗子吧。安全起见，小程决定先上网查一下该公司的相关信息。

不看不知道，一看吓一跳，小程发现这家公司居然是一家"皮包公司"。小程上网搜索后发现，该公司负责人居然用同一个电话、地址注册了4个公司，涉及餐饮、医疗、保险等不同领域。该公司给出的待遇异常优厚，而招聘信息中对于学历的要求竟然是中专以上即可。这种以低要求、高工资招聘的公司，值得怀疑。

识别高薪招聘陷阱，
对押金、培训费、服装费要敢于说"不"

感悟： 毕业生在求职时一定要多留一个心眼，凡事要从实际出发，对于一些太离谱、不切实际的信息一定要认真辨别，不要相信低要求、高工资的招聘信息。

素质养成

在求职过程中，毕业生一定要保持高度警惕，擦亮眼睛：对面试地点偏僻、隐秘或要求夜间面试者，皆应加倍小心；面试时不要被夸大的言辞所迷惑；面试时，如果遇到用人单位要求交保证金或其他培训费用（如报名费、训练费等），一定要慎重，千万不要为了获得工作而盲目交费；面试时，自己感觉有不安全或不正常的状况，要迅速离开。

二、劳动权益自我保护

毕业生必须学会相应的自我保护措施，培养维权意识和自我保护能力，保护自身的合法权益不被侵害。

1. 了解政策和法规

了解目前国家关于毕业生就业的相关方针、政策和规范以及它们之间的关系，熟悉毕业生在就业过程中的权利和义务，是毕业生自我保护的重要手段。只有这样，毕业生才能发现就业过程中的不正当行为，从而依法维护自己的合法权益。

2. 做好预防措施

毕业生在就业过程中，应本着诚实、守信和平等的原则，凭自身实力参与竞争。同时，毕业生要有风险意识，对于一些用人单位使用欺骗手段招聘的做法，要有提防戒备心理，预防侵害自身合法权益行为的发生。

3. 掌握维护自身合法权益的工具和渠道

在就业过程中，毕业生如果遇到侵害自身合法权益的不公平现象，要敢于拿起法律武器据理力争，使自己处在与用人单位平等的地位。在实际维护自身合法权益的过程中，毕业生除了利用个人的力量之外，还可以采用向国家行政机关投诉、借助新闻媒体和寻求法律援助等方式。

三、劳动权益法律保障

劳动权益法律保障主要通过劳动合同实现。劳动合同是用人单位与劳动者之间明确权利与义务的协议，所有劳动合同都必须依据《劳动合同法》制定，而不能依据用人单位单方面的意愿来制定。订立劳动合同要遵循合法、平等、自愿、协商一致的原则，不得违反法律法规的规定。由于《劳动合同法》的内容多而全，下面仅列出几项与毕业生关系密切的劳动合同签订事项。

1. 必须签订劳动合同

现实中，一些用人单位对于劳动合同存在错误的认识，即认为签订劳动合同就会将自己与劳动者捆绑在一起，而不签订劳动合同就与劳动者没有劳动关系，可以规避对自己不利的规定。

其实不然，《劳动合同法》关于劳动合同的签订有如下规定。

- 《劳动合同法》第十条规定："建立劳动关系，应当订立书面劳动合同。已建立劳动关系，未同时订立书面劳动合同的，应当自用工之日起一个月内订立书面劳动合同。用人单位与劳动者在用工前订立劳动合同的，劳动关系自用工之日起建立。"

- 《劳动合同法》第八十二条规定："用人单位自用工之日起超过一个月不满一年未与劳动者订立书面劳动合同的，应当向劳动者每月支付二倍的工资。用人单位违反本法规定不与劳动者订立无固定期限劳动合同的，自应当订立无固定期限劳动合同之日起向劳动者每月支付二倍的工资。"

由此可见，用人单位必须与劳动者签订书面劳动合同。

2. 关于试用期

试用期指用人单位和劳动者为相互了解和选择，在劳动合同中约定的不超过6个月的考察期。劳动合同中约定试用期不是必备条款，而是协商条款，是否约定由劳动者和用人单位协商确定。但是，如果双方约定试用期，就必须遵守有关规定。《劳动合同法》关于在劳动合同中约定试用期主要有以下规定。

- 劳动合同期限三个月以上不满一年的，试用期不得超过一个月；劳动合同期限一年以上不满三年的，试用期不得超过二个月；三年以上固定期限和无固定期限的劳动合同，试用期不得超过六个月。

- 同一用人单位与同一劳动者只能约定一次试用期。

- 以完成一定工作任务为期限的劳动合同或者劳动合同期限不满三个月的，不得约定试用期。

- 试用期包含在劳动合同期限内。劳动合同仅约定试用期的，试用期不成立，该期限为劳动合同期限。

- 劳动者在试用期的工资不得低于本单位相同岗位最低档工资或者劳动合同约定工资的百分之

八十，并不得低于用人单位所在地的最低工资标准。

- 用人单位违反本法规定与劳动者约定试用期的，由劳动行政部门责令改正；违法约定的试用期已经履行的，由用人单位以劳动者试用期满月工资为标准，按已经履行的超过法定试用期的期间向劳动者支付赔偿金。

3. 关于违约金

《劳动合同法》对违约金条款有严格的限制，明确规定只有以下两种情形可以在劳动合同中约定违约金。

- 用人单位与劳动者可以在劳动合同中约定保守用人单位的商业秘密和与知识产权相关的保密事项。对负有保密义务的劳动者，用人单位可以在劳动合同或者保密协议中与劳动者约定竞业限制条款，并约定在解除或者终止劳动合同后，在竞业限制期限内按月给予劳动者经济补偿。劳动者违反竞业限制约定的，应当按照约定向用人单位支付违约金。
- 竞业限制的人员限于用人单位的高级管理人员、高级技术人员和其他负有保密义务的人员。竞业限制的范围、地域、期限由用人单位与劳动者约定，竞业限制的约定不得违反法律、法规的规定。在解除或者终止劳动合同后，前款规定的人员到与本单位生产或者经营同类产品、从事同类业务的有竞争关系的其他用人单位，或者自己开业生产或者经营同类产品、从事同类业务的竞业限制期限，不得超过二年。

除以上两种情况外，用人单位不得与劳动者约定由劳动者承担违约金，即除这两种情况外，用人单位要求劳动者支付违约金的行为都是不合法的。

案例阅读

求职就业要小心谨慎，必要时寻求法律保护

南充市某大学的10多名毕业生，集体到深圳的一家民营企业做电子产品组装工作。该企业给学生的口头承诺是：月薪5000元，外加年终分红；工作满1年的，分房；工作满3年的，直接配车。这些学生都觉得真是天上掉馅饼了，这么好的机会怎能错过呢？于是，他们没有多想就去了深圳。

到了该企业之后，急于求成的学生们草率地签订了劳动合同。1个月之后，所有人都大呼上当了。他们的月薪确实是定的5000元，但是在工作中他们经常会违反合同上的"霸王条款"，例如迟到一次罚款500元，工作时间上厕所超过2分钟罚款200元等。结果，1个月高强度工作下来，扣掉各种罚款，大家实际拿到手里的只有1000元不到。学生们集体反抗，说要辞职不干，但该企业拿出劳动合同，要求每个学生交10 000元的违约金。学生说，你们在学校和我们谈的时候可不是这么说的，该企业则表示"请拿出证据来"。众学生木然。

感悟： 在签订劳动合同时，一定要认真看清合同里面的条款，这样才能有效地保护自身的合法权益。求职者一旦发觉上当受骗，要及时向用人单位所在地的劳动保障监察大队投诉或向派出所报案，寻求法律保护。

四、解决劳动争议的方法

有些毕业生由于在校期间缺少对劳动法律法规知识的系统学习，因而在就业环节中存在不少的法律盲区，当利益受到侵害时往往不知所措，缺乏维权意识。同时毕业生对《劳动合同法》的了解比较少，一旦发生劳动争议，往往不懂得利用《劳动合同法》来维护自身的合法权益。此外，毕业生自身守法观念可能较弱，可能出现随意毁约、虚假应聘等问题，这会给当事人、用人单位和学校带来很多负面影响。这些情况都有可能导致劳动争议。

劳动争议发生时，当事人可根据不同情况采取不同的解决方法。劳动争议的解决办法主要有以下3种。

1. 协商和调解

劳动争议发生后，双方本着互谅互让的积极态度，可以自行协商解决，也可以请第三方（即双方信任的个人或组织）帮助协商，达成调解协议。如果双方不愿协商、协商不成或达成调解协议后不履行，可向本单位劳动争议调解委员会、地方劳动争议调解组织申请调解。

为确保调解协议的顺利履行，可以在调解协议生效之日起15日内，共同向劳动争议仲裁委员会提出审查确认，经审查确认后制定具有法律效力的仲裁调解书。

通过协商和调解解决劳动争议，具有简单方便、灵活快捷等优势，能够及时有效地维护当事人的合法权益，是解决劳动争议的最佳方式之一。

2. 仲裁

劳动争议发生后，任何一方当事人都可在争议发生之日起60日内向劳动争议仲裁委员会申请仲裁，并提出书面申请。劳动争议仲裁委员会应当在接到仲裁申请之日起7日内做出是否受理的决定。劳动争议仲裁委员会如果决定受理，应当在收到仲裁申请之日起60日内做出仲裁裁决。

劳动争议仲裁委员会可依法进行调解，经调解达成调解协议的，制定仲裁调解书。仲裁调解书具有法律效力，当事人必须自觉履行，如一方当事人不履行，另一方可向人民法院申请强制执行。

3. 诉讼

诉讼是解决劳动争议的最后一道程序。如当事人对劳动争议仲裁委员会做出的仲裁裁决不服，可在收到仲裁裁决书之日起15日内向人民法院提起诉讼。逾期不起诉的，仲裁裁决将产生法律效力。

人民法院审理劳动争议案件有以下5个条件。

- 起诉人必须是劳动争议的当事人。当事人因故不能亲自起诉的，可以直接委托代理人起诉，其他人未经委托无权起诉。
- 必须是不服劳动争议仲裁委员会的仲裁裁决而向人民法院起诉，未经仲裁程序不得直接向人民法院起诉。
- 必须有明确的被告、具体的诉讼请求和事实根据。不得将劳动争议仲裁委员会作为被告向人民法院起诉。
- 起诉的时间必须在劳动法律法规规定的时效内，否则不予受理。

- 诉讼必须向有管辖权的人民法院提起，一般应向劳动争议仲裁委员会所在地人民法院提起。

⭐ **学与思**

　　毕业生了解并熟知就业的相关法律法规，增强自我保护和维权意识，能够使自己的合法权益在就业过程中免受侵犯。请查阅相关的法律书籍和在网络上搜索，搜集整理就业中自我保护和进行维权的相关法律知识。从"就业中如何进行自我保护""就业中被侵权该如何维权""如何加强保护自身就业权益的法律意识"这3个方面谈一谈你的观点。

劳动实践——安全教育及劳动安全事故应急演练

一、活动主旨

　　为进一步增强师生的安全意识，提升突发劳动安全事故时的应急处理和逃生自救能力，年级师生联合消防支队和学校保卫处、后勤处，进行全员安全教育，并模拟学生在实验室进行实验操作时，操作不当引发火灾的劳动安全事故应急演练。

二、活动内容

　　本次安全教育及劳动安全事故应急演练活动包括一堂消防常识课、一次疏散逃生救援演练和一次消防灭火实操，具体如下。

　　（1）消防员为大家进行安全知识讲座，以系列劳动安全事故，尤其是典型高校实验室事故为例，强调提高安全生产意识的重要性，并讲解发生火灾时的应对方法。

　　（2）讲座结束后，师生在"安全工作、人人有责"的消防安全展板上签字，表达自己重视劳动安全、学会劳动安全知识的决心。

　　（3）在劳动安全事故应急演练环节，师生按照应急避险和安全疏散要求，用折好的湿毛巾捂住口鼻，在"浓烟"中有序撤离实验室，来到户外安全区域。

　　（4）在操场或其他空旷场地，消防员介绍灭火器的使用环境、使用方法并现场操作。按照"一提、二拔、三握、四压"的方法，在场的师生进行用灭火器灭火的现场操作。

三、活动要求

　　（1）引导师生增强安全意识，重视劳动安全，规范生产生活行为，养成良好习惯，营造和谐环境，创建文明校园。

　　（2）师生以积极的态度，有序投身于各项学习、演练中，切实提升劳动安全事故的应急处置能力和逃生自救能力。

实践篇

05 项目五 生活性劳动实践

✿ 学习目标

1. 掌握节约水电、卫生清洁和垃圾分类的方法。
2. 掌握制定班级值日制度、创建学生社团、实施社团活动的方法。
3. 学会包饺子、包粽子和烤面包的操作方法。
4. 掌握服装搭配的基本要求与技巧。

✿ 素养目标

1. 增强环保意识，自觉维护校园卫生环境，做绿色环保理念的践行者。
2. 积极参加日常生活劳动，提升独立生活能力，养成乐于劳动的良好习惯。

情境导入

　　小辉和小军住在同一个宿舍。小辉由于从小就主动承担家里大多数家务，如洗衣、做饭、打扫卫生，有空还帮父母劳作，具备很强的独立生活能力。反观小军，他在生活上一直都依赖父母，成为住校生后，连擦玻璃、叠放衣物、整理床铺这些小事都让他手忙脚乱，往往还得不到好的劳动成果。看着小辉总是把自己的生活空间打理得井井有条，小军很羡慕，便暗自将小辉当作学习的榜样，不仅向小辉学习整理床铺衣物等劳动技能，还积极参加班级值日等集体活动，来提升独立生活能力，养成热爱劳动的好习惯。

任务一　保护校园环境

　　"保护环境从身边做起"，这是我们从小到大经常听到的宣传语。生活在地球上，保护地球环境对我们来说十分重要，而离我们最近的环境就是我们日常学习、生活的地方——校园。干净整洁、绿树成荫的校园环境能使人心情愉悦，更有益于我们学习与生活、保持身心健康。

一、节约水电

　　"推动绿色发展，促进人与自然和谐共生"是党的二十大报告中提出的重要内容。绿色发展成为全社会的共识，简约低碳成为新的生产生活方式。为响应国家的号召，我们在校园生活中应从节约用水用电这样的小事做起，树立绿色环保意识。

1. 节约用水

水是生命之源，它滋润万物、哺育生命，如果没有水，我们将无法在这个世界上生存。在日常生活中，拧开水龙头水就源源不断地流出，我们可能感觉不到缺水。但水并不是取之不尽、用之不竭的，我们赖以生存的水正日益短缺，所以我们要珍惜每一滴水。

节约用水，我们要从生活的点点滴滴做起，如下所示。

- **刷牙**。刷牙时避免一直开着水龙头，最好用水杯接水。
- **洗手洗脸**。洗手洗脸时可用水盆接水，用完的水可以二次利用，如拖地、冲洗洗手间等。
- **洗衣**。用手洗衣时，用过的水可盛放至桶中以便二次利用；用洗衣机洗衣时，应根据衣物多少选择合适的水量和洗涤次数。
- **洗浴**。淋浴时间断放水，搓洗身体时及时关水，避免过长时间冲淋；盆浴后的水可用于拖地、冲洗洗手间等。
- **餐具清洁**。间断放水冲洗，擦洗餐具时及时关水。
- **洗手间冲洗**。善于利用用过的水来冲洗洗手间。注意，垃圾不论大小、粗细，都应倒入垃圾桶，而不要为了方便倒在便池或马桶中。

2. 节约用电

电是日常生活必不可少的能源，节约用电可以减少能源的消耗。学校是人非常多的地方，各方面的资源利用量都很大，尤其是用电量，相当惊人。因此，学生应加强节约用电的意识，了解节约用电的方法，如下所示。

- 按需使用寝室、教室、图书馆等场所的电灯、电风扇。
- 随手关灯，做到"人走灯灭"。不使用电器时把插头拔掉、电源关闭，在离开寝室或教室等场所时，确保所有的电器都处于关闭状态。
- 手机、平板电脑、笔记本电脑、充电宝等设备充满电后即可拔掉插头。
- 开启空调时，应确保门窗紧闭。空调的耗电量非常大，所以设定的温度要合理。
- 电视机的音量和亮度尽量调至合理水平，声音越大、亮度越高就越耗电，另外不要让电视机长时间处于待机状态，这样不仅耗电，而且会缩短其使用寿命。

案例阅读

徐特立的《粉笔诗》

徐特立是我国杰出的革命家和教育家，他一生勤俭。任湖南第一女子师范学校校长时，他在巡视学校时经常把别人丢弃的粉笔头捡起来装在口袋里，留着自己上课用。有些学生不理解他的行为，徐特立便写了一首《粉笔诗》来表明自己的想法："半截粉笔犹爱惜，公家物件总宜珍。诸生不解余衷曲，反为余是算细人。"

> **感悟：** "一粥一饭，当思来之不易；半丝半缕，恒念物力维艰。"世界上每一种真正具有价值的东西，都是劳动者辛勤劳动的成果。不只节约水电，节约纸张、粮食，爱惜公物等都是弘扬传统美德、珍惜劳动成果的表现。徐特立提倡节俭，作《粉笔诗》，一方面明志，另一方面教育学生爱惜公物，用心良苦，令人肃然起敬。

二、卫生清洁

卫生清洁是保护校园环境的主要内容，"人人讲卫生，个个爱清洁"能够营造干净整洁的校园环境。在校园卫生清洁劳动过程中，我们应不怕脏、不怕累，在行动中提升自己的环境卫生意识和文明素质。

微课视频：
校园环境
卫生清洁

1. 教室卫生清洁

教室是学生主要的学习场所，进行教室卫生清洁是每个学生的职责，具体内容如下。

- 教室及走廊地面打扫干净，无垃圾、脏物等。
- 门窗、墙壁、讲台、黑板、桌椅等擦洗干净，做到无尘埃、无痕迹、无蜘蛛网。
- 讲台、桌椅及讲台、课桌上的书本等物品摆放整齐。
- 标语、画像、图表张贴悬挂整齐。
- 卫生工具摆放整齐。
- 垃圾桶内的垃圾要倒干净。

2. 宿舍卫生清洁

宿舍是学生的生活空间，宿舍的环境关乎学生的生活质量，因此进行宿舍卫生清洁必不可少。宿舍卫生清洁主要包括打扫卫生、整理铺位与叠衣裤3方面的内容。

打扫教室卫生

（1）打扫卫生

打扫卫生是宿舍卫生清洁的基本内容，需要每一位住校生的参与，具体内容如下。

- 宿舍及走廊地面打扫干净，无垃圾、脏物。不乱挂衣物，洗漱用品摆放整齐。
- 门窗、书桌、床单被褥等擦拭或清洗干净。
- 卫生间地面冲洗干净，无杂物。
- 垃圾及时清理，室内无异味。

（2）整理铺位

宿舍的卫生清洁不只局限于打扫、清洗，还包括宿舍物品的整理，整理铺位即是其中一项重要内容。整理铺位应掌握科学有效的方法，如表5-1所示。

表5-1 整理铺位的方法

项目	操作	图示
叠被子	首先将被子平铺在床上，把被子窄的一边向内折叠1/3，然后再向内折叠1/3，此时被子成长条状（根据被子的宽窄，也可进行2等分或4等分的对折）。如果被子表面有些褶皱，用手将这些褶皱抚平	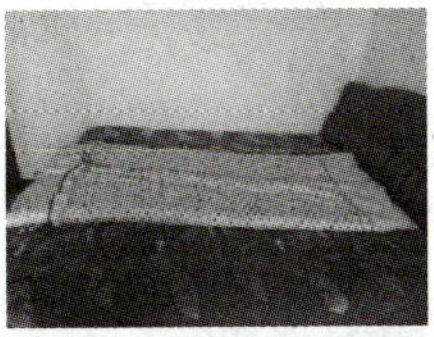 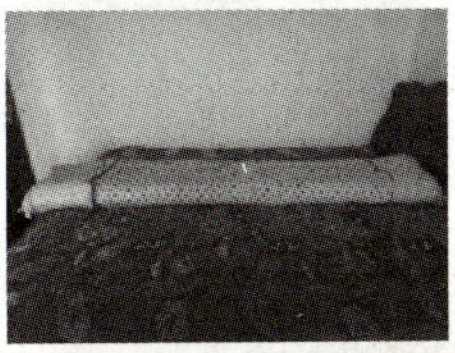
	首先用手在被子1/4处捏出长条，反复将长条捏明显，然后把被子折叠过去。折叠好后进行修边，用拇指和食指捏住。另外三指压在被子上面，把直角边线修出来	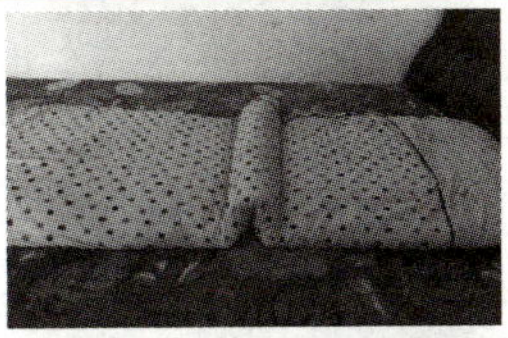 
	用同样的方法叠被子的另一端，同时完成修边	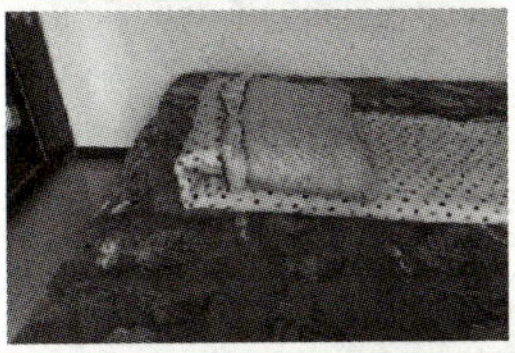
	被子的两端叠好后，用手在被子中间捏出长条，注意中间的长条可隆起得高一些	
	沿中间的长条对折，使被子两端重叠在一起，这样有棱有角的标准四方被就叠好了。叠好的被子开口朝门放置	
整理床单与摆放枕头	床单要平铺在床上，位于床外的一侧折叠在床沿下；枕头抚平后可以放在叠好的被子上，也可以放在被子的旁边，靠墙的一侧，还可以放在被子的对面	
摆放床下物品	床下一般摆放鞋子，鞋子要摆得整齐划一。室内空间局促时，床下可放置行李箱等物件	

（3）叠衣裤

叠衣裤是人们的基本生活技能。对于当季常穿的衣裤，我们可以用衣架将它们直接挂在衣柜的挂衣区，而对于当季不穿的衣裤，我们可以叠好后放进衣柜。比起胡乱地将衣裤塞进衣柜，把衣裤规整地叠好后放进衣柜，不仅节省衣柜空间，还能避免衣裤起褶，更能培养我们良好的生活习惯，使我们终身受益。

下面介绍常见衣裤的一般叠法，表5-2、表5-3、表5-4、表5-5分别是叠T恤、叠毛衣、叠连帽卫衣、叠长裤的方法。

表5-2 叠T恤的方法

步骤	操作	图示
步骤一	首先将T恤背面朝上展开平铺在桌面或床上，然后沿中线左右对折，衣袖要对齐	
步骤二	首先将衣袖往内折盖住领口，然后将T恤的下边沿往上折到与衣袖平齐	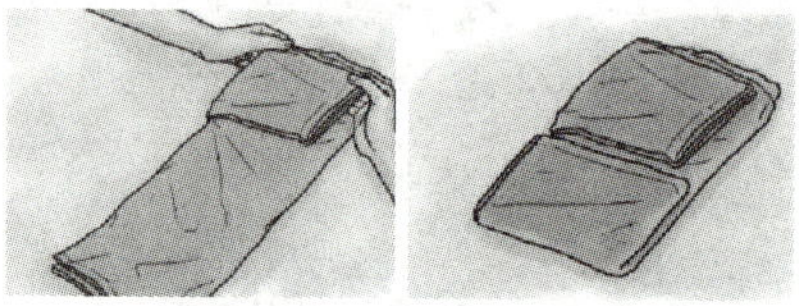
步骤三	将折好的部分上下对折，这样袖子部分就隐藏在里面了	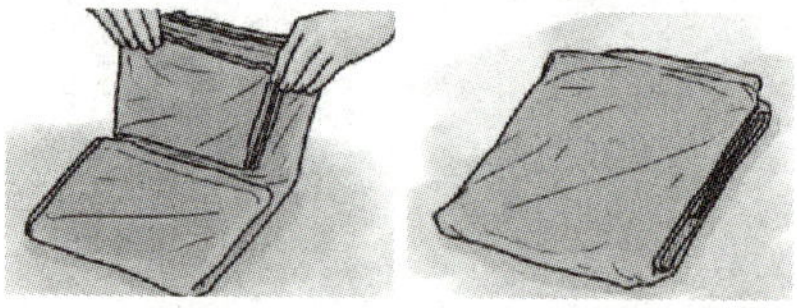

表5-3 叠毛衣的方法

步骤	操作	图示	步骤	操作	图示
步骤一	将毛衣背面朝上展开平铺在桌面或床上	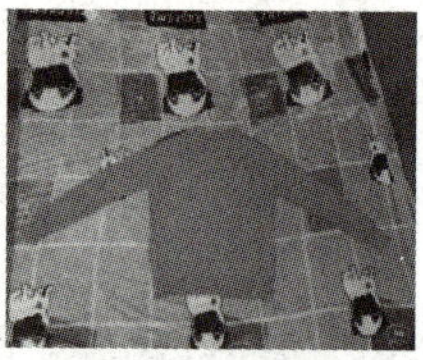	步骤四	将毛衣右侧往中间折叠	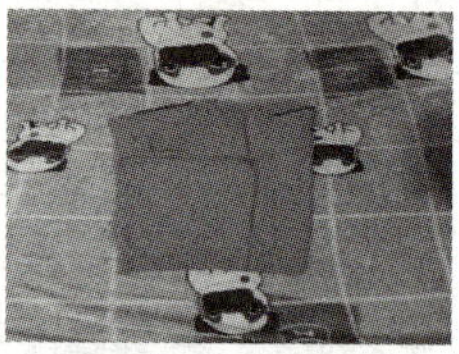
步骤二	将毛衣左边的袖子向中间折叠		步骤五	将毛衣左侧往中间折叠	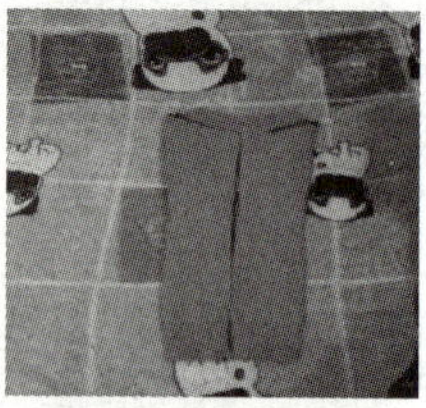
步骤三	将毛衣右边的袖子向中间折叠	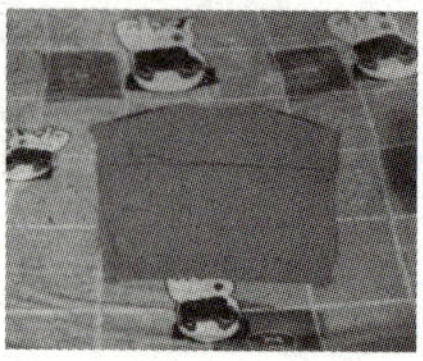	步骤六	将毛衣下摆往上折叠，与领口平齐，最后把毛衣翻过来	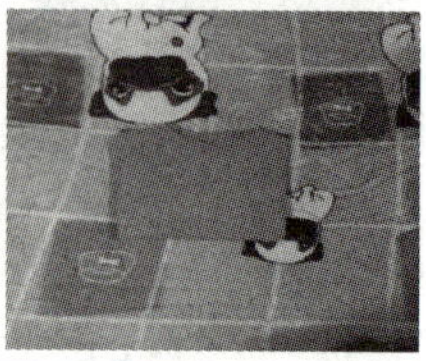

表5-4　叠连帽卫衣的方法

步骤	操作	图示	步骤	操作	图示
步骤一	将连帽卫衣正面朝上展开平铺在桌面或床上		步骤四	另一边衣服和袖子也按照同样的方法向中间折叠	
步骤二	将帽子向下折叠并铺平整		步骤五	将衣服下摆从底部1/3处向上折叠	
步骤三	将右半边衣服连同衣袖向中间折叠		步骤六	将衣服上面部分向下折叠，并塞进下摆里	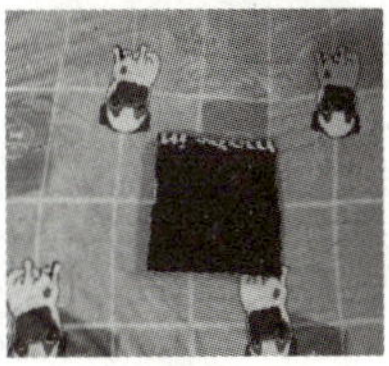

表5-5　叠长裤的方法

步骤	操作	图示
步骤一	将长裤展开平铺在桌面或床上	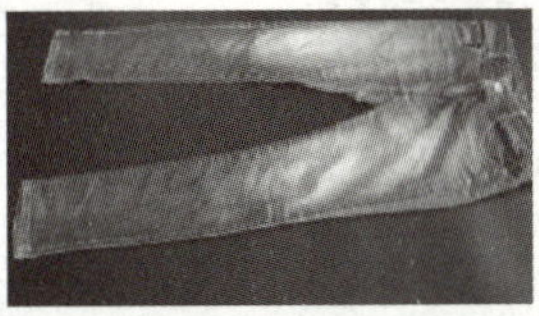
步骤二	将两条裤腿分别对折，对折时长裤一定要摆放平整，如果长裤上的褶皱比较明显，用手抚平	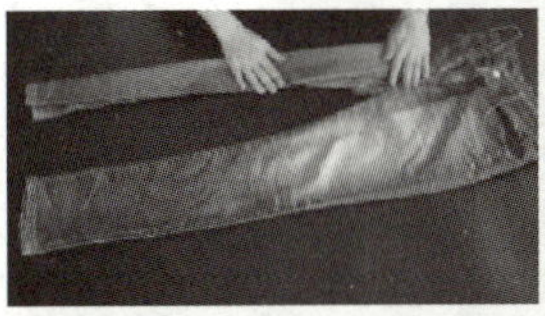 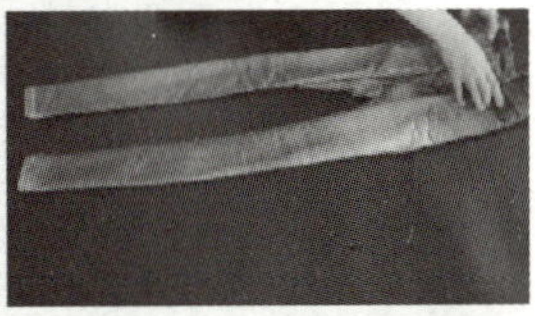
步骤三	将长裤的腰部向下翻折，翻折后对裤腿进行翻折，至与上方翻折的腰部相连	 
步骤四	继续将裤腿向上翻折，将翻折好的裤腿塞进腰部	 

　　叠衣裤的方法多种多样，我们可以借鉴他人叠衣裤的方法，或者在实践中找到适合自己的方法，然后多加练习，便可将所有衣裤整理得井然有序。

三、垃圾分类

垃圾分类是指按一定规定或标准将垃圾分类储存、投放和搬运。垃圾分类是垃圾终端处理设施运转的基础，垃圾分类的目的是提高垃圾的资源价值和经济价值，减少垃圾处理量和处理设备的损耗，降低处理成本，减少土地资源的消耗，减少环境污染，具有社会、经济、生态等几方面的效益。

垃圾通常分为四大类，分别是可回收垃圾、厨余垃圾、有害垃圾和其他垃圾等。

垃圾分类标识

垃圾桶分类

学生在处理日常学习、生活中产生的垃圾时，应将不同垃圾分类投放到对应的垃圾桶内。为了正确进行垃圾分类投放，学生要知道常见垃圾的分类标准和投放要点。下面以北京市为例介绍垃圾分类方法。

1. 可回收垃圾

通常，可回收垃圾包括玻璃、金属、塑料、纸张、织物等种类。

● **玻璃**。玻璃包括各种玻璃瓶、碎玻璃片、暖瓶等。

● **金属**。金属包括易拉罐、罐头盒等。

● **塑料**。塑料包括各种塑料泡沫、塑料包装、塑料瓶等。

● **纸张**。纸张包括报纸、期刊、图书、各种包装纸等。

● **织物**。织物包括废弃衣服、桌布、毛巾、书包、鞋等。

总体上，凡是未污染、适宜回收、可资源化利用的废弃物即可归为可回收垃圾。须注意，投放废纸应使其保持平整，立体包装物（如纸箱）应清空内容物、压扁后投放；投放玻璃容器应防止破损，有尖锐的边角时应包裹后投放；一次性纸杯或餐具，被污染的废纸、塑料，暂时无法回收利用的复合材料包装物（如牛奶盒和饮料盒等）应投放至"其他垃圾"垃圾桶；镜子等有金属镀层的玻璃物品应投放至"其他垃圾"垃圾桶。

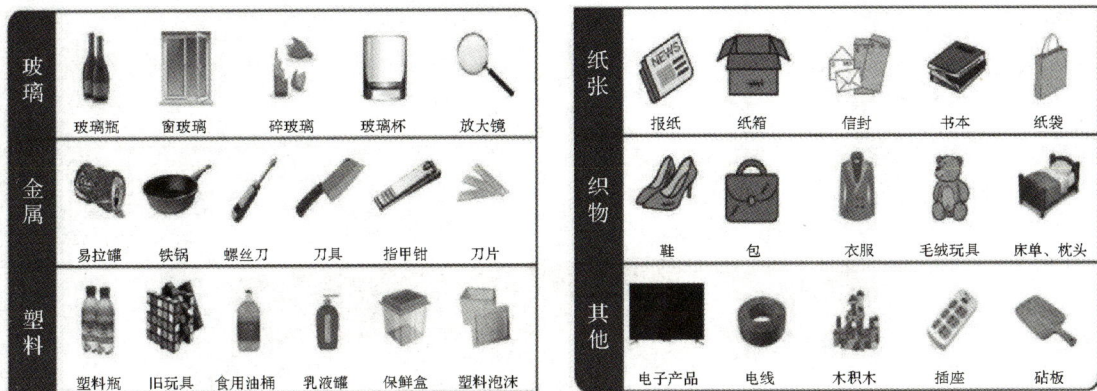

玻璃	玻璃瓶	窗玻璃	碎玻璃	玻璃杯	放大镜
金属	易拉罐	铁锅	螺丝刀	刀具	指甲钳	刀片
塑料	塑料瓶	旧玩具	食用油桶	乳液罐	保鲜盒	塑料泡沫

常见的可回收垃圾

素质养成

综合处理回收利用可回收垃圾，可以减少污染、节省资源。例如，每回收1吨废纸可造好纸约850千克，节省木材约300千克，比等量生产减少污染约74%；回收1吨废玻璃可以节约石英砂约720千克、纯碱约250千克、长石粉约60千克、煤炭约10吨。垃圾分类投放这样小小的举动具有十分重要的意义，它是现代社会所倡导的生活方式，是当代青少年学生文明素质的体现，也是建设文明校园、文明城市的需要。

2. 有害垃圾

有害垃圾是指含有对人体健康有害的重金属、有毒物质，或者是会对环境造成危害的废弃物，主要包括电池、荧光灯管、灯泡、水银温度计、油漆桶、过期药品及其容器、过期化妆品等。投放有害垃圾要注意轻放，易破碎的物品或废弃药品应连带包装投放。

3. 厨余垃圾

厨余垃圾包括剩菜剩饭、骨头、菜根菜叶、果皮等食品类废弃物。厨余垃圾经生物技术就地处理堆肥，每吨可生产0.6～0.7吨有机肥料。投放厨余垃圾时应尽量沥干水分，有外包装的应去除外包装后投放。如果在公共场所产生有害垃圾、厨余垃圾时未发现对应的收集容器，应携带至有害垃圾、厨余垃圾投放点妥善处理。

4. 其他垃圾

其他垃圾包括除上述几类垃圾之外的砖瓦陶瓷、渣土、卫生间废纸等难以回收的废弃物及尘土、食品袋等。当无法准确地判断垃圾类别时，可将其归于其他垃圾，投放时应保持周边环境整洁。

素质养成

青少年学生在日常生活劳动中要养成良好的个人卫生习惯、文明习惯，做到不随地吐痰，不乱扔果皮、纸屑，不损坏校园内的卫生、美化设施（如垃圾桶、花坛等），不践踏草坪、攀折花木，不乱涂、乱画、乱印等。

⭐ **学与思**

为实现人与自然的和谐共生，如今人们提倡绿色消费、低碳出行等行为。你是如何理解绿色消费和低碳出行的？你可以通过哪些力所能及的事情来践行绿色消费和低碳出行？

任务二 积极参加集体活动

学生积极参加校园内的各项集体活动，是践行社会主义核心价值观的重要手段。学生在参与集体活动的过程中不仅可以锻炼、提高自己的个人能力，还可以树立集体主义观念，增强主人翁责任感，培育团结协作精神和无私奉献精神。

一、班级值日

学生是学校的主人翁，每个班级都是学校的基本组成单元，班级和谐的学习生活氛围与干净整洁的环境需要大家共同维护。班级值日既是学生参加集体活动的基本途径，也是维护班级良好环境的重要手段，能促使学生自我管理、自我约束，养成良好的行为习惯、学习习惯，以创设良好的班风和学风。

通常，师生共同制定班级值日的制度和内容，学生分组轮流参加，小组组长负责安排与协调各组员的值日事项。班级值日的具体事项涉及以下多个方面。

- 早自习时，记录迟到、早退、请假人员；督促到班同学迅速坐好，大声朗读或安静看书；对吵闹说话、无所事事的同学给予提醒。

- 上课预备铃声响起后，提醒同学们保持安静，提醒课代表检查课前准备。课后及时擦黑板。

- 课间操时，督促同学们离位到操场集合，同时提醒同学们摆放好桌椅。

- 中午放学后，关好门窗再离开。

- 下午上课前，保证讲台干净整洁，及时擦黑板，打开多媒体设备，提醒课代表检查课前准备。

- 下午放学后，提醒同学们收拾桌面、桌盒，把椅子塞进桌子下面。负责摆放桌椅的同学尽快将桌椅摆放整齐，腾出空间便于负责扫地的同学打扫；负责扫地的同学在他人摆放桌椅的同时拿起扫帚扫地，扫地顺序为从里往外；负责拖地的同学到卫生间洗拖把、打水返回教室拖地，拖地顺序为由里到外；负责擦窗户、黑板的同学不必受室内工作影响，放学即刻开工，先用湿抹布将灰尘擦拭干净，再用干抹布将水渍擦干；最后负责摆放桌椅的同学规整桌椅。除了教室内，走廊地面、楼梯也要清扫干净。

- 离开教室前，将卫生工具摆放整齐，垃圾倒干净，关好门窗。

- 晚自习时，记录迟到、早退、请假人员；督促到班同学迅速坐好安静看书，允许同学之间小声讨论，但严禁说笑，严禁抄袭作业；对违反纪律的同学给予提醒。

在班级值日中，所有成员应齐心协力分工合作，按质按量完成值日工作。

二、社团活动

学生社团是不分年级、科系甚至学校的，由兴趣爱好相近的学生在自愿基础上组成的各种文化、艺术、学术团体，如各种研究会、文艺社、棋艺社、摄影社、美工社、剧团、歌咏队、篮球队、足球队等。

学生社团是校园文化建设的重要载体，学生社团可以根据学校的不同情况，利用学生的课余时间开展各种形式的活动。学生参加健康、积极、有益的社团活动不仅可以丰富自己的课余生活，结识志同道合的朋友，还可以拓宽视野，提高自己的综合素质。

1. 创建学生社团的条件

通常学校会划分出理论学习、学术科技、文学艺术、志愿服务、体育健身、兴趣爱好等社团类型，各类社团均需按对应类型申请成立。

创建学生社团需要满足以下条件。

- 学校对学生社团的初始人数一般有明确规定，如要求5人以上才可以申请创建社团。同时社团发起人必须是具有本校学籍的在校就读生，具备相关知识和经验技能，且未受过校纪校规的处分。
- 创建学生社团需邀请或聘请一名以上的在校专业教师担任指导教师，负责社团日常业务指导。
- 社团发起人需拟订社团章程，并由指导教师认可签字。社团章程应包括以下内容：规范的社团名称（符合法律法规，不违背校园文明风尚），成立社团的意义，社团的组织结构及其职能，社团的活动范围和活动方式，社团的经费来源及其管理办法，社团负责人的任职条件、权限和产生、任免程序，社团成员的权利和义务，社团成员资格的取得和取消，社团章程的修改程序和其他说明等。
- 撰写社团发起人与拟任负责人，以及指导教师的基本情况介绍。

2. 创建学生社团的流程

学生社团的登记管理机构一般是学校的团委社团部，学生社团的建立、变更、注销需要经过团委社团部的审查批准。当满足学生社团的创建条件后，社团发起人向团委社团部提交申请书及其他必要材料。团委社团部收到社团发起人提交的申请材料后，在半个月或一个月内做出批准或不批准社团成立的决定。批准成立的社团应在规定的时间内召开会员大会，通过社团章程产生社团负责人，会议结束后向团委社团部报告并备案，至此社团正式成立。

3. 社团活动的实施

社团运营需要策划开展社团活动，以扩大社团影响力，传递社团宗旨。要开展社团活动，社团负责人需撰写社团活动实施方案，以指导社团活动有序开展。社团活动实施方案主要包括活动目的、活动名称、活动时间、活动地点、参加对象、活动流程、经费预算、注意事项等内容。社团活动实施方案范文如下。

社团活动实施方案范文

一、活动目的

通过开展本次夏季趣味运动会，增进同学们彼此间的了解，深化相互间的友谊，达到进一步营造融洽的学习氛围的目的。同时使同学们在课外活动中放松自我、收获快乐，增强班级凝聚力，展现××学校2022级学生积极昂扬的精神风貌。

二、活动名称

××学校夏季趣味运动会

三、活动时间

5月24日13:00—18:00

四、活动地点

学校足球场

五、参加对象

××学校2022级全体学生

六、活动流程

（1）活动当日13:00，2022级全体学生在足球场集合。

（2）依次进行第一阶段"背夹球"比赛、第二阶段运球比赛、第三阶段"两人三脚"比赛、第四阶段赶球比赛。

（3）赛后根据排名颁发奖品。

（4）运动会结束后，每个班留下3名同学打扫卫生、整理场地，其他同学有序离开。

七、比赛规则

比赛以班级为单位，每班选出16名同学参与比赛，2名同学担任裁判。担任裁判的同学负责裁判其他班级的比赛。

（1）"背夹球"比赛

将16名同学分成两队，50米跑道两侧分列8名同学，2名同学一组，背靠背夹篮球跑到另一侧，换下一组同学继续，直到本班所有参赛者完成接力，时间最短者获胜。中途篮球落地，必须由裁判将篮球放回落地处后参赛者再由落地处出发，每落地一次在时间记录上加5秒。2名裁判1名负责计时，1名负责为参赛者放回篮球和记录篮球落地次数。比赛结束后，第一名计6分，第二名计4分，第三名计2分，其余班级均计1分。

（2）运球比赛

将16名同学分成两队，50米跑道两侧分列8名同学，一名同学用一个羽毛球拍将一个乒乓球运送到另一侧，换另一名同学运球。中途乒乓球落地一次，就在时间记录上加5秒。其余规则和计分方式与"背夹球"比赛相同。

（3）"两人三脚"比赛

将16名同学分成两队，50米跑道两侧分列8名同学，2名同学一组，将一人的左脚和另一人的右脚拴在一起。一组同学跑至另一侧换对面的一组跑回，直至本班所有同学完成，时间最短者获胜。计分方式与"背夹球"比赛相同。

（4）赶球比赛

将16名同学（其中8名男生，8名女生）分成两队，50米跑道两侧分列8名同学，一名同学手持木棒，利用木棒将起点处的篮球赶至对面，换对面的同学赶球，直至本班所有同学完成，时间最短者获胜。比赛中不得以身体其他部位触碰球，触碰一次将在时间记录上加5秒。计分方式与"背夹球"比赛相同。

各班最后的排名由所有比赛项目的总分决定。

八、活动奖励

第一名获得300元班费奖励及大糖果包1个，第二名获得200元班费奖励及中糖果包1个，第三名获得100元班费奖励及小糖果包1个，其余班级分别获得鼓励糖果包1个。

九、经费预算

获奖班级班费奖励600元，大糖果包1个价值120元，中糖果包1个价值88元，小糖果包1个价值66元，鼓励糖果包8个价值400元。活动经费共计600+120+88+66+400=1274（元）。

十、活动主办方

本次活动由××社团、年级班委和年级团总支共同组织举办。

十一、注意事项

（1）社团组织人员提前申请场地。

（2）比赛所需篮球、乒乓球、秒表等器材由学校体育部提供，运动会开始前社团组织人员需提前与体育部取得联系，准备好所需器材。

（3）社团组织人员提前采购糖果包及其他所需用品。

（4）每班每名同学须至少参与一项比赛。

（5）担任裁判的同学应做到公平公正。

（6）社团组织人员成立安全防护小组，做好现场秩序维护，及时处理各种突发状况。

☆ 学与思

环境保护是全世界共同关注的热点话题，从绿色出行、垃圾分类到海洋污染治理等，都与我们的生活息息相关。某校环境保护社团以"保护生态环境"为主题开展社团活动，倡议全体同学共同行动，请每位同学撰写一篇环境保护倡议书，号召大家"节约资源、绿色消费、低碳出行、垃圾分类、减少污染、呵护生态"。环境保护倡议书无固定格式要求，撰写完成后通过社交媒体分享传播。此次活动旨在让全体同学一方面感受环境对我们的影响，另一方面呼吁全社会更多的人投入关注环境、保护环境的行动中。

任务三 制作美食

通过制作美食，我们可以参与劳动实践，实现从"衣来伸手饭来张口"到"常为家人做饭菜"的转变，还可以提高社会适应能力等。

一、包饺子

饺子是一种历史悠久的民间美食，深受中国人的喜爱，民间更有"好吃不过饺子"的俗语。每逢新春佳节，饺子就成为一道应时的佳肴。在日常生活中，饺子同样是大家常吃的食物。下面我们一起来学习包饺子。

微课视频：
包饺子

1. 和面

制作饺子的第一步是和面，在此之前要准备好和面的材料：高筋面粉500克、鸡蛋1个、细盐1小勺、30℃清水约250克、保鲜膜。然后按如下步骤操作。

（1）将面粉倒在和面盆里摊开，加盐，磕入鸡蛋，与面粉掺匀，然后一边慢慢倒入清水一边搅拌。在面粉里加入鸡蛋可以提高蛋白质含量，饺子下锅之后就会很快收缩，煮出的饺子不容易粘连。

（2）所有面粉都搅拌成絮状的雪花片之后，准备一碗清水放在和面盆旁边。

（3）双手用力将雪花片状的面粉揉成面团，感觉比较干，无法揉成团时，就用手蘸取适量清水继续揉，直到将所有面粉揉成一个光滑的面团。

（4）将揉好的面团留在和面盆里，盖上盖子，或者用保鲜膜封上。之后让面团静静地发酵30分钟左右，再将面团揉至光滑。

2. 备馅

在面团发酵的时候我们可以准备包饺子用的馅料。饺子馅有很多种，但是按照大的类别可以分为肉馅和素馅两种。素馅备馅的方法比较简单，肉馅相对要复杂一些。下面我们以猪肉白菜馅为例介绍备馅的方法。

（1）准备材料

主料：瘦肉500克、肥肉少许、大白菜800克、葱180克、姜30克、1个鸡蛋的蛋清。

辅料：酱油2勺、蚝油2勺、料酒2勺、白糖1小勺、盐3小勺、香油1勺、花椒油1勺、十三香8克、胡椒粉3克，清水适量。辅料的用量可根据个人口味进行细微调整。

（2）剁馅

将准备好的猪肉先切成小丁再剁成肉末，也可以直接在商店买绞好的五花肉馅。再将大白菜切碎，放1小勺盐拌匀静置10～15分钟，把大白菜里的水分滤出，可用手挤出水分。把姜切成姜末，葱切成葱花。

（3）拌馅

把切好的肉末、姜末、葱花放进大碗，加入蛋清，再加入2小勺盐、1小勺白糖、少许胡椒粉、少许十三香，稍加搅拌，然后再加入2勺酱油、2勺蚝油、2勺料酒、少许花椒油。

接下来用力搅拌肉馅，要注意只能朝一个方向搅拌，不能来回搅拌，否则肉馅不容易上劲。一边搅拌一边慢慢加入清水，搅拌要用力，搅到肉馅吃水充足、起黏性为止，这就是制作馅类所称的"肉馅上劲"。看肉馅是否上劲，要看肉馅的黏稠度，水分和肉末应充分融合，达到非常黏稠的程度，否则肉馅容易出水。检验肉馅是否上劲可将一小勺搅拌好的肉馅放入冷水里，如果肉馅浮起来就说明已经上劲了，反之就是没有上劲。

肉馅搅拌好了，就可以把挤去水的大白菜放到肉馅里，搅拌均匀，觉得咸淡合适后再加入香油，再次搅拌均匀，放在一边静置一会儿，让馅料入味。

3. 擀皮

在等待馅料入味的同时，我们可以准备擀饺子皮。

（1）先在面板上均匀地撒上一些干面粉，把发酵好的面团放在面板上搓成细长条，然后再切成相同大小的小块儿。

（2）在面块上撒上面粉后，把面块的刀切面朝下，用手掌根将其按压平。

（3）左手拇指和食指捏住面块，向左转动，右手按住擀面杖前后滚动。左手每转一下，右手前后滚动一次，依次循环，将面块擀成中间略厚、边缘略薄的圆片，到合适的大小，自己满意的薄度就行了。

4. 包饺子

搅拌好馅料、擀出饺子皮后，就可以开始包饺子了。

（1）用筷子或勺子将适量饺子馅放到饺子皮上，馅多了饺子包不起来，馅少了饺子不香、不好吃。

（2）加入饺子馅后，将饺子皮中间的1/2处捏在一起。然后将饺子皮从左往右一个一个地捏褶子，最后一个褶子捏完后，将饺子边捏紧。

（3）饺子可以包成不同的形状，也可以在饺子皮中加入不同颜色的果汁、蔬菜汁，把饺子皮染成各种鲜艳的颜色。

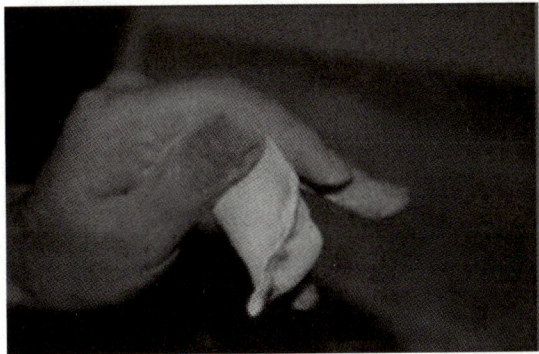

将饺子边捏紧

各种形状的饺子

5. 煮饺子

饺子有煮、蒸、煎等不同的吃法，其中煮饺子是最寻常的一种方式。包好饺子后，便可以煮饺子了。

（1）取一个大小适中的锅，放入大约是饺子量5倍的水，水可以多一些，但是不能太少，太少饺子不容易煮熟，而且容易煮破。水烧开之前先加一根大葱，然后再加点盐。在水中加盐是为了防止饺子粘连，使饺子的色泽变白，汤色清亮。

（2）将水烧开后开始下饺子。一只手拿着放饺子的盘子，另一只手拿起饺子慢慢放进锅里，注意不要在离锅较远时就将饺子扔进锅里，以免让水溅出来烫到手。锅中的饺子一次不要放太多，否则容易粘连。

（3）饺子全部入锅后，用木铲深入锅底，轻轻沿一个方向推动饺子，防止部分饺子粘在锅底。然后盖好锅盖煮至水再次烧开。

（4）打开锅盖，看到饺子有轻微上浮的迹象，再次用木铲深入锅底轻轻搅动，让饺子浮起来，不要粘在锅底。这时可以加一点冷水进去，盖上锅盖，继续煮至水开。如果是纯素馅的饺子，此时已经可以出锅了。如果是肉馅饺子，那还要继续下面的步骤。

（5）再次加入冷水，掀开锅盖，煮至水开。再加入一点冷水，让水再次煮开，饺子就煮好了。一般素馅饺子加1次冷水，肉馅饺子要加3次冷水。将饺子用笊篱捞出装盘，吃的时候蘸点醋和蒜汁饺子味道会更鲜美。

二、包粽子

"珍珠玉粒女，嫁了穷夫竹叶郎，有棱有角，有心有肝，一身清贫，半世煎熬。" 这句谜语的谜底就是粽子。提起粽子，人们自然就会想到农历五月初五的端午节。在端午节这天，不管是在南方还是北方，家家户户的餐桌上都少不了粽子。

微课视频：
包粽子

下面我们一起学习做起来简单、吃起来黏韧清香的北方粽子。

1. 包粽子前的准备

在包粽子前，我们要准备好食材和工具。

（1）准备好糯米、红枣、芦苇叶、线绳等材料。北方的粽子以甜为主，所以馅料一般采用糯米、红枣或蜜枣、豆沙等，也可以根据自己的喜好添加食材。因北方竹子少，所以人们习惯用芦苇叶作为粽子皮来包裹馅料。用来包粽子的芦苇叶一般要在端午之前采摘。

（2）将糯米洗净，用冷水提前泡12小时备用，目的是让糯米更容易熟。

（3）将红枣清洗干净并用水泡开。若想在馅料中加入红豆，豆子也要提前泡开。

（4）将芦苇叶洗净后用开水焯一下。水开后放入芦苇叶，使其在锅中停留10秒左右，然后捞出冷却待用。焯芦苇叶的目的是增加其柔韧性，使其在包粽子时不易破损或折断，同时可以起到消毒的作用。

2. 包粽子的步骤

粽子的形状一般是三棱锥。包粽子大体上是用芦苇叶包裹粽子馅，成形后再用细线系紧（也可以用马蔺花的叶子作为绳子来捆绑包好的粽子），具体做法如下。

（1）将2～3张芦苇叶错开折叠，上面的芦苇叶压住下面芦苇叶的一半即可，并将叶头的部分修剪整齐。

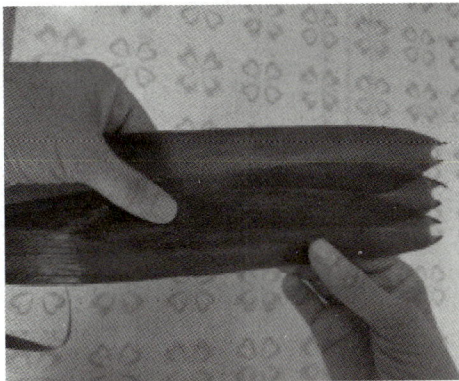

错开折叠

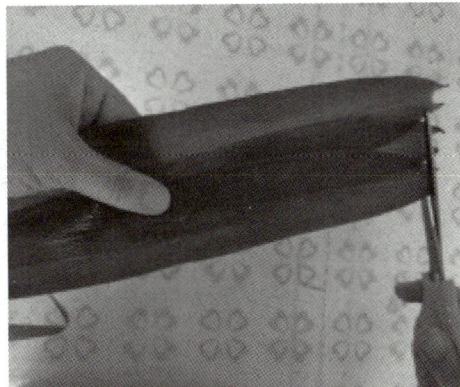

修剪叶头

（2）把芦苇叶折叠成漏斗形状。在这个漏斗中先放一颗红枣，目的是堵住下面的角，使糯米不容易漏出。再放一小半糯米，之后放几粒红枣，最后再放点糯米把红枣盖住。糯米和漏斗口持平即可，太少了粽子很瘦，太多了又包不住。

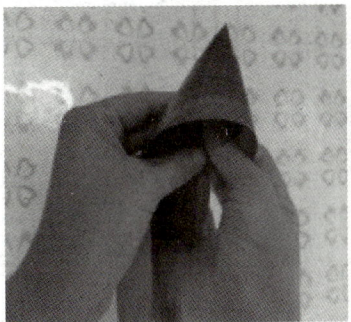

A

B

C

D

E

F

把芦苇叶折叠成漏斗形状并装馅

（3）左手握住已装满馅料的漏斗，右手将芦苇叶翻起盖住漏斗口的一侧，用左手拇指顺势压住叶边，保证拇指所在的一侧密封即可。以左手拇指所在的位置为三角形的一个边，用右手的拇指将芦苇叶向右折出一个角，此时保证芦苇叶与漏斗口所成三角形的另一边密封。将芦苇叶的剩余部分继续沿漏斗口边缘缠绕一圈，用右手拇指和食指捏住开口处并向下折，左手中指、无名指顺势捏住开口处。

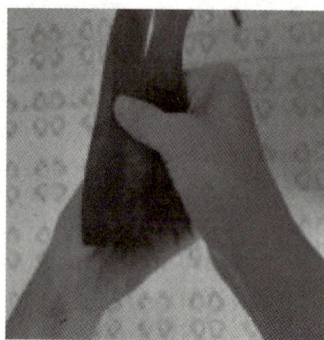

A

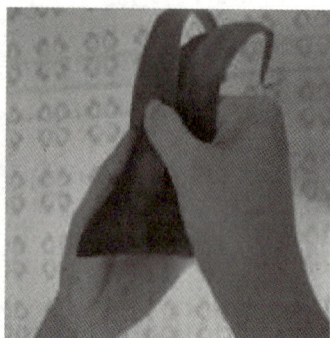

B

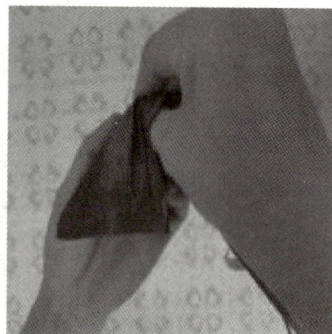

C

D

E

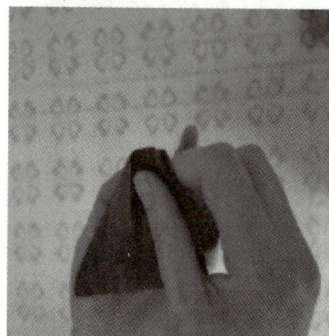

F

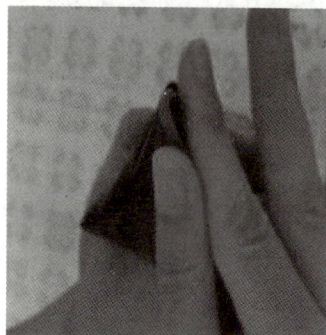

G

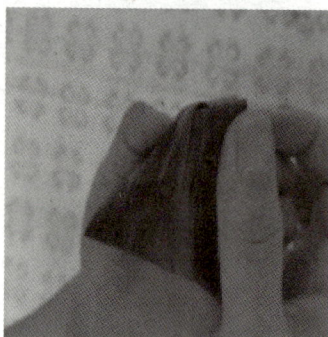

H

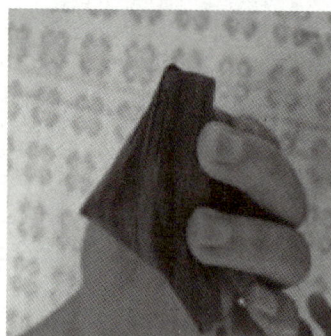

I

包裹粽子馅

（4）用马蔺花叶捆绑2圈或用细棉线缠绕4～5圈，系上活扣，这样吃粽子的时候方便解开。系好后将多余的叶子或棉线剪掉。

A

B

系粽子

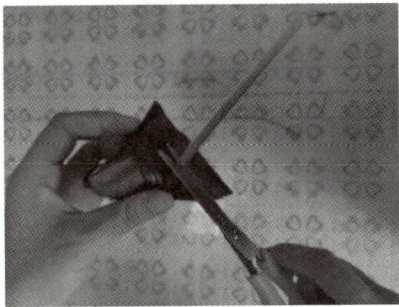

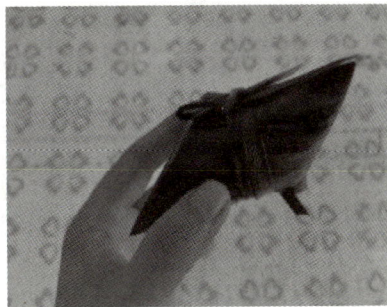

C　　　　　　　　　　D

系粽子（续）

3. 煮粽子

粽子全部包好后放在压力锅中，然后放入冷水，水要没过粽子4～5厘米，水太少最上面的粽子容易夹生。大火煮25分钟，改成中小火煮10分钟即可关火，关火后焖30分钟。若用普通锅煮，至少需要煮2小时，熄火焖1小时。刚煮熟的热粽子黏性差，将其捞出后放置1～2小时，待其完全冷却后口感最佳。

粽子的主要原料是糯米，而糯米是一种不容易消化的食物，所以吃粽子时最好搭配茶水，可以促进消化。另外，吃粽子要小口小口地吃，慢慢地咀嚼和吞咽，这样可以帮助消化。煮熟的粽子可以放到冰箱冷冻保存，再次食用时将其放入锅里煮十几分钟后，捞出放凉即可。

劳动前沿

在中国，对于粽子的口味有"南咸北甜"之说。北方的粽子一般都是甜味的，最常见的馅料是蜜枣和红豆，也有少数以果脯为馅。软糯微甜的糯米包裹着馅料，别具风味。南方除了甜味粽子之外，还有咸味粽子，尤以鲜肉粽最为出名。上等糯米裹着大块上好猪腿肉，糯而不糊，肥而不腻，鲜香适口。时至今日，随着社会的发展，人们食用粽子不再局限于地域和时令。对中国人来说，顺应自然亲手做流传千百年的食物，更意味着对传统生活方式的延续。

三、烤面包

光滑鲜亮的面包上散落着颗颗糖霜，散发着香甜诱人的气味，那诱人的色泽和多变的口感让人难忘。清晨，一杯牛奶、一块面包就可以让我们品味到生活的惬意。虽然面包起源于古埃及，盛行于欧洲，但随着我国对外开放程度的日益提高，时至今日，面包已成为中国饮食文化的一部分。下面我们一起学习烤面包的方法。

1. 工具准备

面包的制作离不开烘焙，因此烤面包需准备相应的烘焙工具，包括烤箱、打蛋器等。

（1）烤箱

烤箱的容量很重要，在家庭情况允许的情况下，应尽量选择大一些的烤箱。放置烤箱时要考虑到烤箱的散热问题，烤箱的上、后、左、右4个方向都得留些空间出来。放置烤箱的台面一定不能是易燃材料，烤箱四周的墙面最好也是耐热的材料。

（2）打蛋器

打蛋器可分为手动打蛋器和电动打蛋器，打发蛋白和奶油、搅拌面粉均可使用。电动打蛋器的使用方法如下。

① 将需要打制的材料装入容器中。

② 打蛋器螺旋形的搅拌棒是用来搅拌面粉的，圆头的搅拌棒是用来打蛋白的，在使用之前要插上合适的搅拌棒。

③ 根据打制材料的类型和多少选择搅拌的级数：1～2级适用于搅拌混合干性的材料，如面粉、黄油等；3～4级适用于搅拌有液体的材料；5级适用于搅拌用来制作蛋糕、曲奇等的面团。

④ 选择好搅拌级数之后就可以进行材料的打制工作了。打蛋器连续使用3～5分钟就会出现发热的现象，这属于正常情况。

⑤ 材料打制完毕之后，需要将搅拌棒取下清洗。

（3）模具

面包模具有圆形、长方形、正方形等多种形状，我们可根据面包的种类和自己的喜好进行挑选。烤完面包后，需用塑料软质刮板清除模具边上的面包屑，然后放入水池清洗。

（4）电子秤

烤面包时，各种材料的用量要精准掌握。对于刚开始制作面包的新手来说，电子秤是必不可少的基本工具。为确保电子秤的精准度和使用寿命，须注意以下事项。

● 严禁用水冲洗，若不慎沾水须用干布擦拭干净。

● 严禁敲打、撞击及重压。

● 勿置放在高温及潮湿场所。

● 长期不用时须将机器擦拭干净，放入包装盒内。若使用干电池应将干电池及时取出；使用充电蓄电池时，应每隔3个月充电1次，以确保使用寿命。

2. 和面

准备好合适的烘焙工具后，首先要和面。

（1）准备高筋面粉500克，鸡蛋250克，酵母8克，白砂糖70克，盐6克，黄油30克。

（2）取一只碗，倒入30～35℃的温水10～15毫升，加入白砂糖，制成稀糖水。

（3）放入活性干酵母，拌匀后静置5分钟，酵母溶液会发酵，涨得比原来高些。

（4）将鸡蛋磕在盛器里，打散加水，加水后蛋液重量应为250g减去酵母溶液的量。

（5）将和面所用的水的温度调节为25～30℃。

（6）将面粉倒在盛器里，慢慢加入酵母溶液、水，边加边搅拌，用双手推折卷揉。

（7）面团基本和好前，放入黄油，继续揉匀。面团和好的标志是取一小块面团用双手拉展，能形成光滑的薄膜。

（8）将和好的面团放入发酵盛器内，置于温度30℃左右的地方发酵约2小时，见面团胀大、表面略有下陷，说明面团发酵好了。

打散后的鸡蛋

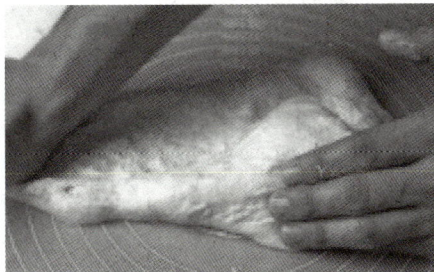
双手推折卷揉

放入黄油

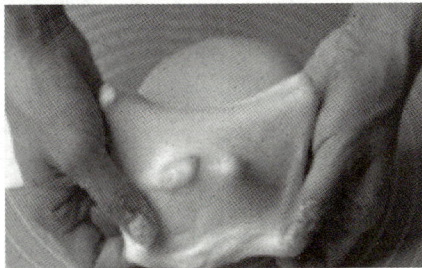
形成光滑的薄膜

发酵好的面团

3. 烤制

将发酵好的面团切成小面块，逐个揉透。然后取专用模具或烤盘，刷一层底油，把生坯（生坯上面可刷一层蛋液或蜂蜜）装入，发酵15分钟左右。接下来，将烤箱温度控制在220～240℃，把烤盘送进烤箱的中格，使上下受热均匀，烤制20～25分钟。烤制时先用底火，后用上下火，待顶面上色后改用底火，烤至熟透关火。

4. 注意事项

要使烤出的面包形状规整、口味上佳，需要注意以下事项。

● **材料称量**。材料的称量要准确，当称量调味品或其他用量很少的原料时，必须特别注意，尤其是盐，因为盐会影响发酵速度。

● **发酵**。发酵过程中，面团会变得更顺滑、更有弹性，包裹着更多的气体。若面团发酵不足，质地会很粗糙；面团发酵过度则会变得很黏，给制作过程带来麻烦。发酵不足的面团叫作生面团，发酵过度的面团叫作老面团。

● **面团称量**。将面团按要求分成若干等量的小面块，在称量的过程中，必须考虑烘焙过程中水分蒸发引起的重量减少，减少的重量是面团重量的10%～13%，按50克面团计算要增加5～6.5克。

- **成形装模**。整形与装模是将面团放入烤箱前至关重要的一环，面团中的气泡在装盘前必须挤出，否则气泡存在于面团中，烘焙后会产生打气洞。另外，面团的封口最好集中在底部，以免产生裂口。

☆ **学与思** ——————————————————————————

为什么许多地方过年的时候习惯吃饺子？饺子皮是厚一些好，还是薄一些好？

劳动实践——争创文明寝室

一、活动主旨

为了加强学生管理，规范学生行为，培养学生讲文明、讲卫生、爱劳动的良好习惯，使学生有一个整洁、舒适的生活环境，发挥学生"自我教育、自我管理、自我服务"的精神，特组织全班学生举行"争创文明寝室"劳动实践活动。

二、活动内容

周五下课后，教师统一组织全班学生在教室内开会，说明本次活动的具体任务。全班学生以寝室为单位，在明确任务后开始分组，并指定每组的劳动内容，然后统一在1~2小时内将寝室打扫得干净整洁，具体内容如下。

（1）打扫各寝室的地面、墙面卫生。

（2）打扫各寝室的阳台、卫生间卫生。

（3）打扫个人床铺、床底和书桌卫生。

（4）打扫需要各寝室负责的公共区域的卫生。

三、活动要求

1. 地面、墙面卫生

（1）地面干净整洁，无纸屑、果皮、杂物，无污水积存现象。

（2）门窗、柜子、灯具上无浮尘污迹，室内墙角无灰尘、蜘蛛网等。

2. 阳台、卫生间卫生

（1）阳台物品摆放整齐，无垃圾积存。

（2）阳台地面、窗户、墙面无灰尘、无垃圾。

（3）卫生间地面、墙面干净整洁，无各种杂物和污水积存，空气清新。

（4）马桶内无粪便积存，流水畅通。

3．个人床铺、床底、书桌卫生

（1）床上被子叠放整齐，干净整洁，方向一致。

（2）床底鞋子摆放有序，形式统一。

（3）床位附近墙面无乱扯乱挂、乱刻乱画情况。

（4）暖瓶、洗漱用品、餐具、卫生用具等要固定位置、统一摆放。

（5）不能出现未及时清洗的脏衣物。

4．公共区域卫生

（1）地面干净整洁，无垃圾、无积水。

（2）墙面干净整洁，无灰尘、无污垢。

（3）楼梯干净整洁，无灰尘、无损坏。

打扫结束后，教师检查全班各寝室的卫生情况，根据地面、墙面卫生，阳台、卫生间卫生，个人床铺、床底、书桌卫生，公共区域卫生这4个方面的内容综合评分，评选出本次活动的文明寝室。

06 项目六 生产性劳动实践

✿ 学习目标

1. 掌握畜禽饲养管理和农业种植相关技术。
2. 掌握扎染、蜡染和茶艺等传统工艺的相关知识。
3. 掌握汽车清洗和两地控制一灯电路接线等方法。

✿ 素养目标

1. 在生产性劳动实践中拓展个人能力，增强个人生存生活的本领。
2. 在实践中开拓视野，为使传统工艺发扬光大做出自己的努力，培养积极的劳动态度和优良的劳动品质。

情境导入

　　讲到生产劳动，整个班级中，秦辉的同桌小周最有发言权，因为他在假期经常帮助父母饲养鸡鸭、种植蔬菜水果。在劳动教育课中，面对王老师关于农事的种种提问，小周总能对答如流。由此，小周成了大家学习的榜样。当然，王老师告诉大家，生产性劳动实践不只有饲养鸡鸭、种植蔬菜水果这类农业生产劳动，还有传统工艺制作和工业生产劳动；同学们参加这些生产性劳动实践，不仅能增强生存生活的本领，还能磨炼意志、开阔眼界，培养优良的劳动品质。

任务一　农业生产劳动

　　中国是农业大国，具有悠久的农业生产历史。古代劳动人民不断实践与创造，其汗水和智慧凝聚于土地，推动着古代农业向前发展。如今，我国总体上已经进入工业化后期，工业发展处于主导地位，但农业仍然是我国发展的基础。对当代青少年学生而言，以农业生产为载体开展劳动实践，掌握相关知识和技能，不仅能够增强生存生活的本领，还能在艰苦的农业生产劳动中培养良好的劳动品质和正确的劳动价值观。

一、畜禽饲养管理

　　畜禽饲养管理是为满足人们对肉、乳、蛋、皮等畜禽产品的需要，利用动物生活生长的规律对家畜和家禽所进行的饲养管理。它包括猪、牛、羊、马等家畜和鸡、鸭、鹅等家禽的饲养管理。畜禽饲养管理是农业生产的重要组成部分，科学的畜禽饲养管理技术是畜禽饲养管理的关键。

本任务以饲养绿壳蛋鸡为例，介绍畜禽饲养管理的技术和流程。

1. 育雏期饲养管理

育雏期的管理目标是获得成活率较高、健康的鸡群，促使鸡骨架的生长、发育均匀一致，体重达标。

育雏鸡舍的准备工作包括雏舍的准备、育雏人员的安排，以及用电线路维修，保温用具、开食盘、料桶、饮水器、料槽等一切饲养过程中所需的用具准备等事项。

- 育雏要求有15～20天的空舍间隔时间。鸡转群（转群是将开产前的青年鸡从育成鸡舍或育成鸡笼转入产蛋鸡舍或产蛋鸡笼的过程）后，7天内及时清理鸡舍内的杂物、鸡粪等。

- 在冲洗鸡舍前，鸡舍内的用电开关、风扇头、电机等要用防水胶纸密封。用高压清洗机冲洗鸡舍时，根据从上而下、从里到外的原则，按瓦面—笼具—地面—外环境（墙体、水沟等）的顺序进行冲洗。

- 鸡舍冲洗完毕后喷雾消毒1次，在进苗前7天喷雾消毒1次，每次喷雾消毒使用不同性质的消毒药。然后安装好一切保温及育雏设施，并进行1次熏蒸消毒，熏蒸1天后才开排气扇（窗）排气。

- 料桶、饮水器、料槽及挡粪板等养鸡用具要搬到鸡舍外水池内，用消毒药浸泡后才冲洗。挡粪板要单独用3%烧碱溶液浸泡；料桶、饮水器、料槽可用消毒药浸泡，用量按说明书用量加倍。

- 贮水桶、水箱、自动饮水管要用干净的自来水进行清洗，清洗完毕后用消毒水浸泡1天，用量按使用说明加倍。

- 鸡舍外环境用烧碱消毒2次，分别为鸡舍清洗完毕消毒1次，进雏前1天消毒1次，烧碱用量为2%～5%。

- 进雏前2天要准备好育雏用药物、疫苗和饲料；育雏人员所用的生活用品也要准备好，进雏前2天不得外出，直至育雏1个月；育雏人员育雏期间应住在育雏区宿舍。

> **劳动前沿**
>
> 绿壳蛋鸡是在自然生态环境下，经长期自然选择和人工选择而形成的一种鸡。绿壳蛋鸡抗病能力强、成活率高、开产早、产蛋多，其体形较小，外貌清秀，毛色以黑色主，成鸡体重为1800～2050克，平均蛋重50克，蛋白浓稠，蛋黄大，营养丰富，口感细嫩。绿壳蛋鸡是家禽养殖业中的新起之秀，加之采取天然绿色饲料喂养、辅以其区分土洋鸡蛋的天然色彩，属绿色食品，产品售价高，市场竞争力强，具有极为广阔的市场前景。

2. 雏鸡饲养管理

雏鸡饲养的管理事项包括进雏、饮水、喂料、光照管理、断喙、雏鸡舍温度控制、环境控制和免疫接种等。

（1）进雏

进雏就是孵化场把雏鸡拉到养鸡场，工人把雏鸡放到鸡舍的过程。进雏时要检查雏鸡质量及数量，剔除弱残鸡。进雏前1天进行育雏预温，温度达到33～35℃。进雏前半天准备好凉开水，用于雏鸡开食饮水。雏鸡到达后，应根据公母做好记录，分开饲养。

（2）饮水

雏鸡第一天饮水用凉开水，可在凉开水中加入葡萄糖（用量3%）。育雏1～7天内，每天换水3次，分别在7:00、14:00、21:00进行。10天后开始由人工加水逐渐过渡为自动饮水，过渡需4～5天，以防止雏鸡脱水。在过渡过程中首先将自动饮水线调到雏鸡能饮到的位置，然后逐渐减少饮水壶的数量，等雏鸡完全适应自动饮水线后再把所有的饮水壶撤离。

使用乳头式自动饮水管后，贮水桶、水箱每星期一、星期四清洗一次，饮水管内每星期一冲洗一次。若是饮药，完毕后要及时清洗，防止饮水管堵塞。

（3）喂料

进雏后雏鸡初饮水2～3小时，有啄食现象即开始投料开食。雏鸡1～2天龄时喂料采用"少给勤添"方法，每天分6次喂料，分别在8:00、11:00、15:00、19:00、23:00、3:00进行。3～15天龄后每天分3次喂料，分别在8:00、15:00、21:00进行。15天龄后每天分两次喂料，分别在8:00、14:30进行。雏鸡在1～6周时采用自由采食饲喂方式。

此外，对挑选出的弱小鸡只适当延长光照时间，加大料量使其能追上其他鸡只。

（4）光照管理

随着雏鸡周龄的增长，鸡舍内所需的光照时间和光照强度不同。绿壳蛋鸡的光照管理如表6-1所示。

表6-1 绿壳蛋鸡的光照管理

周龄	时间/时	光照强度/（瓦·平方米$^{-1}$）
1	24	3.0
2～13	12	2.5
14～20	14	2.5
21	14.5	3.0
22	15	3.0
23	15.5	3.0
24	16	3.0
25～淘汰	恒定16.5	3.0

（5）断喙

雏鸡在第10～13天进行断喙，断喙是为了防止雏鸡浪费饲料和相互啄羽、啄趾。断喙前后3天在饲料中添加多种维生素，特别是维生素K、维生素C需加大用量，并在雏鸡饮用的水中添加抗呼吸道疾病的抗生素。

雏鸡断喙一般上喙切去1/2，下喙切去1/3。断喙时左手掌握住雏鸡身体，右手掌握住雏鸡头部，右手大拇指紧握雏鸡头部，食指顶着雏鸡下颌，使雏鸡头部保持平直，正确地断喙要保证上喙短于下喙，切成斜面为正三角形。

须注意，断喙时要确保刀片温度足够，发红时方可进行；部位要正确，切断的部分不要太大；速度不要过快，以免造成嘴部畸形；断面要烫焦，防止出血。

（6）雏鸡舍温度控制

整个育雏期内，在确保温度的前提下，要随时换气，及时补充新鲜空气。温度要保持恒定，不能忽冷忽热，使雏鸡始终在舒适的环境中生长。通风换气时要将室温提高1～2℃，在25天龄前每次接种疫苗及断喙时要将室温提高1～2℃。要注意温度计悬挂位置，以4层鸡笼为例，放在第二、三层笼中间，远离主要热源2米，每个空间放置3个温度计。

绿壳蛋鸡雏鸡舍温度控制如表6-2所示。另外，雏鸡脱温要逐步进行，防止突然降温而引发感冒和呼吸道疾病；雏鸡脱温后在室外温度低于10℃时，也要进行保温。

表6-2　绿壳蛋鸡雏鸡舍温度控制

日期	温度/℃
0～3天	34～35
4～7天	33～34
第2周	32
第3周	30
第4周	27
第5周	24

（7）环境控制

搞好雏鸡舍内、外环境卫生，每天对工作间、走廊地面进行清扫，并且每2天进行1次地面喷洒消毒，地面消毒用复合酚、烧碱等消毒剂。鸡粪每3天清除1次，以免产生氨气刺激鸡群产生呼吸道疾病。室内每7～8天用过氧乙酸消毒1次（除接种疫苗和天气炎热外）。

雏鸡舍外的杂草、杂物每月清除，保持环境整洁，并按统一时间进行消毒。

（8）免疫接种

进雏后严格按照免疫程序及时接种各种疫苗，在接种时不能错做、漏做，并在接种过程中把一部分弱小鸡只分拣出来单独饲养。要建立育雏阶段数据档案，并定期做好灭鼠、灭蚊工作。在整个育雏期间，育雏人员1个月内不得外出。

雏鸡的加强护理，在雏鸡1～10天龄内最为重要。在此期间应密切注意观察雏鸡的采食、饮水、排便和呼吸是否正常。如发现问题应立即查明原因，及时改进饲养管理方式或采取治疗措施。

育雏期间，公、母鸡应严格分开饲养。绿壳蛋鸡饲养密度如表6-3所示。

表6-3　绿壳蛋鸡饲养密度　　　　　　　　　　　　　单位：只/笼

鸡笼规格	第1周	第3周	第5周
重叠育雏笼	60	40	20
梯形育雏笼	35	22	13

3. 育成期饲养管理

育成期饲养管理的目标是获得均匀度较好、体形良好、体重符合品种标准的健康鸡群，以及使鸡群适时开产。育成期饲养管理工作包括限饲管理、体重控制、分群管理、称重操作和药物使用。

（1）限饲管理

限饲即限制饲喂的时间。育成期（7～18周）要建立育成期饲养档案，严格按照各品种饲养标准实施相关措施。针对不同品种，应根据季节、天气及鸡群条件（如性成熟度、体重）综合选择合适的限饲方式。限饲前要严格区分大、中、小鸡，最好能够细化到特小、特大鸡，分5个等级。鸡群不健康时要放宽或停止限饲。如采用"隔日限饲"，当天的料量要分2次喂给，以免浪费。限饲时每日的喂料量不能超过产蛋高峰料量。18周时过渡为预产料，早熟母鸡可延迟1周转预产料。

（2）体重控制

要注意体重和均匀度的控制，整个育成期，体重只能逐周增加，绝不能减轻。7周龄时，平均体重应达到标准体重的中线附近；12周龄时，平均体重应控制在标准体重的下限，一直持续到15周龄；16～17周龄后逐渐加快增重速度，使20周龄时的平均体重为中偏上水平，开产时达到该品种标准体重上限，为产蛋储备足够的营养。

（3）分群管理

育雏转群后要及时淘汰错鉴别的鸡。在第八周限饲前进行第一次分群，按5%抽样称重的结果，大于全群平均体重的鸡只为大鸡，小于全群平均体重的鸡只为小鸡。对于小于平均体重10%以下的鸡只，多补些料；对于大于平均体重10%的鸡只，稍微减少一些料量。第11周龄时，对鸡群进行第二次分群，确保育成期均匀度一致。第18～19周，将鸡群分为高、中、低冠鸡群，低冠鸡群放到上层，高冠鸡群放到底层。分好高、中、低冠鸡群后，高冠鸡群和低冠鸡群的喂料量分别以中冠鸡群的喂料量为标准增减2～3克。

（4）称重操作

在整个育成期，每周周末对鸡只空腹随机抽样称重，抽称比例为5%，按照分群等级比例抽称。抽称时要求定时、定人、定秤，称重时要认真、准确，并用专用的记录簿或称重表做好体重记录。

（5）药物使用

鸡只用药原则是多用维生素、少用抗生素，多预防用药、少治疗用药。中草药一般使用3～5天为一个疗程，夏秋季每月使用2次，冬春季每月使用1次，最好能够在做油苗时使用。在每次接种疫苗前1天后2天使用维生素拌料或水。

4. 产蛋期饲养管理

产蛋期饲养管理的目标是让鸡群有一个安静良好的生长环境，确保鸡群产蛋量顺利达到高峰，以及有较长的产蛋维持期。

产蛋期要注意环境的变化，做好鸡群的降温、保暖工作；及时加强防疫，严格做好鸡舍内外的环境清洁工作，特别是料槽、饮水系统的清洁，防止鸡群发病。同时，注意匀料，促进鸡群食欲。光照管理方面，开产周（产蛋5%）光照为14小时，以后每周增加1小时，到16小时后恒定，40周以后再增加1小时。

二、农业种植

种植是农业生产的主要组成部分之一，主要是指各种农作物（包括小麦、水稻、玉米、豌豆、绿豆、蚕豆等谷类作物，辣椒、黄瓜、丝瓜等蔬菜作物，人参、灵芝等药用作物等）以及花、草、树木等植物的栽培。虽然可能很多学生见过种植，但是亲手实践过的很少。本次任务通过让学生参与农业种植，主动探究相关知识，掌握一般种植方法，体会种植中劳有所得的乐趣，增强劳动技能，培养正确的劳动态度。

1. 除草

去除生产场地的杂草是种植中的重要环节。所谓杂草，是指对人类活动不利或对生产场地有害的植物，一般是非栽培的野生植物或对人类有碍的植物。杂草这个概念是相对的，如蒲公英，当它生长在花盆里时就不是杂草，但是生长在野外时就变成了杂草。所以我们可以把杂草理解为"长错地方的植物"。杂草会与农作物争夺养料、水分、阳光和空间，传播病虫害，从而降低农作物的产量和品质。所以，一般在农作物播种前或生长过程中都需要进行除草。

微课视频：
如何除草

人工除草前，需准备好镰刀、锄头、铁铲等除草工具（也可手动拔除），以及手套、水杯、简单的包扎消毒用品等。学生集体劳动，列队出行时，要拿好锄头，不得嬉戏打闹；队伍左边的人用左手拿，队伍右边的人用右手拿；锄头的刀刃向外，柄在上，刀在下，刀头高度在膝盖上下；前后左右的学生间隔一定距离。拿其他除草工具的方法类似。

学生到达田地后，先摆放好工具，辨认田间的主要杂草并确定除草的位置后，在教师的示范和指导下开始除草。

除草或其他种植环节中要正确使用锄头、镰刀、铁铲等工具，提高劳动效率。

● **锄头的使用。**对于长把的锄头，双手一只手在前、一只手在后，前一只手握住把柄距离刀头约2/3处，后一只手距离把柄的尾部约20厘米，两只手之间一般距离40～50厘米。锄地时，先把锄头抬高，一般要高过自己的头顶，然后把高举的锄头用力向着自己要锄的位置挖下去。如果是刨除地面的东西，锄头则稍微抬高，用巧劲即可。还有短把的锄头，用来蹲下锄地，一只手便可操作。

- **镰刀的使用**。用镰刀时，用右手攥住刀把，左手抓住要割的东西。这时，刀刃要对准要割的东西，且最好压低位置尽量挨近地面。操作时不要用太大力，正好把要割的东西割掉就可以，防止用力过猛误伤自己。

- **铁锹的使用**。使用长柄的铁锹时，用手握着铁锹的木柄处，将铁锹的铁铲插入土中，然后用脚踩着铁铲的上方，配合手部用力将铁锹往下压，借力将土铲出来。如果只是铲除地面上的东西，直接双手一前一后握住木柄，铁铲贴住地面往前快速一铲就可以了。还有短柄的铁锹，一只手便可操作。铁锹又分平头铁锹和方头铁锹，若是铲除地面上的东西，使用平头铁锹更方便，若是插入土里面铲除东西，使用方头铁锹更方便。

使用锄头除草　　　　　　使用镰刀割草　　　　　使用短柄的小铁锹铲土除草

学生在除草过程中，要注意安全使用工具，且不要对其他动物或植物造成影响。

劳动前沿

　　除草的方法有很多，除了人工除草，还可以利用生物、物理、机械和化学的方法除草，利用专门的除草剂除草是当前最为普遍的方式之一。这种方式高效、快速且经济，适用于大规模的种植。除草剂需用清水进行稀释，兑制成比例适宜的药液，然后喷洒在杂草上面即可。

2. 播种

常用的播种方法有撒播、点播和条播。

- **撒播**。撒播就是把农作物的种子均匀地撒在田地里，必要时覆盖薄土。撒播操作简单，适合大部分农作物。撒播时要提前准备好苗床，根据农作物的生长习性整理好地块，一般都要确保土壤透气、肥沃。当种子过于细小时，容易撒得过密，撒播前可先在种子中拌入适量细沙土，这样撒种更均匀。

- **点播**。点播又叫穴播，就是在处理好的地块中按照一定距离开穴进行播种。点播的优点是能保证株距和播种密度合适，这样能节省种子，也方便间苗、中耕（中耕指对土壤进行浅层翻倒，疏松表层土壤），适合用于玉米、棉花、向日葵等种子的播种。不过用此方法对种子质量要求高，种子质量好才可保证发芽率高。

- **条播**。条播就是在整理好的地块中开大小适宜的条沟，根据植物的习性控制好株行距，然后将备好的种子撒在条沟内，覆盖土壤即可。条播能保证通风，透光性更好，也方便除草和管理。

学生在进行种植实践活动时，一般采用点播的方式播种。在插菜秧时，方法类似：先把土翻松，然后刨一个小坑，左手拿住菜秧的茎，把菜秧的根轻放在小坑里，然后盖上土压好。播种后一般要立即浇适量的水，水要浇在根部。当然，在种植实践中，我们播种前可查看购买的种子包装袋上的说明，弄清该种子的播种方法、播种时间、播种注意事项等。

3. 施肥

众所周知，农作物生长需要肥料，不给它补充营养，它就长不好。好比如果人营养不良，就无法健康成长。所以，栽种的农作物成活后须定期给它施肥。

（1）肥料三要素

肥料三要素是氮（N）、磷（P）、钾（K），它们对农作物的生长起到不同的作用。

- **氮（N）**。氮促进枝叶繁茂、叶色浓绿，但施用过多会使农作物枝叶"疯长"却不开花。
- **磷（P）**。磷促进幼苗生长发育和开花结果。
- **钾（K）**。钾使茎秆坚实，增强抗病害、虫害的能力，并促进果实和地下块根、块茎膨大。

（2）制作有机肥

在用盆子栽种蔬菜、花卉这类实践活动中，我们可以自己动手制作有机肥。先准备好小铁锹、有盖子的小塑料桶、豆渣、有盖子的大瓶子或罐子，然后按照下面的步骤操作。

首先，取树下枯枝落叶底下的腐殖土或菜园土，除去杂质，曝晒消毒后制成培养土。

其次，将豆渣和培养土按1∶2的比例用小铁锹拌匀，铲入塑料桶中盖严存放。经过充分发酵腐熟后（约1个月左右），可作为播种或移栽时放入盆底的基肥。

最后，将淘米水、刷洗牛奶盒或豆浆机的水装入大瓶或罐中，盖紧盖子。到发酵腐熟后，酌情掺水，供追肥使用。

（3）施肥的方法

给蔬菜、花卉等施肥的原则讲究薄肥勤施，施肥的方法包括穴施法和浇灌法。

- **穴施法**。用小铁锹在靠近盆边处挖3个深2～3厘米的小穴，在小穴内放入肥料，覆土，浇一小罐清水。
- **浇灌法**。浇灌法需先稀释肥料，如将尿素颗粒按0.5%浓度配成稀溶液，或取一小撮一颗花生米大小的尿素放入2.5升左右的可乐瓶中溶解。然后取一小罐尿素溶液直接浇入盆土中，注意不要沾到植物枝叶上，如沾上则洒一点清水洗去。

素质养成

种植是一个很长的过程，不是一堂课、一次劳动所能完成的，必须把从播种到中耕管理的工作都做好，才能获得丰收。学生学到了种植的方法，须进行实地练习，提高种植能力。当学有所成后，学生可在家中帮父母种植蔬菜、花卉等。

⭐ **学与思**

你认识哪些常用的农具，你能说出这些农具各有什么作用吗？能使用没喝完的牛奶或豆浆直接浇花吗？为什么自制有机肥时都要盖紧盖子？

任务二 传统工艺制作

传统工艺是历史和文化的载体，是具有鲜明民族风格和地方特色的工艺品种和技艺。中国是具有5000多年历史的文明古国，传统工艺可谓门类繁多，并且个个光彩夺目，每一个都是中华文化的瑰宝。学生进行传统工艺制作实践，是对传统工艺的传承和保护。

本任务的实践内容主要是扎染、蜡染和茶艺。

一、扎染

扎染又称绞缬，是我国传统的手工染色技术之一。扎染在染色前将织物或折叠捆扎或缝绞包绑，然后浸入色浆，在染色过程中由于织物受到轻重、松紧不同的压力，色浆浸渗于织物纹理中的程度不同，因此可产生深浅虚实各不相同的色晕。

微课视频：扎染

进行扎染实践需要准备相关材料和工具。材料包括真丝、棉布、棉线、麻绳、直接染料、酸性染料、活性染料、促染剂、固色剂等。用于扎染的织物一般用薄而精细的面料，这样染出的成品手感柔软，光泽度也好。工具包括缝衣针、剪刀、线、电炉（加热器）、量杯、天平、搪瓷锅、碗、木夹、搅拌棍、水桶、胶手套等。

1. 制作固色剂

扎染首先要制作固色剂，固色剂能使染料更耐久。制作固色剂的方法如下。

● **用苏打粉和温水调制固色剂。** 使用工艺品商店出售的化学染料或商业染料，一般需要使用由苏打粉和温水制成的固色剂。按250克苏打粉与4升温水的比例混匀即可。处理苏打粉时，应佩戴防尘口罩和塑料手套，以免刺激肺部和皮肤。

用苏打粉和温水调制固色剂

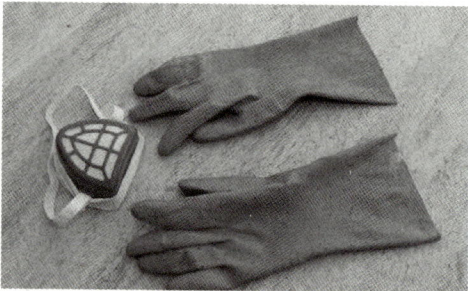

防尘口罩和塑料手套

● **用盐和冷水调制固色剂。** 使用由浆果制成的天然染料，一般需要使用由盐和冷水制成的固色剂。按125克盐和2升冷水的比例混合，搅拌至盐溶解即可。

● **用醋和冷水调制固色剂**。使用由浆果以外的植物制成的天然染料，一般需要使用由醋和冷水制成的固色剂。按250毫升蒸馏白醋和1升冷水的比例混匀即可。

用盐和冷水调制固色剂

用醋和冷水调制固色剂

制作好固色剂后，把扎好的布料泡在固色剂里，直到固色剂彻底渗入布料。如果使用由苏打粉和温水制作的固色剂，将布料浸泡5～15分钟；如果使用由盐或醋和冷水制成的固色剂，将固色剂慢慢煮沸，将布料泡在用小火熬煮的固色剂里1小时。

接下来，取出泡在固色剂里的布料，把它拧干（潮湿但不滴水）。如果使用的是由盐或醋和冷水制成的固色剂，应先把布料冲洗干净，然后拧掉多余的水分。

浸泡布料

布料泡在小火熬煮的固色剂里

拧干水分

2. 调配染料

调配化学染料和天然染料的方法有所不同，要调配出颜色鲜艳的染料需遵循一定的步骤。

调配化学染料时，须根据染料包装上的指示操作。处理染料时，应戴上塑料或橡胶手套，以免双手染上颜色。一些常见的品牌的化学染料可按照以下操作进行调配。

（1）用桶或壶装好热水，水温一般为60℃。水温越高，有些染料的颜色就越鲜艳；而有些染料，水温太高反而会褪色。具体的水温控制，应遵循染料包装上的指示进行。

（2）将染料倒入盆中，再倒入热水，拌匀至染料彻底散开。每8～12升的水需加入1包粉状染料或125毫升液态染料。染料越多，颜色越鲜艳。

将染料倒入盆中

倒入热水

调配天然染料时，必须将所用材料煮沸。只要是调配植物制成的天然染料，都需要遵守相同的基本步骤。

（1）把植物切成小块。

（2）把水和植物倒入大汤锅里，比例为2∶1，用大火煮至沸腾。

（3）转小火，慢慢熬煮1小时。

（4）滤去所有植物，只留下液体染料。

把植物切成小块

水和染料混合煮至沸腾

小火熬煮

过滤植物

调配浆果制成的天然染料时，首先加水把浆果煮沸约15分钟，或直到水变色，然后用滤网滤掉浆果。

加水将浆果煮沸

过滤浆果

3. 染布

染布须将布料浸泡在染料中。每种染料的特质不同，布料浸泡时间视染料类型而定。用化学染料染布一般需要浸泡4～10分钟，具体时间应遵循染料包装上的指示；用天然染料染布，则需要把布料浸在染料里慢慢煮沸约1小时。想要染出更强烈、鲜艳的颜色，则需要浸泡更长时间。染布的具体操作如下。

（1）浸泡。如果要染出多种颜色，先将布料浸在颜色最浅的染料里，然后由浅到深逐步浸泡布料，直到染完所有颜色。每染好一种颜色，都需要用冷水冲洗布料。

（2）冷水冲洗。从染料中取出捆绑在一起的布料，用冷水把它冲洗干净，直到从布料上流下来的水是清澈的。

用化学染料染布

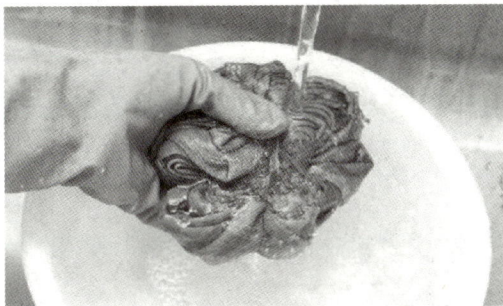
冷水冲洗

（3）拆除细绳或橡皮筋。用剪刀小心地剪掉捆着布料的细绳或橡皮筋。把布料摊开，露出染好的图案。要小心地剪，以免损坏布料。也可以选择不用剪刀，用手解开细绳或松开橡皮筋。

（4）清洗布料。用温水及不含染料的温和洗衣液清洗布料，然后用冷水冲洗干净。可以选择机洗或手洗，应按所用布料的清洗要求，选择合适的机洗程序。

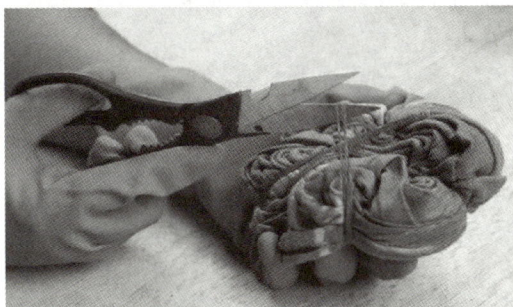
拆除细绳

清洗布料

（5）拧干水分。把洗好的布料放在干净的旧毛巾上（布料不要超出毛巾范围），小心地把它卷起来，拧干多余的水分。

（6）烘干或晾干布料。烘干或晾干布料，应按布料材质选择最合适的方法。

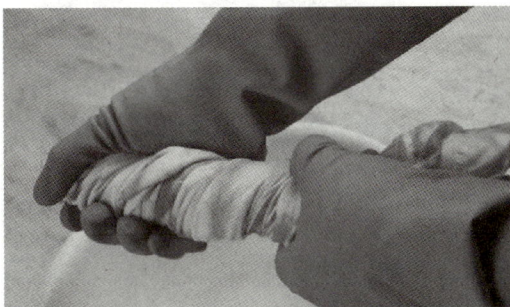
拧干水分

晾干布料

4. 制作基本的螺旋状图案

螺旋状图案是传统的扎染图案，参照表6-4所示的方法和步骤，就能在布料上染出螺旋状图案。

表6-4　制作螺旋状图案的方法和步骤

步骤	操作	图示
步骤一	把布料摊开铺在平坦表面上	
步骤二	用拇指和食指捏着布料中心	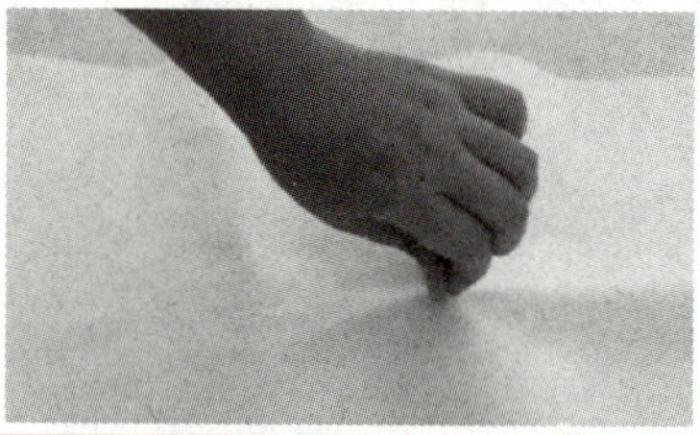
步骤三	一只手捏着布料中心，另一只手握着其余部分绕着中心旋转，使布料开始形成螺旋形。每绕一圈后，尽量把布料压平，以防皱褶凸起	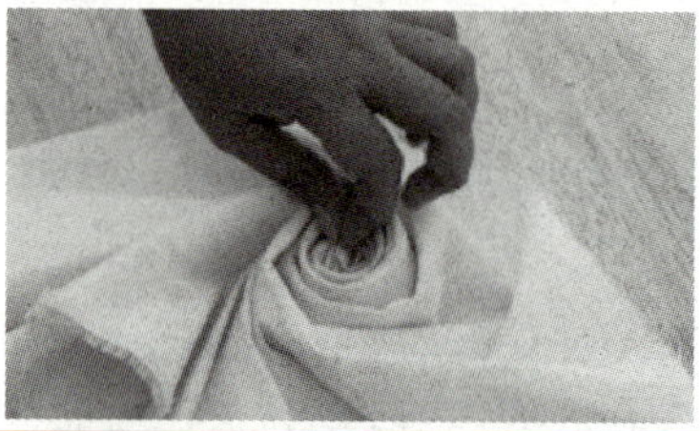
步骤四	另一只手将未扎紧的布料一端绕圈	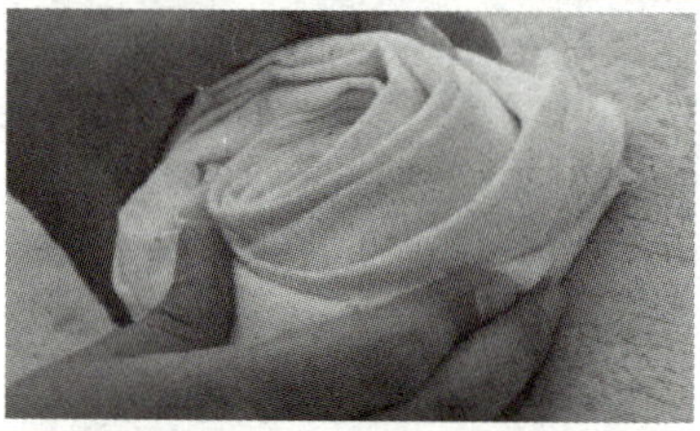
步骤五	用大橡皮筋把布料绑起来，让它们在捆好的布料中心相交。如有必要，可以多用几根橡皮筋，以保持布料的螺旋状	
步骤六	把绑好的布料进行染布操作，得到螺旋状图案	

劳动前沿

　　扎染以蓝、白二色为主调，蓝、白二色的对比能营造出古朴的意蕴，且二者的结合往往给人以青花瓷般的淡雅之感。扎染的图案神奇多变，色泽鲜艳明快，有令人惊叹的艺术魅力，体现了艺术与技术结合的形式美，更折射出传统文化的光辉灿烂。扎染在中国约有1500年的历史，西南地区至今仍传承、弘扬着这一古老的技艺。扎染普遍应用于壁挂、家居用品及服饰等领域，深受人们的欢迎和喜爱。

二、蜡染

　　蜡染古称"蜡缬"，起源于秦，盛行于隋唐，其与扎染、夹染（夹缬）并称我国三大传统印染工艺，目前主要流行于贵州地区。蜡染将蜡画与染色结合，用蜡刀蘸熔蜡绘花于布后以蓝靛色浸染，布面就呈现出蓝底白花或白底蓝花的图案。同时，浸染中蜡自然龟裂，使布面呈现特殊的"冰裂纹"，形成极具魅力的染色效果。蜡染图案丰富、色调素雅、风格独特，用于制作服饰和各种生活用品，显得朴实大方、清新悦目。

微课视频：
蜡染

　　蜡染制作工艺有两个关键的环节，分别是上蜡和脱蜡。

1. 上蜡

　　上蜡的基本原理是涂蜡到需要有白色图案的地方，再去染色，没有涂蜡的地方就会染成蓝色，有蜡的地方就是白色的，行话叫"留白"。无论哪种蜡，在高温下都会熔化，所以蜡染只能在低温下进行，否则蜡一旦熔化就不能留白了。

　　上蜡所使用的蜡主要是蜂蜡，也可掺和白蜡使用。上蜡时需准备一大一小两把铜蜡刀。表6-5所示为上蜡过程。

表6-5　上蜡过程

项目	操作	图示
熔蜡	先将容器置于热源之上加热，并放入蜡块进行熔化	
蘸蜡	用铜蜡刀垂直伸入容器中蘸蜡，蜡液蓄于斧型的铜片间，借铜传热保温。蘸蜡后轻敲容器边缘抖掉多余蜡液，并将蜡刀水平移动到布面上防止误滴	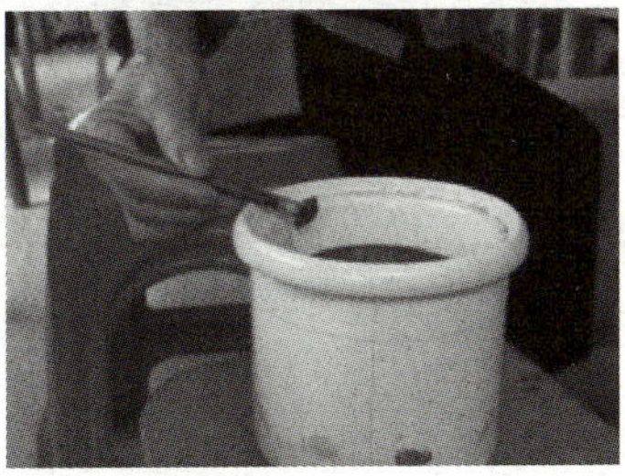

续表

项目	操作	图示
画轮廓和细部	用大蜡刀画轮廓，线条较粗；用小蜡刀画出细线图案	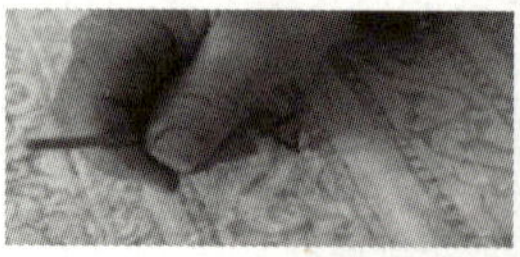 
染色	等待蜡图干燥后，将上好蜡的布用染料浸泡。白布一染上颜色，上蜡的地方立马显白，纹样慢慢露出	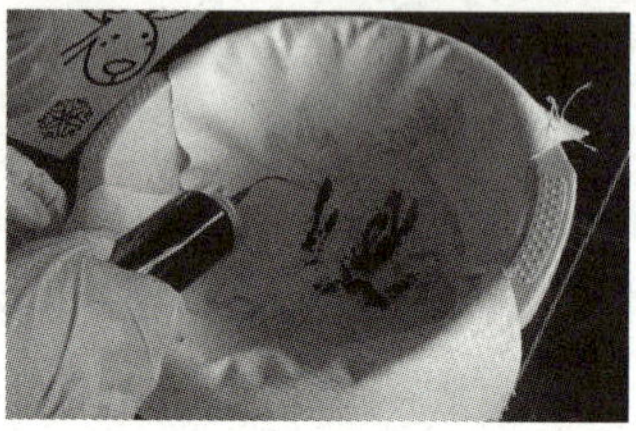

上蜡的关键在于掌握蜡液的最佳温度。当蜡液浸透布料纤维以后，染布的效果才会更好。刚熔化蜡时要注意盖住容器口，防止蜡液飞溅伤到人。

2. 脱蜡

脱蜡的常用方法是"沸水除蜡法"，即用清水煮沸除去蜡质，经过漂洗后，布上就会显出蓝、白分明的花纹。洗净晾晒之后，蜡染便完成了。表6-6所示为脱蜡过程。

表6-6　脱蜡过程

项目	操作	图示
泡冷水	此时蜡的表面沾有染液，布料上也有浮色，因此脱蜡前先用冷水漂洗	
煮沸	将布料投入沸水中煮，蜡质熔化脱去，用勺舀出浮在水面的蜡液，将其倒入其他容器中	
提涮	用筷子挑起布料在沸水中提涮几次，涮尽残蜡	

煮去蜡质后要直接放入冷水里面清洗，否则会有很多小颗粒的蜡不容易洗掉。

三、茶艺

中国是茶的发源地，被誉为"茶的故乡"。茶叶在我国流传千年，成为生活中不可缺少的产品之一，我国也形成了独特的茶文化。茶艺是茶文化的一部分，它把"茶"和"艺"有机结合，把有关茶的内容艺术化，赋予茶更强的灵性和美感。茶艺多姿多彩，充满生活情趣，对于丰富生活、提高生活品位，是一种积极的方式。

1. 认识茶叶

根据初制工艺的不同，茶可分为六大类：绿茶、红茶、乌龙茶、白茶、黄茶和黑茶。

- 绿茶。绿茶又称不发酵茶，其干茶色泽和冲泡后的茶汤、叶底都以绿色为主调，因此得名。绿茶是在中国饮用最为广泛的一种茶，清汤绿叶是绿茶的共同特点。

绿茶开汤

绿茶干茶

- 红茶。红茶在加工过程中发生了以茶多酚氧化为中心的化学反应，鲜叶中的化学成分变化较大，茶多酚减少90%以上，产生了茶黄素、茶红素等新成分，香气物质比鲜叶明显增加，所以红茶具有茶红、汤红、叶红和香甜味醇的特征。

红茶外形与汤色

- **乌龙茶**。乌龙茶亦称青茶、半发酵茶，是中国六大茶类中独具特色的品类。乌龙茶经过杀青、萎凋、摇青、半发酵、烘焙等工序制成。

乌龙茶的汤色、外形与叶底

- **白茶**。白茶成品茶的外观呈白色，因此得名。白茶为福建特产，主要产区在福鼎、政和、松溪、建阳等地。制作白茶需经过萎凋、烘焙（或阴干）、拣剔、复火等工序。

- **黄茶**。黄茶按鲜叶老嫩分为黄小芽和黄大茶。制作黄茶的杀青、揉捻、干燥等工序均与绿茶相似，其最重要的工序是闷黄，这是形成黄茶特点的关键。黄茶的品质特点是"黄叶黄汤"。湖南岳阳为中国黄茶之乡。

白茶的外形与汤色

黄茶汤色

- **黑茶**。黑茶是利用细菌发酵制成的一种茶。由于黑茶的原料比较粗老，制造过程中往往要堆积发酵较长时间，所以其叶片大多呈现暗褐色，因此被人们称为"黑茶"。

黑茶的外形、汤色和叶底

2. 采茶

制茶以鲜叶为原料，通过初制加工（鲜叶加工）制成毛茶，再把毛茶加工（精制）成成品茶（或称精茶或商品茶），才能形成人们饮用的茶叶。在制茶中，鲜叶是基本原料，它的质量好坏直接关系到茶叶品质的优劣。茶叶采摘是否合理，不仅关系到鲜叶质量、产量和经济效益，还关系到茶树的生长发育和经济寿命。

茶叶采摘的方法主要有两种，即手工采茶和机械采茶。手工采茶的常用方法是提手采，提手采分为单手采和双手采。

● **单手采**。掌心向下或向上，用拇指、食指配合中指，夹住新梢要采的部位向上用力采下，投入茶篮中。

● **双手采**。两手掌靠近采面，运用单手采的手法，两手相互配合、交替进行，把符合标准的芽叶采下。双手采效率高，每天每工少的可采15～20千克，多的可采35～40千克。

提手采

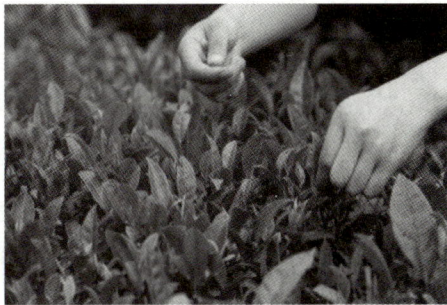

双手采

3. 鲜叶验收分级

鲜叶（也称茶青、茶料、青叶、生叶）是从茶树上及时采摘下来的嫩芽叶（又叫新梢），作为制作各种茶叶的原料。鲜叶的品质由嫩度、匀净度、新鲜度3方面决定，鲜叶的验收分级主要根据这3方面的质量来进行。

● **嫩度**。嫩度指芽叶伸育的成熟程度。根据茶树新陈代谢的特征和营养器官形成及生长发育的过程，芽叶从营养芽伸育起来，并逐渐增大，伸展叶片；随着芽叶的成长，叶片逐渐增加，芽逐渐变小，最后完成一个生长期形成驻芽。这时叶片自展开到成熟，叶面积逐渐增大，叶肉组织相应增厚，叶片逐渐老化。所以芽比叶嫩，一芽一叶比一芽二叶嫩……正常叶比夹叶嫩，初展的叶片比开展的叶片嫩。高档绿茶的嫩度要求一芽一叶和一芽二叶初展。

一芽一叶

● **匀净度**。匀净度是指同一批鲜叶质量的一致性，即鲜叶老嫩是否一致、大小是否匀齐，它是反映鲜叶质量的重要标志。对于制茶，无论哪种茶都要求鲜叶匀净度高，如匀净度不高，就无法保证制出品质优良的茶叶，尤其是特种名茶，匀净度要求非常高。如果同一批

一芽二叶

鲜叶遇到下述几种情况，均说明匀净度低：老嫩混杂，品种混杂，雨水叶和非雨水叶混杂，

新鲜芽叶与劣变叶混杂，夹带有茶果、隔年老叶、泥土及其他杂物。

● **新鲜度**。新鲜度是指鲜叶保持原有理化性质的程度。在生产上，鲜叶进厂时为了保持新鲜，提高茶叶品质，一方面强调现采现制，另一方面努力做好鲜叶贮放工作，避免在鲜叶在堆放过程中出现劣变现象，并尽力缩短摊放时间（最长不超过16小时）。判断鲜叶是否新鲜，一看鲜叶是否有红变叶、红梗等；二嗅气味，新鲜的鲜叶具有清香，如有浓浊气味，说明新鲜度不高；三试叶温，刚采摘的鲜叶及时运送进厂，一般叶温不高，如不及时送厂，在茶篮里存放时间过长，叶温就会升高，鲜叶就会劣变。

4. 手工绿茶制作

绿茶是由采摘来的鲜叶先经高温杀青，去除各种氧化酶，保持茶叶绿色，然后经揉捻、干燥制成的。

（1）杀青

杀青的目的是利用高温削弱酶的活性，保持茶叶的色泽和风味。杀青适度的特征是手握叶质柔软略带黏性，紧握成团，稍有弹性，嫩茎折而不断，老叶熟而不焦，表面失去光泽，略有清香，鲜叶失重30%～40%，达到熟、透、匀的要求。杀青后要马上摊凉，最好用风扇吹，使水分迅速散发，降低叶温，防止叶色变黄和产生水闷味。

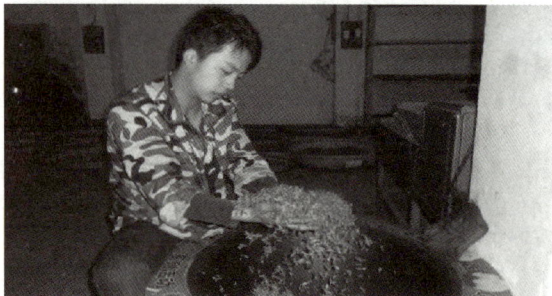 

手工杀青

（2）揉捻

揉捻是塑造绿茶外形的一道工序，即茶利用外力，将叶片揉破变轻，卷转成条，体积缩小，便于冲泡。同时部分茶汁附着在茶叶表面，对提高茶叶的滋味浓度也有重要作用。制绿茶的揉捻工序有冷揉与热揉之分。冷揉是杀青后经过摊凉再揉捻，热揉则是杀青后不经摊凉而趁热进行揉捻。嫩叶宜冷揉，以保持黄绿明亮之汤色与嫩绿的叶底；老叶宜热揉，以利于条索紧结，减少碎末。

手工热揉　　　　　　　　　　　　　手工冷揉

（3）干燥

干燥的目的是去除水分，并整理外形，使茶叶充分产生茶香。干燥有烘干、炒干和晒干3种方式。绿茶一般先经过烘干，然后再进行炒干。因为揉捻后的茶叶含水量仍很高，如果直接炒干，会在炒干机的锅内很快结成团块，易粘连锅壁。

手工干燥

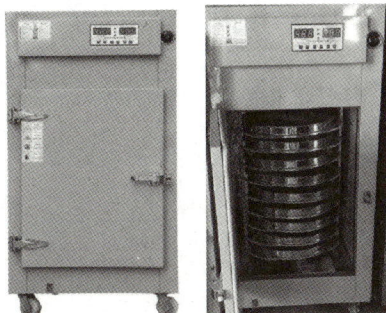

旋转式烘干机

5. 都匀毛尖加工

都匀毛尖是中国十大名茶之一，又名白毛尖、细毛尖、鱼钩茶、雀舌茶，也是贵州三大名茶之一。都匀毛尖外形条索紧结、纤细卷曲，披毫，色绿翠；泡水后香清高，味鲜浓，叶底嫩绿匀整明亮。

都匀毛尖在采摘鲜叶后，要经摊放、杀青、揉捻、做形和干燥等工序。

（1）摊放

都匀毛尖的鲜叶摊放以室内自然摊放为主，必要时可用鲜叶脱水机脱除表面水分后再摊放，也可利用鼓风机吹风的方式缩短摊放时间。摊放场所要求清洁卫生、阴凉、空气流通、不受阳光直射。摊放厚度视天气、鲜叶老嫩而定：春季高档叶每平方米摊放1千克左右，摊叶厚度为20～30毫米；中档叶的摊叶厚度为40～60毫米；低档叶的摊叶厚度为不超过100毫米。摊放时间视天气和原料而定，一

鲜叶摊放

般为6～12小时，晴天、干燥天气摊放时间可短些，阴雨天摊放时间应长些。此外，高档叶摊放时间应长些，低档叶摊放时间应短些，遵循"嫩叶长摊，中档叶短摊，低档叶少摊"的原则。摊放过程中，中、低档叶轻翻1～2次，保证水分散发均匀和摊放程度一致。高档叶尽量少翻，以免受到损伤。摊放程度以叶面开始萎缩、叶质由硬变软、叶色由鲜绿转暗绿、青气消失、清香显露、含水率降至68%～72%为宜。

（2）杀青

都匀毛尖杀青操作的原则是高温杀青、先高后低，抛闷结合、多抛少闷，嫩叶老杀、老叶嫩杀。首先，取鲜叶250～500克投入倾斜的炒茶锅内，锅温要先高后低，一般锅温为180～230℃，

手背置于平锅口感到灼手即可。炒青时要炒得快、翻得均匀、抖得散、捞得净，做到高温快炒、多抖少闷。炒2分钟左右，水分已大量散发时，应降低锅温，再炒1分钟左右。待茶叶保持原有的鲜绿色泽，叶色带暗绿，叶片叶梗柔软、具有黏手感，青草气消失、清香产生，即为杀青适度。

手工杀青

（3）揉捻

都匀毛尖揉捻操作的技术要点是：嫩叶冷揉、老叶热揉，投叶量、揉捻时间和加压均要适当。每次取杀青叶500克左右，以两手紧抱成团，先团揉（即将茶叶往一个方向团转），但用力不应太大，揉2~3分钟，茶叶便初步成条索状。然后抖散茶团散热，再将茶叶收拢成团状改为推滚揉（或称单把推揉），即以左手扶住茶团，右手向前推滚，接着以右手扶住茶团，左手向前推滚，左右手交替。至揉捻适度时，即抖散团块，薄摊待干燥。

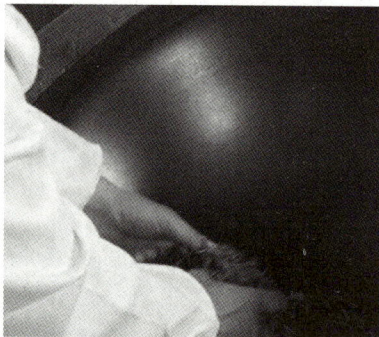

手工热揉

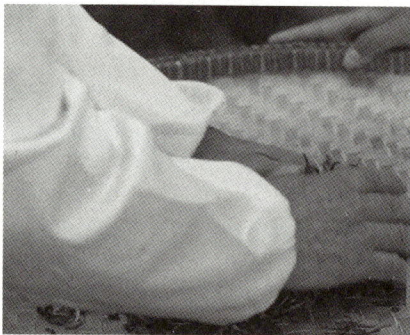

手工冷揉

（4）做形

做形是都匀毛尖加工不可缺少的关键工序，因为都匀毛尖独特、优美和雅致的外形，都是通过精细、复杂的做形工序形成的。

都匀毛尖的做形，有些是独立的一个工序，有些则贯穿于杀青、揉捻和干燥等各个工序中，因为这时伴随着水分散失、芽叶物理性状变化，须采用相应的做形手法。在大宗绿茶的加工中，茶条形状是在揉捻和干燥过

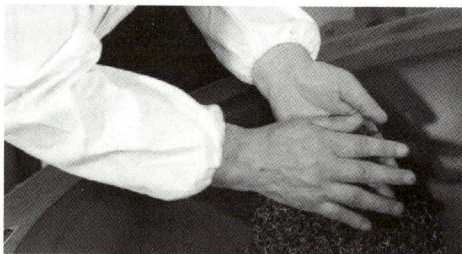

做形

程中逐步形成的。一般来说，加工叶含水率在30%~55%时，对做形最有利，此时的芽叶柔软性、可塑性较好，较易成形；而含水率在20%以下时，芽叶已发硬，做形较为困难，此时伴随着水分的散发，茶叶形状被逐步固定。

（5）干燥

都匀毛尖的手工干燥操作使用锅炒干燥方式，投叶量为1~1.5千克（2~3锅杀青叶合并一锅

炒），下锅温度为100～120℃，炒时茶叶会发出轻微的爆声，炒5分钟左右，温度逐步降低，直到茶叶不太烫手时为适度。温度太高易产生爆点，温度太低易闷黄，叶底也暗。手工干燥的方法是手心向下，手掌贴着茶叶沿着锅壁向上推起翻炒，轻抖轻炒，用力不可太大，否则易压成扁条，并注意边炒边抖散团块。随着水分逐步散失，茶条开始由软变硬，用力也逐步加大，以炒紧茶条。炒至6～8成干时，即可出锅摊凉，以便辉锅干燥。

辉锅时以合并2～3锅二青叶为一锅为好，锅温以80～90℃为宜，茶叶下锅后无炸响声。当茶条颜色开始转为灰绿时，锅温降低至70℃左右，这时炒的速度应加快，用力宜轻，每分钟抖炒翻动40～50次。当炒到茶香外溢时，手碾成粉末状，色泽灰绿而起霜，即为辉锅完毕。辉锅时间一般为30～45分钟。

干燥

☆ 学与思

在扎染中，不同植物可调配出不同颜色的染料，如洋葱皮和胡萝卜根可调配出橙色染料，红莓、樱桃和草莓可调配出粉红色染料。你知道哪些植物可用来调配染料？这些植物分别可调配出何种颜色的染料？

任务三 工业生产劳动

"工匠精神"是工业生产活动中人们对劳动者的一致期望，"安全生产"是工业生产的最低要求，也是工业生产的前提和保障。职业院校作为半社会化的生活场所，其学生理应学习工业生产活动中的安全注意事项和工匠精神，为踏入社会工作养成良好的行为习惯。

本任务的实践内容主要是汽车清洗和两地控制一灯电路接线。

一、汽车清洗

汽车是人们出行的代步工具，为了普及汽车清洗知识，减少清洗过程中对汽车造成的损坏，应在校园内开展汽车清洗劳动项目，让每位非汽车专业的学生树立按照洗车标准洗车和按照清洗流程洗车的意识。

1. 汽车清洗原则

清洗汽车应遵循自上而下、先首后尾、顺时针清洗的原则。这样一方面可使污物由上往下流，另一方面可减少遗漏。同时，操作时最好二人一组配合进行，以保证工作速度和质量。

2. 汽车清洗标准

汽车清洗须严格按照接车检查—冲车—擦洗—冲洗—擦车—自检的流程进行，并遵守以下标准。

- 工作人员着装须保持干净整洁，严禁携带手表、钥匙等硬物，以免划伤车体。
- 洗车场地须保持清洁，工具和设备须摆放有序。
- 洗车用品、毛巾等辅助物品须一车一洗，保证无沙子等异物。
- 冲洗时检查车身是否有损伤或冲洗不掉的污迹，并及时与送车人员沟通。
- 冲洗时，高压水枪应与车体成30°～45°角，时刻注意后视镜、车辆装饰件等部位的安全。
- 发动机舱、进气格栅、轮胎、轮毂、挡泥板、底边、前后保险杠、后备箱等重点部位要清洗干净。
- 避免用高压水枪直接冲洗轮胎、门缝及密封条。
- 保证汽车外部无尘、无手印、无水渍，内部座椅、脚踏处无灰尘、不脏乱。
- 保证门窗边条内外清洁无尘，全车玻璃无水印、水痕。

3. 汽车清洗工具

要将汽车彻底清洗干净，须具备专门的清洗工具，主要的清洗工具如表6-7所示。

表6-7　汽车清洗工具

名称	功能	图片
空气压缩机	汽车清洗中大部分设备是利用压缩空气来推动的，如轮胎充气、泡沫机喷出泡沫、抛光打蜡机的抛光打蜡、打磨机的研磨等都要使用空气压缩机	
泡沫机	泡沫机也叫汽车泡沫机，采用气压把洗洁液压缩成泡沫喷出以清洗汽车，避免了微细砂粒损伤汽车漆面	

名称	功能	图片
高压清洗机	高压清洗机是通过动力装置产生高压水来冲洗汽车表面的机器。它能将污垢剥离、冲走，是个人及小型汽车养护单位清洗汽车最为理想的工具之一	
抛光打蜡机	抛光打蜡机用于抛光打蜡。抛光能消除漆面细微划痕，处理汽车漆面轻微损伤及各种斑迹；为车身打蜡能起到防水作用，减少漆面水印暗斑、锈蚀和破坏	
车载吸尘器	顾名思义，车载吸尘器就是放在车上使用的吸尘器，是一种便携的吸尘器。使用吸尘器时，并非用喷嘴猛吸，而要先将污垢吹散再吸	
气吹枪	气吹枪主要用于吹水，即擦完车后将遗留在边角缝中的水吹出来，也可用于吹出车内的灰尘	
脱水机	脱水机用于靠离心作用把地板垫、毛巾、海绵等物品上面的水分及污物甩干净	

汽车清洗还需要很多小型的清洁工具和物品，主要包括毛巾、海绵、水桶、清洁剂、泡沫洗车液、车室干洗除臭剂、洗车手套等。

4. 汽车清洗流程

汽车清洗的主要流程可以分成以下几个步骤：全车冲洗，深度清洁轮毂、轮胎，清洁车身缝隙，全车第二次冲洗，车内吸尘，擦拭漆面、内饰及玻璃，吹水。

- **全车冲洗。** 首先将整车全面冲洗一遍，由于是第一次冲洗，粗略清洗即可。
- **深度清洁轮毂、轮胎。** 使用专用的轮毂清洁剂并搭配水枪或刷子清洁轮毂，清洁时要细心，将水枪或刷子尽量往里伸。

微课视频：
清洗汽车

全车冲洗

清洁轮毂、轮胎

● **清洁车身缝隙**。使用洗车剂搭配软毛刷（牙刷最佳）正对整车覆盖件间的缝隙进行刷洗，包括大灯与车身缝隙，以及Logo、贴标与车漆缝隙等。

● **全车第二次冲洗**。在上述项目完成之后便可以进行第二次全车冲洗。

清洁车身缝隙

全车第二次冲洗

● **车内吸尘**。使用吸尘器将车内各区域，包括各个清洁死角处清洁干净。

● **擦拭漆面、内饰及玻璃**。用毛巾擦拭漆面、内饰和玻璃，缝隙用软毛刷清洁。

车内吸尘

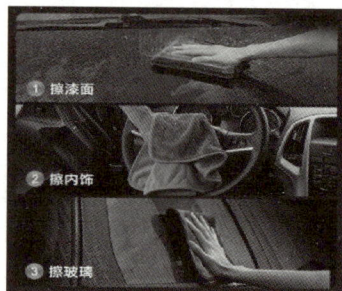

① 擦漆面
② 擦内饰
③ 擦玻璃

擦拭漆面、内饰及玻璃

● **吹水**。使用气吹枪吹出车身覆盖件缝隙中的水分，包括Logo、贴标与车漆的缝隙等。

吹水

案例阅读

宾利显示屏划损，公司赔偿8万元

2013年1月，兰女士在A汽车美容公司简称"A公司"办理了一张储值会员卡，用于车辆清洗等消费。2016年8月，兰女士购买了一辆宾利轿车。2020年1月，兰女士将宾利轿车送至A公司清洗，取车时发现车内显示屏被划损，其与A公司沟通未果后诉至法院，要求A公司赔偿其车辆损失13万元。经相关机构检测，更换车辆车内划损显示屏的费用总额为13万元。

根据涉案事情发生经过、双方交涉进展材料及现有证据，法院认定涉案车辆的损害结果应由A公司承担责任。综合考量车辆的使用年限和折旧因素，酌定A公司给付兰女士8万元损害赔偿款。同时，本着公平的原则和促成双方矛盾根本解决之考量，兰女士在收到A公司损害赔偿款后，将涉案车辆原有显示屏交付给A公司。裁判理由如下。

首先，兰女士主张涉案车辆系在A公司洗车过程中发生划损，为此提交了A公司洗车卡、案发当日的消费凭证、涉案车辆显示屏划痕照片、其与A公司负责人的聊天记录等证据予以佐证。A公司主张涉案车辆并非在其处洗车过程中发生划损，但是并未提交相应的证据予以佐证，并且在庭审中认可其当日对涉案车辆进行了检查，但是未发现车辆存在问题；洗车现场没有监控设施，其亦未在现场进行拍照或者签署确认单对车辆进行交接。对此，法院认为，因涉案车辆系高档轿车，价值较高，A公司作为一家专业的汽车美容公司，理应具有较完备的服务体系，洗车前应对涉案车辆进行外观和内饰检查并和车主进行妥善的交接。但是，因A公司现在无法提供相应的证据证明其对涉案车辆进行了检查交接，也无法证明涉案车辆划损非其所致，因此其应当承担举证不能的法律后果。

其次，鉴于兰女士于2013年1月在A公司办理会员卡，并且长期在A公司清洗车辆，双方均认可在本案纠纷发生之前未产生过争议，双方具有良好的信任基础。综合考虑以上事实和本案事情的发生经过，未显现兰女士存在恶意诉讼之倾向。因此，根据双方当事人的陈述和现有证据，认定涉案车辆的显示屏划损结果由A公司承担责任。A公司对于兰女士提交的涉案车辆财产损失报价单表示认可，该报告显示更换显示屏需花费13万元，综合考量车辆的使用年限、折旧等因素，酌定A公司给付兰女士8万元赔偿款。

感悟： 劳动有方法，干活有技巧。在我们为自己劳动或服务他人时要注意按照生产标准、工艺流程、安全方法，以免给自己造成伤害，或给他人带来损失。

二、两地控制一灯电路接线

现在每家每户都用上了电灯，一地控制一灯电路是最简单的电路，稍微复杂的有两地控制一灯电路、三地控制一灯电路等。在校园内开展两地控制一灯电路接线项目，能让每一位非电工专业学生完成家庭电路的安装和检修，增强学生的动手能力和自豪感。

1. 电路图

本案例采用两个双联开关两地控制一灯，电路图如下。

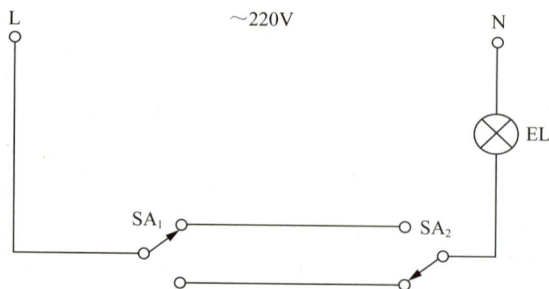

两地控制一灯电路图

电路图中涉及的专业术语和电路符号如下。

● **电压**。电压又叫电势差或电位差，我国民用电为220V交流电。

● **相线**。一般家庭使用的电源线是由两根导线组成的，其中一根叫相线，用L表示，安装时用红色、黄色或者绿色线区分，另外一根叫零线（即中性线，用N表示，安装时用黑色或者蓝色线区分）。

● **双联开关**。使用双联开关时，两条电路保证任意一个开关状态改变时，可以使中间连接的电器和电源在开路/断路状态切换。电路图中的SA代表双联开关。

● **灯泡**。灯泡即通过电能而发光发热的照明源，电路图中用EL表示，主要有钨丝灯、钨丝卤素灯、荧光灯、金属卤素灯、LED、氙气灯等。

2. 电线接法

电线接法多种多样，包括单股铜导线的直接连接、单股铜导线的分支连接（T字分支）、单股铜导线的分支连接（十字分支）、多股铜导线的直接连接等，如表6-8所示。

微课视频：
电线的接法

表6-8　电线接法

连接方式	操作	图示
单股铜导线的直接连接	先将两导线的芯线线头做X形交叉，再将它们相互缠绕2~3圈后扳直两线头，然后将每个线头在另一芯线上紧密缠绕5~6圈后剪去多余线头即可	

连接方式	操作	图示
单股铜导线的分支连接（T字分支）	将支路芯线的线头在干路芯线上紧密缠绕5～8圈后，剪去多余线头即可	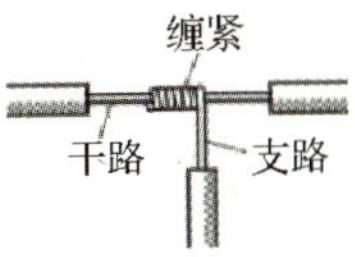 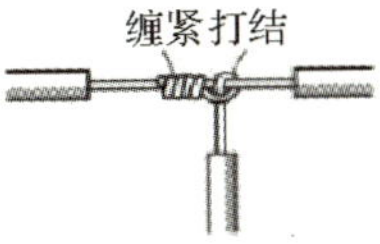 缠紧　干路　支路（a） 缠紧打结（b）
单股铜导线的分支连接（十字分支）	将上下支路芯线的线头在干路芯线上紧密缠绕5～8圈后，剪去多余线头即可	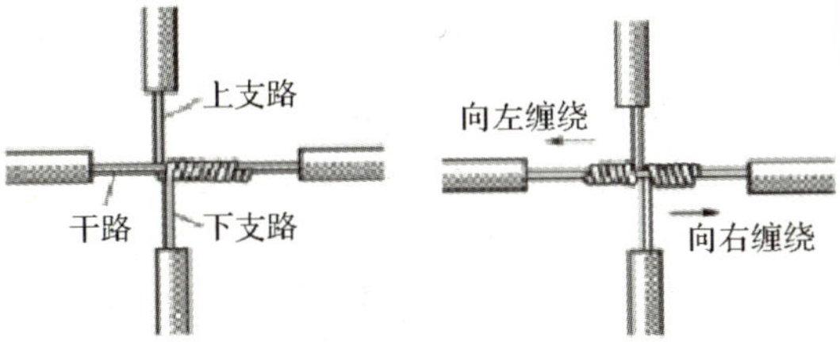 上支路　干路　下支路　向左缠绕　向右缠绕
多股铜导线的直接连接	首先将剥去绝缘层的多股导线的芯线拉直，将芯线靠近绝缘层的约1/3部分绞合拧紧，使其余2/3部分成伞状散开，另一根须连接的导线也如此处理。接着将两伞状芯线相对着互相插入后捏平。然后将每一边的芯线线头分为3组，先将某一边的第1组线头翘起并紧密缠绕在芯线上，再将第2组线头翘起并紧密缠绕在芯线上，最后将第3组线头翘起并紧密缠绕在芯线上。以同样方法缠绕另一边的线头	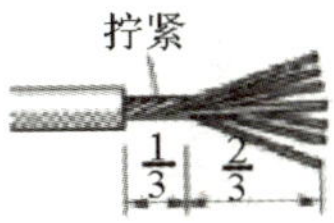  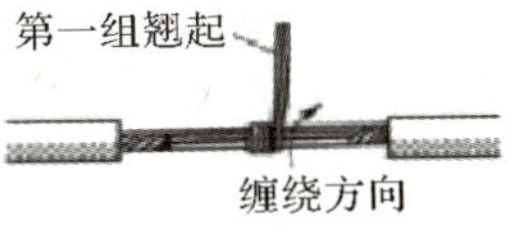 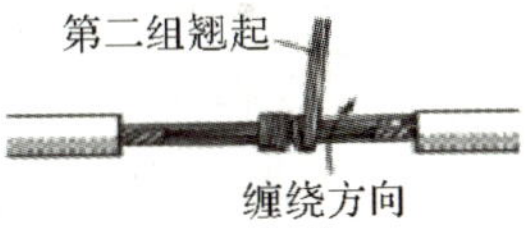  拧紧　1/3　2/3（a）　互相插入（b） 第一组翘起　缠绕方向（c）　第二组翘起　缠绕方向（d） 第三组翘起　缠绕方向（e）
多股铜导线的分支连接	将支路芯线90°折弯后与干路芯线并行，然后将线头折回并紧密缠绕在芯线上即可	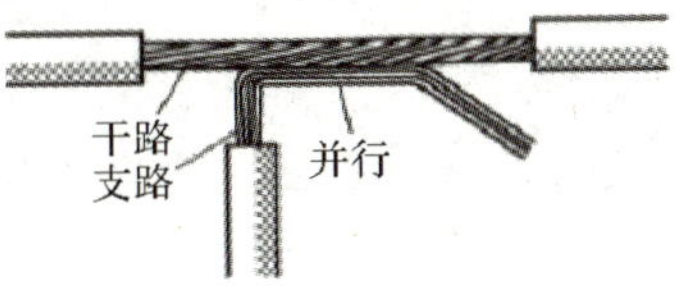 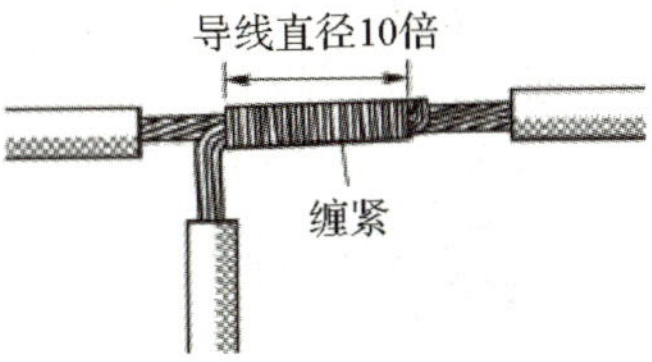 干路　支路　并行（a） 导线直径10倍　缠紧（b）

续表

连接方式	操作	图示
单股铜导线与多股铜导线的连接	先将多股导线的芯线绞合拧紧成单股状，再将其在单股导线的芯线上紧密缠绕5～8圈，最后将单股芯线线头折回并压紧在缠绕部位即可	拧紧 缠紧 多股导线 单股导线 多股导线 （a） （b）
双芯或多芯电线电缆的连接	双芯护套线、三芯护套线或电缆、多芯电缆在连接时，应注意尽可能将各芯线的连接点互相错开，以更好地防止线间漏电或短路	连接点 外护套层 内绝缘层 连接点 （a） （b） （c）

3. 电工接线工具

连接线路需要专门的电工接线工具，包括万用表、电笔、十字螺丝刀、手电钻、一字螺丝刀、绝缘尖嘴钳等。

万用表

电笔

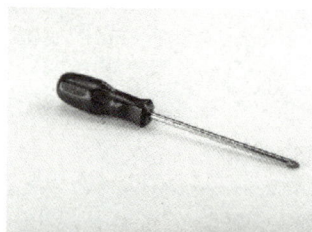
十字螺丝刀

手电钻

一字螺丝刀

绝缘尖嘴钳

双联开关

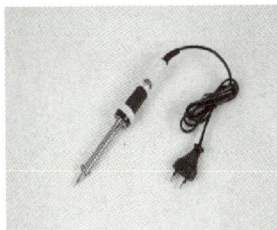
电烙铁

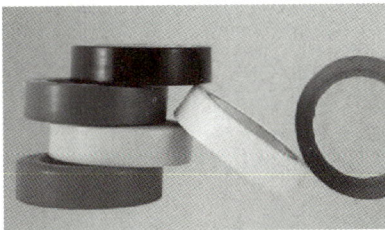
电工胶带

灯头

灯泡

导线

4. 接线步骤

用电不能有半点马虎，为保障人身安全，避免各种物品遭到破坏，使线路成功连接，我们需要严格遵守正确的接线步骤。

（1）识读电路图。相线进开关，零线进灯泡，两个双联开关串联，再与灯泡串联。

（2）选择工具。工具包括万用表、十字螺丝刀、一字螺丝刀、绝缘尖嘴钳、灯头、灯泡、双联开关和导线等。

（3）识别相线。用万用表测量电压，220V的为相线。

（4）接线。先接灯头两根线，再将其中一根连接到双联开关2的L孔，将双联开关1和2的L1和L2对应相连，从双联开关1的L孔引出一根线。将灯头剩余的一根线连接到零线，再将双联开关1引出的那根线连接到相线。

（5）安装灯泡。将灯泡安装到灯头上。

（6）测试电路。先用双联开关1控制，看能否开启和关闭灯泡，再试双联开关2。

（7）整理工具。将工具放回原位，将导线放入回收栏，做好现场清洁整理工作。

具体接线图如右图所示。

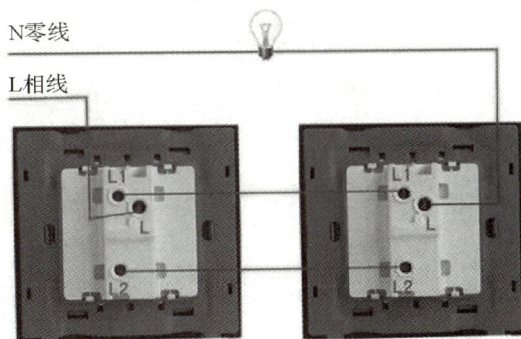
两地控制一灯接线图

☆ 学与思

不管是农业生产劳动、传统工艺制作还是工业生产劳动，都要保障劳动安全，那么在这些生产性劳动实践中，如何保障劳动安全？

劳动实践——使用3D打印笔制作汽车标志

一、活动主旨

汽车标志制作属于工业生产。本次实践利用3D打印笔制作汽车标志，既能让同学们体验3D打印技术，又能让同学们对汽车标志有进一步的认识；此外，还能增强同学们的动手能力、学习迁移能力和关注前沿生产技术的意识。

二、活动内容

以2人为一个小组进行劳动实践，动手操作前须明确各自分工。利用3D打印笔制作汽车标志的步骤如下。

（1）选择汽车标志。根据个人意愿选择喜欢的汽车标志。

（2）确定三维样式。确定汽车标志的三维样式，如大众汽车的标志可以将外圈的"圆"拉伸得比内圈的"三个人"高一些，用外圈的"圆"包裹住内圈的"人"。

（3）预热3D打印笔。将3D打印笔的电源线插上，摁下升温键开始预热。

（4）上料。根据自己喜欢的颜色，选择一小卷3D打印耗材，将材料放入进料口，长按进料键，直到耗材挤出。

（5）调节进料速度。根据自己的绘制速度，通过调速键调节进料速度，也可以使用推杆调节进料速度。

（6）绘制汽车标志。3D打印需要一层一层地堆叠，所以在绘制前需要在垫板上涂刷一层固体胶，这样模型不会在绘制时发生移动。绘制时需要选择一个起点，用3D打印笔按照汽车标志轮廓画完一圈，待凝固后再画第二圈，直至完成汽车标志绘制。

（7）退料。长按退出键，直至耗材全部退出3D打印笔。

（8）取模型。用斜口铲刀将汽车标志从垫板上慢慢取下。

（9）上色。根据个人喜好，用调色盒为汽车标志上色。

三、活动要求

（1）安全第一，在使用制作工具时确保安全。

（2）了解3D打印笔的结构，学会3D打印笔的使用方法。

（3）组员不可单独行动，在规定时间内以团队合作的形式完成相应任务。

07 项目七 服务性劳动实践

❀ 学习目标

1. 了解公益劳动的实践形式，掌握公益劳动实践所需的知识与技能。

2. 掌握台式计算机的组装方法和运用数据分析工具Power BI进行数据分析的方法。

3. 掌握创新思维训练的方法与创新的理论方法，熟悉创业所必备的要素与适合起步的创业领域，以及创办企业的一般流程。

❀ 素养目标

1. 积极参与公益劳动，在实践中提升个人能力，培养服务意识与奉献精神。

2. 培养创新思维和创新创业意识，对创业有正确客观的认识与理解。

情境导入

　　课堂上，王老师询问同学们有谁参加过公益劳动，如慰问社区孤寡老人、打扫社区公共场所卫生、参与城市赛事服务等。结果，举手的学生不多。看到参加过公益劳动的学生只有零星数人，她说道："劳动，不仅要为自己服务，也要注重利用掌握的知识、技能等为他人和社会提供服务，特别是参与公益劳动既能培养良好的社会公德，也能提升自己适应社会生活的能力。"青少年学生应多多参加公益劳动，并且作为年轻人，我们应该开拓眼界，培养创新思维与能力，在倡导全民创新创业的浪潮中做更多的尝试，使自己有更多的用武之地，实现个人价值，为社会做贡献。

任务一 公益劳动

　　公益劳动是直接服务于社会公共利益事业的无偿劳动。学生进行公益劳动的形式多种多样，如公益宣传、赛事服务和社区服务等。通过公益劳动，学生可以磨炼自己的意志，锻炼自己的交流能力、组织能力、团结协作能力等，加深自己对某些社会问题的认识，增强社会责任感，培养吃苦耐劳、助人为乐等优良品质。有时，学生还可以将所学的专业知识应用到公益劳动中，在实践中加深对专业知识的理解。

一、公益宣传

公益宣传是服务于公众利益的宣传活动，可用于宣传国家政策、公共道德、法律法规、社会文化、时代观念、优秀传统、专业知识等，通过传播一定的知识和观念，潜移默化地启迪和教育人们，以影响人们的思想和行动。例如，组织垃圾分类宣讲团走进社区，在公益宣传区域悬挂横幅、设置展板，宣讲垃圾分类知识，并普及本市施行的"生活垃圾管理条例"，邀请执法人员一起"现场说法"，让在场的社区市民提高对"生活垃圾管理条例"的重视程度，让社区市民正确分类生活垃圾，以改善社区环境、促进资源回收利用。又如，组织"宠物医院"志愿团队，现场为社区市民提供宠物美容服务，进而在服务中向大家科普宠物护理小知识，倡导大家要有文明养宠物的意识等，通过优质的便民公益服务，使人们在宣传活动中，感受文明就在身边、需要践行，为树立文明新风尚，传递文明正能量提供强大动力。

为达到锻炼自己、服务公众的良好目的，在公益宣传活动实践中，我们应注意以下几点。

- **设置宣传目标**。宣传目标即宣传人员期望给社会和人们带来的某种变化。宣传目标通常是与宣传内容密切结合的，如垃圾分类宣传的宣传目标往往围绕垃圾分类投放的标准、原则等设置，使人们掌握垃圾分类的方法，了解生活垃圾管理的相关法律法规。

- **选择宣传内容**。宣传内容的选择通常贯彻现实性和关联性原则，给受众以科学、现实的思想和理论以及具体、生动的事实材料，否则难以达到宣传目的。同时，所选择的思想、理论和事实材料应和受众的利益、经验及接受能力相匹配。

- **确定受众范围**。受众的范围可根据宣传的目标和内容确定，而针对不同范围的受众，根据其接受宣传内容的能力和水平，如阅读能力、理解水平，应准备不同的宣传材料和宣传用语。如垃圾分类关乎所有人的切身利益，面向所有青少年、中老年人群进行宣传时，宣传用语应通俗易懂，最好结合图片展示，使宣传内容一目了然、易于接受。

- **树立良好形象**。开展宣传活动时，宣传人员必须树立良好形象，包括着装整洁、文明礼貌。在宣传前，宣传人员可经过必要的培训、学习，掌握与宣传内容相关的理论知识，使受众感受到宣传人员的专业度，提高受众对宣传人员的信任度，更好地实现宣传目的。

- **选择宣传媒介**。宣传人员可借助外部力量扩大宣传活动的影响力。此外，宣传过程中，宣传人员除了直接与受众见面进行宣传时，还可以通过建立专门的网站、微信公众号、视频号等就某项公益内容进行持续性的宣传。特别是针对年轻群体开展的宣传活动，更应该注重利用微博、微信等新媒体，进一步扩大宣传活动的宣传范围。

二、赛事服务

赛事服务是指为各类赛事提供服务工作，具体而言，就是协助赛事主办方为参赛人员、观众和其他赛事工作人员等提供各项服务，最大限度地满足广大参赛人员和观众等的赛事体验需求，从而确保赛事的顺利开展。

通常，大型的赛事活动，尤其是一些由国际组织和国家级、省级政府相关部门主办的重要赛事，由于赛程周期长、比赛场地较大、赛事安排复杂、参赛人员众多并且赛事活动影响力大，志愿者队伍的规模较大，对志愿者也有较高的要求。特别是一些专业性很强的赛事活动，不仅要求志愿者能够熟练地提供一般服务，还要求志愿者具备一定的专业知识、技能与经验，能提供专业化服务。从这一点上看，参与赛事服务实践活动能够很好地锻炼和提升个人的综合素质。青少年学生应积极关注所在城市或校内发布的各种志愿者招募信息，通过登录官方网站等途径了解报名条件，积极报名参与。

1. 赛事服务流程

我们可以简要了解赛事服务流程，以便自己更好地参与赛事服务实践活动。一般，赛事服务的主要流程包括以下5个环节。

- **赛事服务策划**。赛事服务策划需要制定赛事服务工作运行方案，全面而具体的方案能够系统地指导赛事服务工作的运行。
- **志愿者招募**。志愿者招募是赛事服务的基础工作，志愿者队伍的规模、素质和凝聚力将直接决定赛事服务的质量。
- **志愿者培训**。赛事主办方需要根据赛事目标和志愿者的岗位需要，对志愿者展开培训，帮助志愿者树立正确的价值观和工作态度，提高志愿者的知识与技能水平，使他们更好地胜任自己的工作岗位。培训内容包括对赛事内容的解释、对举办场馆的介绍、对不同岗位的解说、对赛事服务过程中注意事项的提醒等。
- **赛事服务运行**。赛事活动正式开始后赛事服务开始运行。为保障赛事能够有秩序、有组织地顺利进行，赛事服务通常遵循以下原则：明确志愿者岗位责任，层级联动；动态调控志愿者岗位，志愿者团队协调合作。
- **赛事服务激励与成果反馈**。赛事结束后，为表彰优秀志愿者，进一步弘扬志愿文化，主办方通常会设立志愿者表彰环节。对志愿者的表彰以精神鼓励为主，会向志愿者发放荣誉证书，以激发志愿者的服务热情，保持志愿者较高的工作积极性，使志愿者的经历更有价值。

2. 志愿者招募条件

通常，赛事主办方会面向社会或直接面向学校招募赛事志愿者，符合相关条件的人员可报名申请。一般来说，要成为赛事志愿者须满足以下条件。

- 遵守国家的法律法规，无不良行为记录，自愿为本次赛事提供赛事服务，接受赛事主办方的工作指导和管理。
- 年满18周岁，具备开展赛事服务所需要的身体条件和健康素质；未满18周岁，需要监护人签署安全承诺书并在监护人陪同下方可参与赛事服务。
- 具备赛事服务岗位所需要的基础知识和基本技能（如具备计算机、文化体育、医疗卫生、环保、法律、应急救护等方面的专业知识，以及基本的外语交流能力等）；组织纪律性强，能严格遵守主办方各工作部门的各项管理规定。

● 能确保认真参加赛前培训及相关活动，能确保在赛事开始后提供连续服务，服从岗位调配，并为赛事运行提供满足需要的赛事服务。

3. 赛事服务内容

赛事的规模和参赛人员不同，志愿者岗位设置和赛事服务内容也不同。以大型体育赛事为例，赛事服务内容包括语言服务、观众指引服务、礼宾接待服务、竞赛运行服务、场馆运行服务、物资管理与物流服务、交通服务、媒体运行与转播服务、新闻宣传服务等，志愿者可根据自身条件报名参加。

● **语言服务**。志愿者主要负责为主办方和各参赛代表团的日常工作提供口译（如新闻发布会的现场口译）、笔译服务（如赛事相关的指南、出版物、网站、信函等的笔译）等。

● **观众指引服务**。外场志愿者负责检票并为观众指引入场方向，内场志愿者负责将观众指引到其位置，两部分相互配合。

● **礼宾接待服务**。志愿者主要负责各类嘉宾的迎送、陪同、引导、讲解等接待工作，以及为他们提供证件、交通、住宿等后勤保障工作。

北京冬奥会的年轻志愿者
（图片来源：人民网）

● **竞赛运行服务**。志愿者主要负责为所有训练、竞赛的准备与运行提供支持与服务，如训练与竞赛场地的清洁维护、体育器材及设施的准备与整理回收，以及比赛成绩的录入、校对、统计与打印分发等。

● **场馆运行服务**。志愿者主要负责提供场馆设施运行与维护服务、场馆运行中心和通信中心服务、赛事指挥协调服务、场馆引导标识管理服务等。

● **物资管理与物流服务**。志愿者主要负责物资审核、接收、入库、登记、分发、回收等，以及运动队行李的打包和运送等。

● **交通服务**。志愿者主要负责提供交通引导服务、交通信息咨询服务、车辆驾驶服务等。

● **媒体运行与转播服务**。志愿者主要负责为报道比赛的媒体提供相应的设施和服务，包括在主新闻中心、各竞赛场馆媒体中心、广播电视转播中心等处的接待、咨询服务，以及媒体人员住宿、交通、餐饮等方面的服务等。

- **新闻宣传服务**。志愿者负责协助主办方的新闻发布和对外宣传工作，包括日常新闻发布，媒体记者接待，文案、展览活动的策划、制定和实施，官方网站内容管理监督等。
- **技术运行服务**。志愿者主要负责为赛事提供通信、设备维护、竞赛软件系统运行保障、信息与网络安全等方面的技术支持服务，保证各种设备和系统正常运行。
- **市场开发服务**。志愿者主要负责维护赞助商的权益，包括赞助商接待、赞助商品牌保护巡视以及商品咨询服务等。
- **文化活动服务**。志愿者主要负责展示、颁奖仪式、文化广场等方面的服务工作，还要协助进行文书档案整理、归档、扫描等日常或赛后工作。
- **安保服务**。志愿者主要负责协助主办方相关部门做好场馆内的安全检查、人流控制与秩序维护等工作。
- **医疗卫生服务**。志愿者主要负责为运动员、观众、志愿者、媒体人员及其他赛事工作人员提供即时的医疗服务，协助相关机构进行卫生防疫、兴奋剂检测等工作。

素质养成

　　有很多人认为志愿者是给别人"做白工"，但实际上，参与一定规模的赛事服务好比参加一场大型实践课，是一次难得的经历，可以帮助我们学习到很多东西。例如，帮助外国友人翻译可以提高自身的外语口语水平；通过观察赛事的组织流程，学习主办方是如何将杂乱的工作协调得井然有序的，可以提高我们的组织协调能力等。这些对我们长期的发展和自我提升有着一定程度的积极作用。

三、社区服务

　　社区服务是以社区为基本单元，以公共服务、志愿服务、便民利民服务为主要内容的社会公益活动。雷锋曾说："人的生命是有限的，可是，为人民服务是无限的，我要把有限的生命投入无限的为人民服务中去。"社区服务是不计报酬、不谋私利、不斤斤计较的，新时期的青少年学生正需要培养这种无私奉献的精神。青少年学生不仅需要学好专业知识，还要拥有敢于担当和乐于奉献的精神。只有每一位青少年学生都积极地承担义务、乐于奉献，社会才会变得更美好、更和谐。

1. 社区服务的实践形式

　　通常，学生开展社区服务实践活动，应由教师、学生、社区机构相关人士共同拟定活动方案，内容包括活动主题、活动目标、活动时间、活动地点、服务对象、执行步骤、分工情况、经费预算，以及相关人员的责任规定和安全注意事项等其他内容。如有必要，学校还需要制定书面的活动指南。

　　学生开展社区服务实践活动的形式包括帮助社区打

学生志愿者在社区拾捡垃圾

扫卫生、参加社区里的安全巡逻、改善社区居民生活环境、为孤寡老人提供生活帮助、为留守儿童提供教育辅导、为残疾人群提供服务等。

劳动前沿

社区服务要做到有针对性，就要符合社区居民的需要。因此，首先要进行社区服务方面的实地调查，通过问卷法、访谈法、观察法等调查方法了解整个社区的环境、历史、地理、资源、人口构成等情况，清楚居民最需要什么服务、居民对服务的内容和方式的期望等。

2. 社区服务实践活动的意义

社区服务实践活动贴近社会生活，是学生思想道德建设的重要载体，可以使学生接触社会、了解社会，学会做人、学会做事，提高道德素养等。具体来说，学生参与社区服务实践活动具有以下多方面的意义。

- **服务社区**。通过参与社区服务实践活动，学生可以熟悉社区的地理环境、人文景观、物产特色、民间风俗等方面的特点，继而萌生亲切感、自豪感，并懂得爱惜、保护它们；学生会经常留意社区中人们关注、谈论的问题，并学会综合运用自己的知识解决这些问题，从而掌握基本的服务社区的本领，形成建立良好生活环境的情感和态度；学生可以学会交往、合作，懂得理解和尊重，形成团队意识和归属感，增强服务意识和责任感。

- **走进社会**。通过社区服务实践活动，学生可以接触现实社会，理解社会基本运作方式和人类生活的基本活动，积累社会生活经验；理解社会规范的意义，并能自觉遵守和维护社会规范与公德；在实践中发展社会活动参与能力，形成参与意识和较强的公民意识；懂得科学技术与日常生活、社会发展的关系，形成正确的科学观；接触不同国家、不同民族、不同地区的文化，懂得理解、尊重文化的多样性。

- **珍惜环境**。在社区服务实践活动中，学生通过观察身边的环境，能领悟到自己的生活与环境息息相关，懂得人们的生产、生活对环境的各种影响；可以掌握环境保护的常识和基本技能，并能综合运用所学的知识解决环保中的一些问题；可以自觉地从身边小事开始，关注社区、国家乃至世界性的环境问题，并养成随时随地保护环境的意识和习惯。

- **关爱他人**。在社区服务实践活动中，学生通过和他人的接触、交流，可以学会理解他人的生活习惯、个性特点、职业情况，懂得尊重人、体谅人；通过与人交往、合作，树立合作意识，会经常留意身边需要帮助的人，自觉而乐意地为他们服务。

- **善待自己**。通过社区服务实践活动，学生可以发现自己的优点与缺点，知道如何发挥优势、弥补劣势；学会用适当的方法控制和调节自己的情绪，进一步适应各种社会角色，正确理解个人价值；掌握安全生产生活的常识，能够在危难中自救与求救，养成对自己生命高度负责的态度；养成良好的生活习惯、健康乐观的生活态度，愿意为创造更美好的生活而不懈努力。

📖 案例阅读

迎春送温暖

临近春节，某高校的同学们像往年一样，带着春联、生活用品、慰问金前往当地社区，为年近90岁的孤寡老人们送去新年祝福。16年来，大学生志愿者换了一批又一批，但为孤寡老人们送温暖的精神却在学校一直传承着。

一到社区，同学们就忙活开了，大家首先为老人们在门上和窗户上贴上喜庆的春联和"福"字，紧接着又帮忙整理房间，让他们过一个干干净净的春节。

忙完这些后，大家围坐在老人们身旁，与他们聊天。同学们把老人们当成自己的爷爷奶奶和外公外婆，给他们剥水果、倒开水，听他们诉说往事，和他们聊聊家常。

事实上，除春节送祝福外，该高校每月还会组织大学生前往社区看望孤寡老人们，为他们带去水果、生活用品以及募集来的慰问金，也定期为他们洗衣服、换床单、打扫卫生、清理房间等。

该社区的负责人说，老人们一看到大学生就笑开了花，这是因为大学生给他们送去了最重要的东西，那就是精神慰藉。

感悟： 社区服务是大学生进行社会劳动的常见方式。通过社区服务，大学生能够为人们带去温暖，也能够提升自己的社交能力，为以后真正踏入社会打好基础。

☆ 学与思

社会对人才的需求量极大，尤其是一些综合素质高、有实践经验的人才。因此，我们应明白劳动实践对自身的重要性，也应积极参与劳动实践。但公益劳动实践往往直面社会，其过程有时不会一帆风顺。你认为在公益劳动实践过程中面对困难该怎么办？在公益劳动实践中怎样做才能更有效地提升自己，从而为自己的全面发展奠定基础？

任务二 现代服务业劳动

现代服务业以现代科学技术，特别是信息网络技术为主要支撑，用现代化的新技术、新业态和新服务方式改造传统服务业，创造需求、引导消费，向社会提供高附加值、高层次、知识型的生产服务和生活服务。现代服务业劳动要求我们掌握现代化的技术或服务方式，服务社会生产和生活。

一、组装台式计算机

在高速发展的信息社会，计算机无处不在，它改变着人们的生产和生活方式，给人们的生活、学习和工作带来了诸多方便，是人类活动不可或缺的工具。使用计

微课视频：
计算机组装
流程

算机获取、存储、传输和控制信息等已成为各行业对从业人员的基本要求。不仅如此，我们还要熟悉计算机硬件及其功能，掌握组装台式计算机的方法和步骤等，这也是当代社会重要的劳动技能之一。

1. 认识台式计算机常见硬件

尽管各种计算机在性能和用途等方面都有所不同，但生活中、办公中所用的台式计算机的结构基本相同，主要包括中央处理器（CPU）、主板、硬盘、内存储器（内存）、显卡、电源、机箱等硬件，如表7-1所示。

表7-1　台式计算机常见硬件

硬件名称	主要功能	图示
中央处理器	中央处理器是负责运算和控制的控制中心，是计算机最关键的部位，是计算机的大脑	
主板	主板其实就是一块电路板，上面有着各种电路，CPU、内存、显卡、声卡等都是直接安装在主板上的	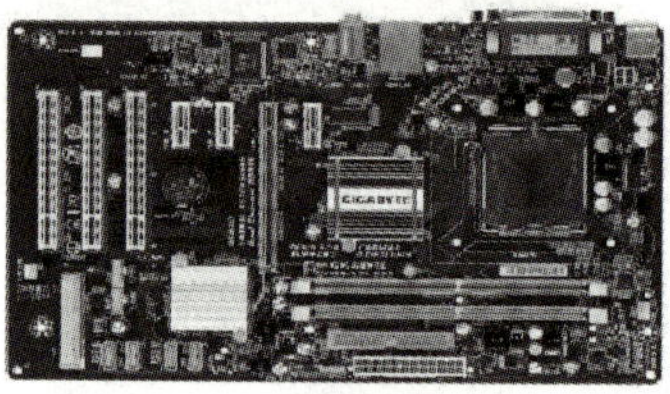
硬盘	硬盘属于外存储器，是计算机中最大的存储设备，通常用于存放永久性的数据和程序。硬盘分为固态硬盘和机械硬盘，固态硬盘数据读写速度快、噪音小、抗震能力强，但价格一般比机械硬盘高	
内存储器	内存储器即内存，属于电子式存储设备，由电路板和芯片组成，特点是体积小、数据读写速度快、有电可存，无电清空，即在开机状态下内存中可存储数据，关机后内存将自动清空其中数据。也就是说，内存是计算机用来临时存放数据的地方	
显卡	显卡是主机与显示器之间的"桥梁"，作用是控制计算机的图形输出，负责将CPU送来的影像数据处理成显示器能识别的格式，再将其传送到显示器形成图像。显卡主要由显示芯片、显存等部分组成	

续表

硬件名称	主要功能	图示
电源	电源是为计算机提供动力的重要部件，电源质量直接影响计算机系统的稳定性和硬件的安全。脱离了电源，计算机就无法正常工作	
机箱	机箱一般包括外壳、支架、面板上的各种插孔和接口、开关和指示灯等。外壳由不同材料制成，硬度高，主要起保护机箱内部元件的作用。支架用于固定主板、电源和各种驱动器。面板上的插孔和接口用于接通电源和连接键盘、鼠标等输入设备。开关和指示灯用于开关机和显示计算机运行状态等	

2. 组装前的准备工作

组装台式计算机前要检查机箱、电源、主板、CPU、内存、硬盘等是否齐全，所需工具包括尖嘴钳、镊子、十字螺丝刀等。

为了提高台式计算机的组装效率，保证计算机正常运行，组装过程中需要注意以下事项。

● 操作之前消除操作者身上的静电。

● 主板必须与机箱金属部分绝缘，在主板装入机箱后，如果有部分路线或金属触点与机箱外壳接触，将导致计算机不能正常工作。

● 不能带电进行任何插拔操作，带电连接和拔断电源线、排线容易造成硬件损伤或故障。

● 安装和拆卸计算机部件时不能用力过猛，要讲究技巧，做到恰到好处。

● 固定部件时螺丝不要拧得太紧，拧得太紧可能会使部件变形，导致计算机不能正常工作或产生故障。

视频微课：
组装台式
计算机

3. 台式计算机的组装

组装台式计算机首先需要拆卸下机箱盖，然后安装电源、CPU、散热风扇、内存、主板、显卡、硬盘等，硬件安装完成后进行机箱内部连线，然后连接显示器、键盘和鼠标等，最后进行测试。

（1）拆卸机箱盖。使用螺丝刀将机箱后面的螺丝拧下，抓紧机箱盖向后拉，将一侧的机箱盖卸下。

拆卸螺丝

卸下机箱盖

（2）安装电源。将机箱平放在地面上，放置电源到电源舱中，对齐螺丝孔拧紧电源舱外侧的螺丝，将电源固定到机箱上。

放置好电源

固定电源

（3）安装CPU。将主板放置在包装盒上，推开主板上的CPU插槽固定杆，打开CPU插槽上的CPU固定挡板，将CPU插槽完全露出来。将CPU两侧的缺口对准插槽的缺口，将CPU垂直放入CPU插槽中，盖好CPU固定挡板并压下固定杆，安装好CPU。

打开固定挡板

放入CPU

（4）安装散热风扇。将散热风扇放在风扇托架上，并用扣具将散热风扇固定好。固定好散热风扇后，将风扇的电源接头插到主板上的相应电源接口上。

（5）安装内存。将内存插槽两端的扣具打开，将内存平行放入内存插槽中，用两拇指按住内存两端轻轻向下压，听到"啪"的一声后，说明内存安装到位。

安装内存

（6）安装主板。将主板平稳地放入机箱内，使主板上的螺丝孔与机箱上的六角螺栓对齐，将螺栓拧入，将主板固定在机箱的主板架上。

安装主板

固定主板

（7）安装显卡。用手轻握显卡两端，垂直对准主板上的显卡插槽，向下轻压到位后，再用螺丝固定。

（8）安装硬盘。将硬盘由里向外放入机箱的硬盘托架上，调整好硬盘位置后，用螺丝将硬盘两侧固定。

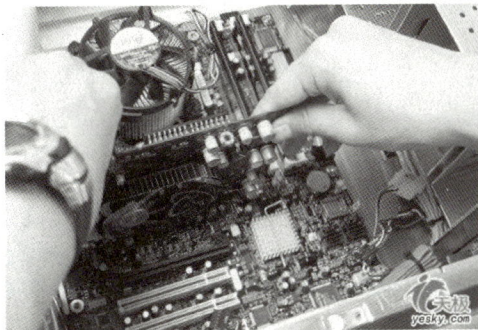

将显卡插入显卡插槽中

放入硬盘

（9）进行机箱内部连线。在主板上找到主板电源线插头，将其对准主板上的电源插口插入；找到硬盘电源线，插在硬盘电源接口上，将硬盘数据线的另一端连接到主板的接口上。连接好各种设备的电源线和数据线后，将机箱内部的各种线缆理顺。将机箱面板安装好并拧紧螺丝，完成机箱内部的组件安装。

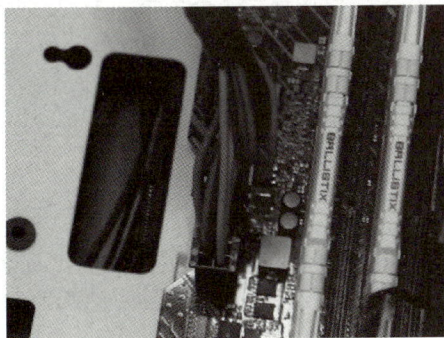

插入主板电源

连接硬盘数据线

（10）连接鼠标、键盘和显示器。将鼠标和键盘的连接线插头对准机箱背部的主板扩展插槽的接口插入，再将显示器数据线的插头插入机箱背部的主板扩展插槽的接口中。接着，将显电源线的一头插入显示器电源接口中，再将显示器数据线的另外一个插头插入显示器后面的接口中。

连接鼠标、键盘和显示器数据线

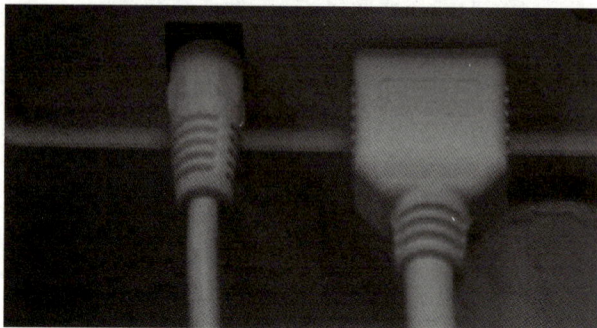

连接显示器

准备好主机电源线，将其插头插入机箱背面的电源接口。连接主机和显示器的电源，开机测试，若显示器正常显示、计算机正常运行，则完成组装工作。之后安装操作系统，便可在学习、工作中使用计算机。

二、运用数据分析工具Power BI

Power BI是一款商业分析工具，该工具可以从大量数据源中提取所需数据，并对数据进行整理分析，然后生成种类多样的图表。

1. 下载安装Power BI

要使用Power BI首先需要在官方网站下载Power BI并将其安装到计算机中，以下是下载并安装Power BI Desktop（Power BI桌面版）的操作步骤。

（1）打开Power BI官网主页，在导航栏中单击"产品"选项，在打开的列表中选择"Power BI Desktop"选项。

（2）在打开的页面中单击"免费下载"按钮。

微课视频：
下载安装
Power BI

选择程序版本

单击下载链接

（3）在打开的页面中先选择所下载程序的语言，然后单击"Download"按钮。

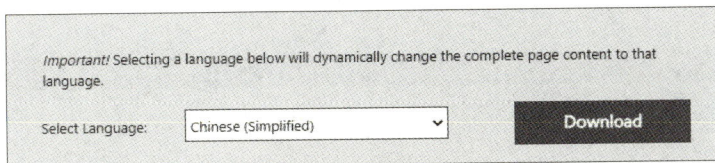

Important! Selecting a language below will dynamically change the complete page content to that language.

Select Language: Chinese (Simplified)

Download

设置下载文件的语言选项

（4）根据计算机的操作系统选择32位或64位的安装程序，然后单击"Next"按钮下载。

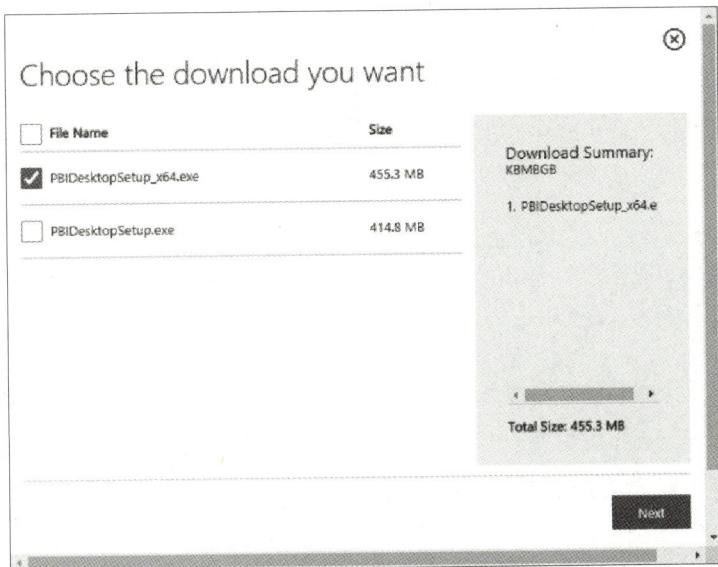

Choose the download you want

File Name	Size
☑ PBIDesktopSetup_x64.exe	455.3 MB
☐ PBIDesktopSetup.exe	414.8 MB

Download Summary:
KBMBGB

1. PBIDesktopSetup_x64.e

Total Size: 455.3 MB

Next

选择版本后下载

（5）完成安装程序的下载后，双击安装程序，打开安装向导对话框，根据提示依次选择安装语言、同意安装协议、选择安装位置等，完成安装。

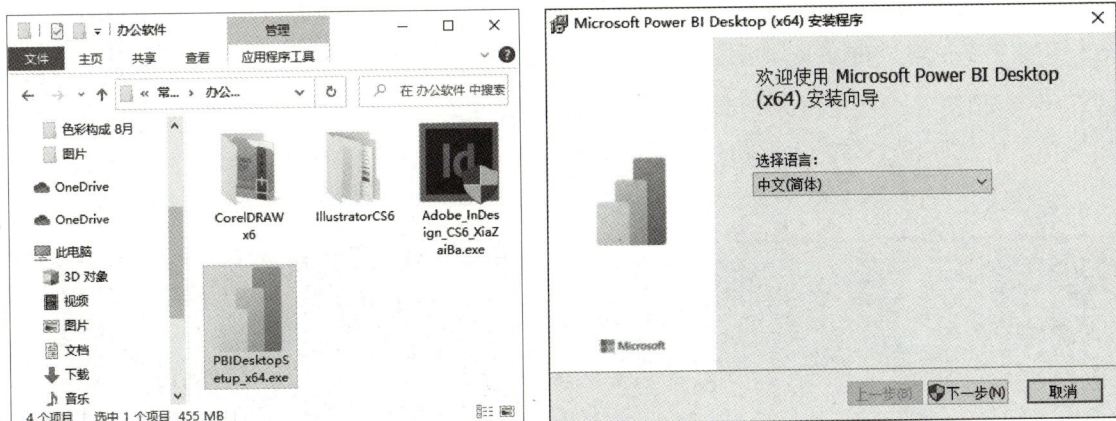

安装Power BI Desktop

2. 认识Power BI

启动Power BI进入其工作界面，可以看到它的工作界面与Excel的工作界面极为相似，主要包括功能区、工作区和功能窗格。从功能上看，主要包括数据获取、数据清洗、数据建模和数据可视化。

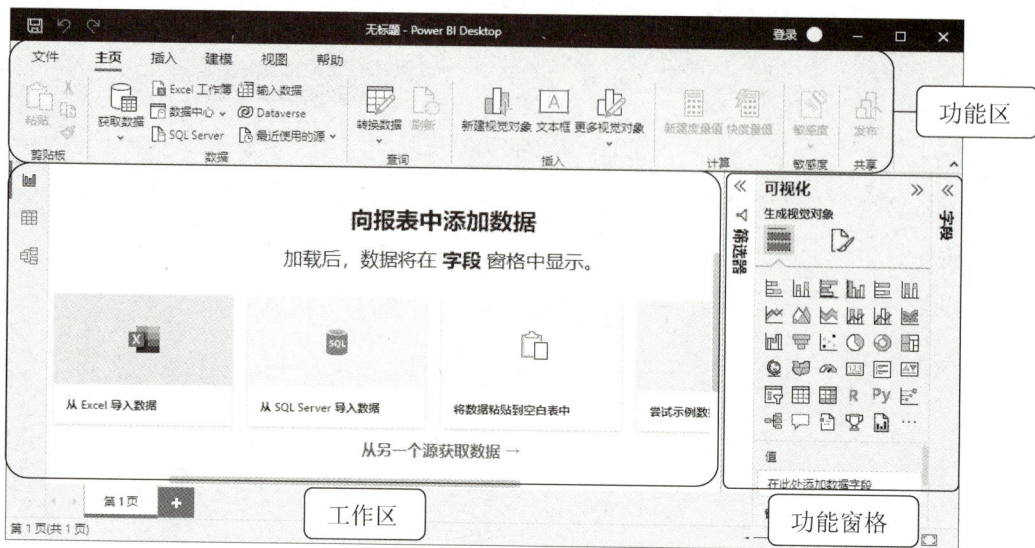

Power BI工作界面

- **数据获取**。可获取的数据格式有Excel、SQL、CSV、TXT等。
- **数据清洗**。导入数据后可使用Power Query编辑器进行数据清洗，主要是删除重复项、删除空白行或列、新建数据列等。
- **数据建模**。数据建模就是建立表格之间的关联，如果只有一个表格，就不会涉及此操作。
- **数据可视化**。导入数据后通过选择合适的图表类型，可将数据进行可视化呈现，以便直观地查看数据的构成、关联、趋势等。

3. 运用Power BI分析数据

由于同属微软旗下的数据处理与分析工具，Excel与Power BI的操作方法是类似的，只要能够熟练操作Excel，那么使用Power BI就不在话下。下面将运用Power BI进行人口数据分析，介绍简单的数据分析和可视化呈现技术。

（1）进入国家统计局官网，在导航栏中单击"数据查询"超链接。

（2）在打开页面的导航栏中单击"普查数据"超链接。

微课视频：
运用Power BI
分析数据

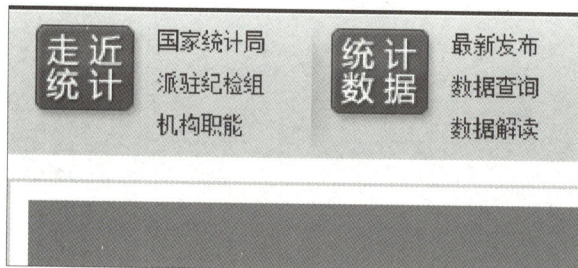

单击"数据查询"超链接

单击"普查数据"超链接

（3）在打开的页面中单击"第七次人口普查数据"超链接。

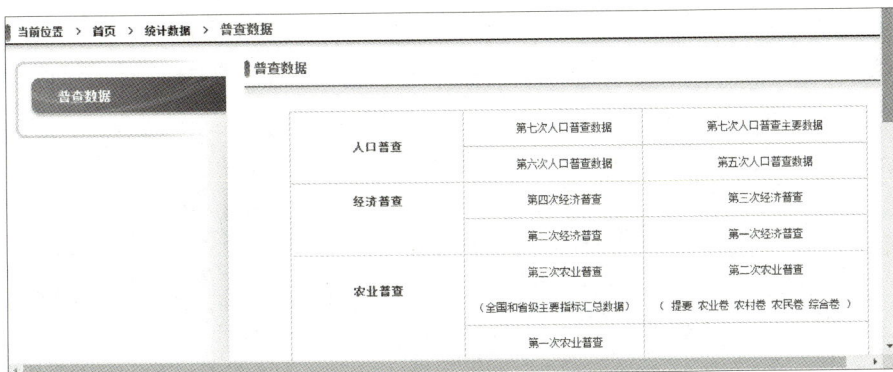

单击"第七次人口普查数据"超链接

（4）在打开的页面左侧单击"目录展开"超链接，单击"各地区户数、人口数和性别比"超链接，在打开的页面中将数据下载保存到本地。

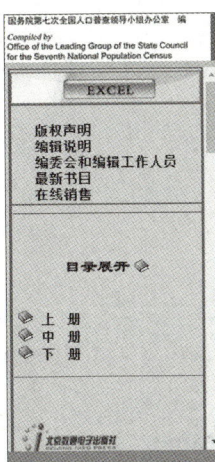

单击"目录展开"超链接　　　"各地区户数、人口数和性别比"数据页面

（5）启动Power BI，在工作区中单击"从Excel导入数据"按钮，打开"打开"对话框，选择素材文件"人口数据.xlsx"，单击"打开"按钮（素材文件请到人邮教育社区搜索本书书名下载）。

（6）打开"导航器"窗口，在"显示选项"栏中选中"人口数据.xlsx"下的"Sheet1"复选框，单击"加载"按钮。

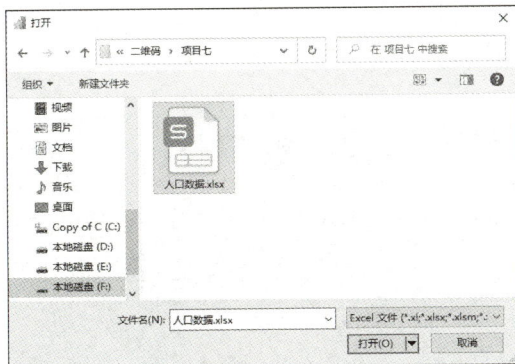

选择导入的表格　　　　　　　　导入表格

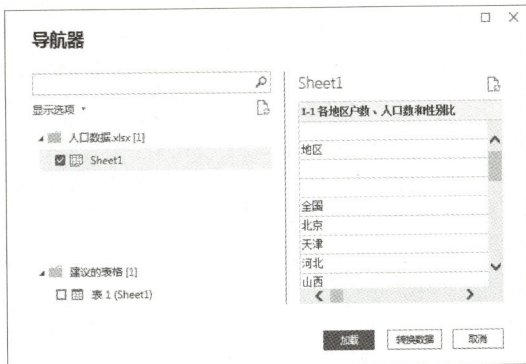

（7）导入表格后，左侧的"字段"窗格中显示了"Sheet1"工作表。在功能区的"查询"组中单击"转换数据"按钮，打开"Power Query编辑器"窗口，可以看到原表格合并的单元格被拆分了，表头单元格显示为"Column+数字"（栏+数字），其他行拆分的单元格显示为"null"（空值）。

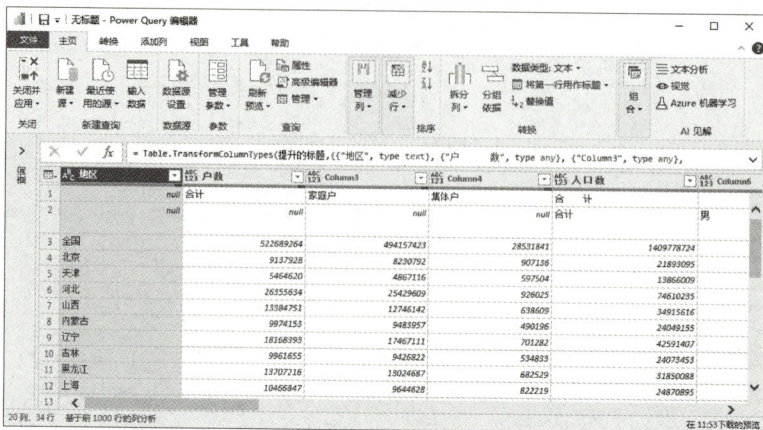

"Power Query编辑器"窗口

（8）根据原表格，确定保留第1列、第2列、第6列、第7列和第8列的数据，删除其余数据。在"Power Query编辑器"窗口中单击"Column3"单元格，选中该列，在"管理列"组中单击"删除列"按钮删除该列。

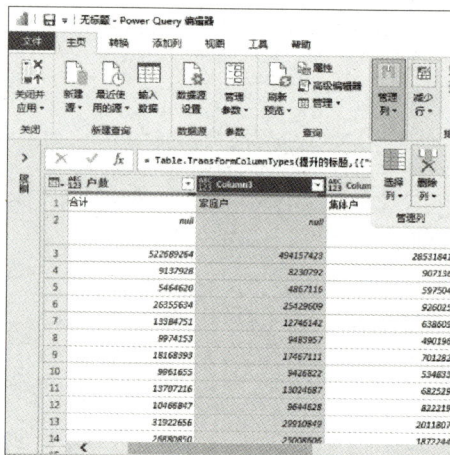

原表格

删除第3列

（9）删除除第1列、第2列、第6列、第7列和第8列外的其他列。

保留地区、户数、男女人口数和性别比的数据

（10）单击"地区"单元格右侧的"筛选"按钮，在打开的列表中选择"删除空"选项，删除显示空值的行。

（11）依次双击"Column6""Column7""Column8"单元格，分别将单元格中的数据修改为"男""女""性别比（女=100）"。

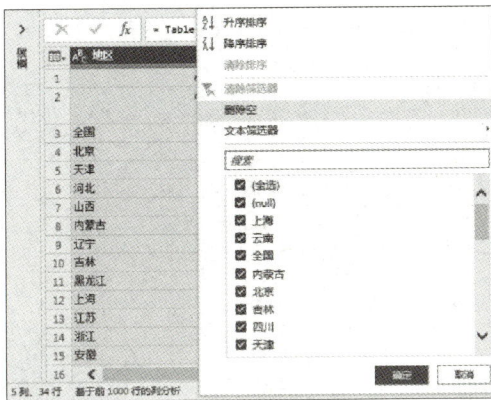

删除空值行

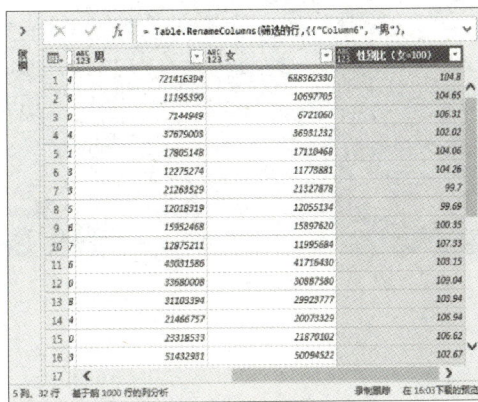

修改单元格数据

（12）选中"户数"列，在功能区的"数据类型"下拉列表中选择"整数"选项。将"男"列、"女"列的数据类型更改为"整数"，将"性别比（女=100）"列的数据类型更改为"小数"。将数据更改为数值类型而非文本类型，创建视觉对象时能有效识别数据。

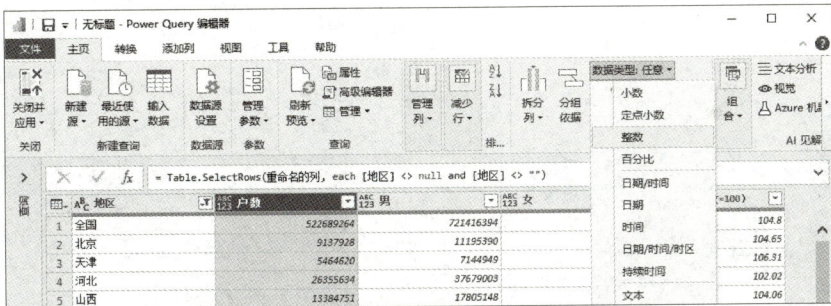

更改数据类型

（13）单击"关闭并应用"按钮关闭"Power Query编辑器"窗口，应用清洗数据后的表格，返回Power BI工作界面，在"可视化"窗格中选择"树状图"视觉对象。在工作区插入"树状图"视觉对象后，将光标移到该视觉对象的右下角，拖动鼠标将其放大。

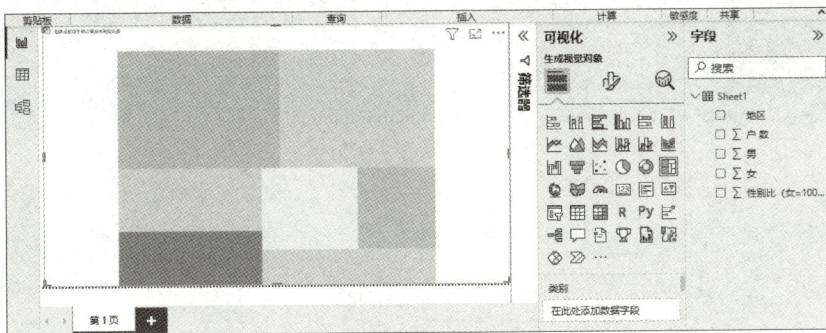

插入"树状图"视觉对象并调整大小

（14）在"字段"窗格中选择"地区"字段，将其拖动到"可视化"窗格的"类别"栏中，再选择"户数"选项，将其拖动到"可视化"窗格的"值"栏中。展开"筛选器"窗格，展开"地区"项目，在"搜索"列表框中选中"全选"复选框，显示所有地区选项。

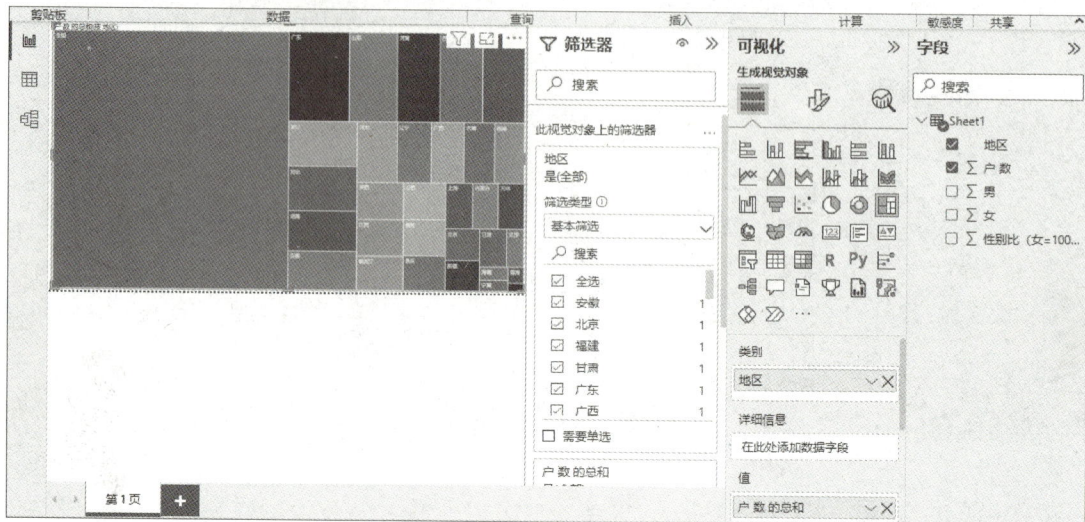

设置"树状图"视觉对象的参数

（15）在"搜索"列表框中取消选中"全国"复选框，不显示该项目。从图中可以看出，面积最大的是广东，表示广东户数最多，其次为山东、河南、四川和江苏等地区。

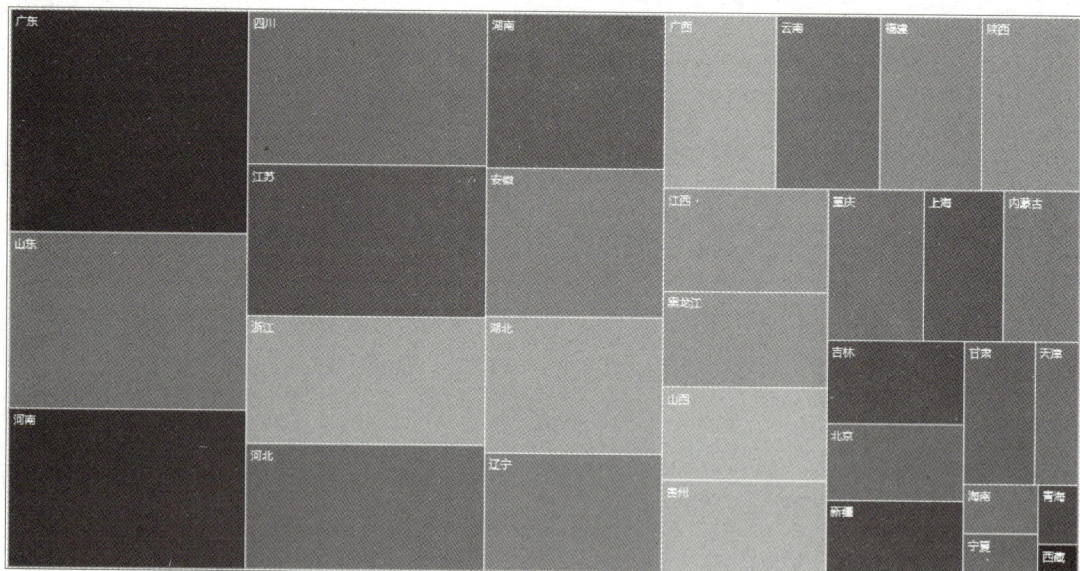

"树状图"视觉对象效果图

（16）在工作区中选择"分区图"视觉对象，按【Delete】键删除。在"可视化"窗格中选择"分区图"视觉对象，在工作区中将视觉对象的大小调整至最大；在"字段"窗格中选中"地区"、"男"和"女"复选框；在"筛选器"窗格的"地区"栏中先选中"全选"复选框，再取消选中"全国"复选框。

设置视觉对象

（17）完成"分区图"视觉对象的参数设置后，从图中呈现的状态可以看出，河南、辽宁、黑龙江、宁夏等地区的男女比例基本持平，其他地区男性人口数高于女性人口数。

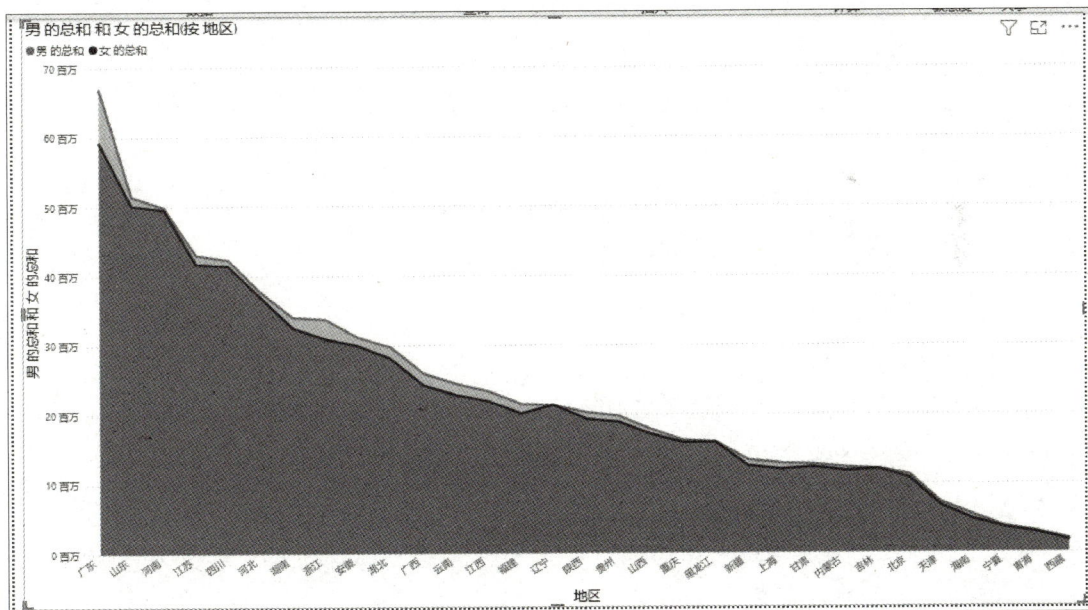

"分区图"视觉对象效果图

类似于Power BI的数据可视化分析工具还有很多，如Fine BI、Fine Report、SPSS、Google Chart API等，我们在使用这类软件时要学会举一反三。而大家所熟知的Excel是基础的电子表格处理工具，适用于数据的简单分析，包括对数据进行组合、汇总、计算、查询或绘制简单图表等，不适合处理大规模数据。

劳动前沿

⭐ 学与思

使用数据分析工具分析数据，首先需要获得数据，你知道哪些数据采集方式？

任务三　创新创业

我们在生活中或多或少都接触过创业者，也看到过很多创业的具体形式，如摆摊、开饮品店、开服装店、开快餐店等，又或者是在网上销售商品、提供网络服务等。

很多人都有一个创业梦，想让自己在未来大展拳脚。但创业是艰辛的，青年创业者应该明白创新对于创业的重要性。可以说，创新是创业的本质，一个创业企业要想长期发展，必须不断创新。例如，企业每年都要招募新的人才，就是期望这些人才为企业带来新观念和新思维。没有创新，创业者将很难在激烈的市场竞争中脱颖而出；没有创新，创业者将很难在提倡创新的时代闯出更加广阔的天空，很难使创业企业持续发展壮大。

一、创新思维训练

创新思维指以新颖独特的方法解决问题的思维。创新思维能让人突破常规思维的局限，转而以超常规甚至反常规的方法或角度思考问题，提出与众不同的解决方案，从而产生新颖独到、有实际意义的思维成果。因此，创新思维是一切创新活动的开始，对个人的创新行为与活动具有指导作用。

人们在创新的长期实践中，总结了众多行之有效的创新思维训练方法。一个人要拥有创新思维不是只能依靠先天优势，我们通过科学的训练也可以培养创新思维。如果能有效运用创新思维、发挥创造力，就具备了成为成功企业家的潜质。

1. 突破思维定式

思维定式是指用固定的思维模式来思考问题的习惯，适合用在遇到同类或相似问题的时候，但它会使人的思维沿一定的方向和次序思考，使思维受到限制，从而阻碍新观念和新想法的产生，抑制人的创造性。生物学家贝尔纳说："妨碍人们创新的最大障碍，并不是未知的东西，而是已知的东西。"因此，要想提升创新能力，就必须打破思维定式，开阔视野与思路，这对创业者十分重要。

我们在思考问题时，可以从以下7个方面来打破思维定式。

- 这个问题还能用其他的方式来表示吗？
- 将问题颠倒过来看看。
- 能不能用另一个问题来替换目前的问题？
- 将自己的思考方向转换一下。
- 将思考问题时我们脑中出现的想法记录下来，并认真思考。

- 把复杂的问题转换为简单的问题。
- 把自己生疏的问题转换为自己熟悉的问题。

2. 丰富思维视角

"视角"就是思考问题的角度、层面、路线或立场。思考问题若仅从一个视角出发，得到的结论往往是不全面的。创业者要想训练自己的思维能力，就应该尽量丰富思维视角，学会从多种视角观察问题。丰富思维视角可以采用以下方法。

- **发散思维训练**。发散思维是指人在思考过程中，不受已经确定的规则、方式和方法的约束，思维呈现扩散状态的模式。我们在进行发散思维训练的过程中，要做到流畅、变通和新颖。流畅是尽可能在最短的时间内表达尽可能多的思想和观念，如在3分钟内说出至少30个带有"风"字的成语；变通意味着克服已有的思维框架和模式，利用新视角、新观念、新途径来思考问题；新颖是指用与众不同的新观点和新认识来反映客观事物，对事物表现出独特的见解。

- **逆向思维训练**。逆向思维是朝着与固有思维相反的方向进行思考的思维模式，是一种从问题的反面出发进行思考和分析的方法。例如，电动吸尘器就是发明者根据与电动吹风机相反的原理进行研究而发明的，电动吹风机是用电制造空气的流动，作用是吹开物体，电动吸尘器同样是用电制造空气的流动，但作用却是吸收物体。逆向思维训练的方法有以怀疑的眼光来看待事物；在思考问题时，既要看到事物之间的差异，又要看到事物之间因存在差异而产生的互补性；从正反两个方面进行思考，以便发现存在悖论的地方。

- **联想思维训练**。联想是思路由此及彼的过程，即由所感知、所思考的事物、概念和现象想到其他事物、概念和现象的心理过程。例如，美国工程师斯潘塞在做雷达起振实验时，发现雷达电波导致了口袋里的巧克力融化，由此他联想到用雷达电波来加热食物，进而发明了微波炉。联想要求我们在大脑内为事物建立某种联系。因此，创业者应广泛接触和了解新事物，然后再结合思维训练，将自身所拥有的经验和知识联系起来。

3. 水平思考法

水平思考法是由爱德华·德·博诺于20世纪60年代倡导的广告创意思考法。水平思考法摆脱了非此即彼的思维方式，也摆脱了逻辑思维和线性思维，让人们从多角度、多侧面观察同一件事，丰富思考的内容，捕捉偶然产生的想法，从而萌生创意。例如，对于需要解决的焦点问题"创业者如何鼓励员工创新？"人们提出一个初始想法或主意："用巨额奖金来鼓励创新"。在这个想法或主意的基础上，可以提取一个概念："让员工有收获感"。再以"收获感"为基点进行思考，产生多个想法或主意：对公司创新有特殊贡献的员工，奖励创业基金或命名创新产品的权利等。当然，也可以提取更多的概念，以这些概念为基点提出更多的新想法。

水平思考法的关键在于联想力，而不是判断力。在水平思考的过程中，不需要做非常慎重或严密的判断，判断应非常迅速而简单的。这是水平思考法的重要特性。

4. 思维导图

思维导图又叫心智导图，是表现发散性思维的有效图形工具。思维导图的实质是可视化图表，其最大特点在于围绕中心主题展开多项次级主题，再围绕次级主题展开更多的子主题，以此类推。这样展开的各种主题呈树状的放射结构，中心明确，各部分关系清晰。

思维导图同时注重思维的发散性、联想性及条理性，更重要的是能将思维具体化和形象化，方便记忆，并方便后续补充与完善。

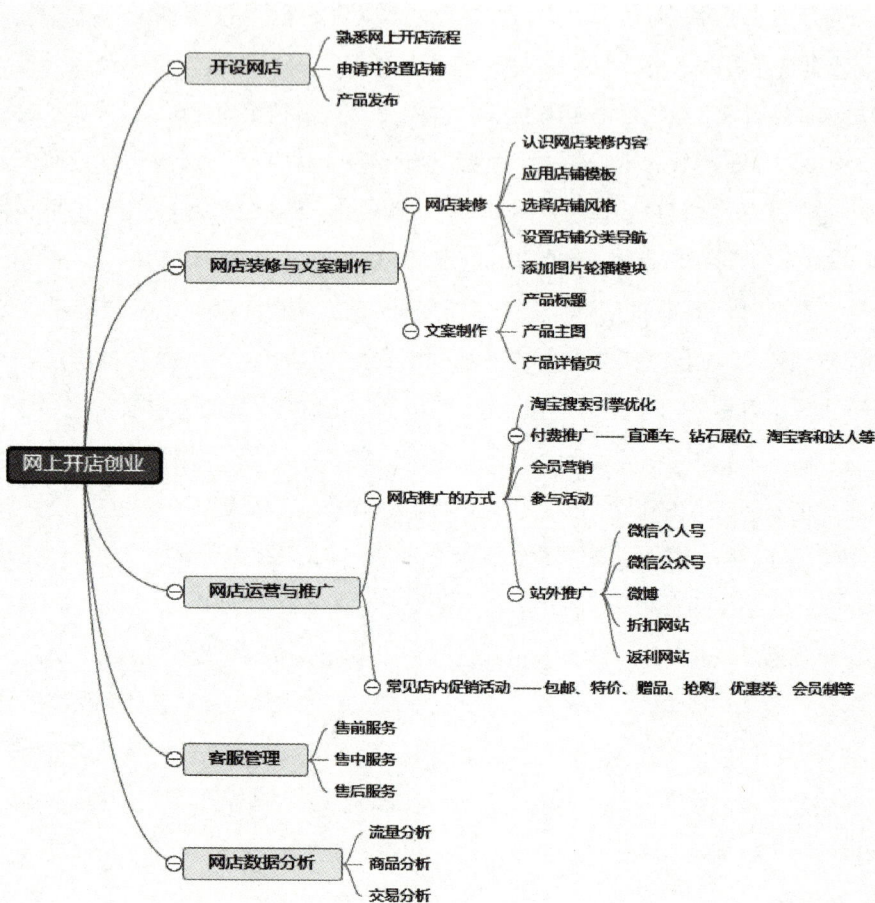

思维导图

现在互联网上有很多思维导图制作工具，如XMind、百度脑图、MindMaster、Mindmanager、FreeMind等。这些思维导图制作工具支持制作多种类型与效果的思维导图，并且支持文件导入、导出和分享等功能，熟练使用这些工具可以快速、便捷地制作思维导图。

二、创新方法

通过思考，人们总能获得一些新的成果，得出一些新的结论。事实上，创新成果多来源于一些创新的方法。"工欲善其事，必先利其器。"有效的创新方法可以提高我们的创新能力，帮助我们获得创新成果。

1. 试错法

试错法是最原始的创新方法，是指通过不断实践，并在实践过程中总结成功与失败的经验，最终实现成功。每个人天生都会使用试错法，都是在不断尝试、失败后才能得到正确的答案。

试错法是一种通过排除错误选项来解决问题的方法，通常不需要以相关的专业知识为支撑。人们即便对相关领域只拥有少量的知识，仍然可以很好地应用试错法。试错法的应用过程是一个"错误—排除错误—再次错误—再排除错误"，最终得到有效成果的过程。当然，这也决定了利用试错法得出的成果可能不是最优解，这是我们需要了解的。试错法在创新中有非常广泛的应用，其中最为人们乐道的是爱迪生为了改良电灯泡尝试了数千种灯丝材料。

2. 设问法

设问法是指针对创新目标不断提问来拓展思路的方法。通过提问，人们可以认识到现有事物的各种不足，从而有针对性地加以解决，产出创新成果。

设问法的效果取决于提出问题的质量，我们通常可以从以下7个方面提出问题。

- **为什么**。为什么要进行创新？为什么现有产品的销量下滑？为什么生产过程中浪费了很多原材料？通过提出"为什么"的问题可以弄清楚创新的现实基础。

- **是什么**。需要改进的问题是什么？新产品的要求是什么？通过提出"是什么"的问题可以明确创新的目标。

- **什么人**。创新需要哪些人员？需要什么样的人员？创新成果需要面向哪些人群？通过提出"什么人"的问题可以明确创新团队与目标人群的结构。

- **什么时间**。新产品要在什么时间上市？新产品在什么时间段内使用？通过提出"什么时间"的问题可以合理调整创新进程。

- **在哪里**。创新成果要应用在哪里？通过提出"在哪里"的问题可以明确创新成果的用途和使用环境。

- **怎么做**。怎么达成目标？怎么使产品具有相关功能？怎么打动服务对象？通过提出"怎么做"的问题可以推进创新。

- **有多少**。产量是多少？成本是多少？原材料要用多少？通过提出"有多少"的问题可以对创新活动进行定量分析，确保创新成果满足需要。

设问法可促使人们从不同的角度来思考问题，从而得到对问题相对完善和系统的认识，产出具有深度和科学性的成果。

案例阅读

运用设问法进行产品创新

某家具厂接到一笔来自屠宰厂的订单，要求制作一批用于放置冷冻肉的架子，这种架子要承受半头冷冻的牛的重量，且冷冻的牛呈类圆柱形，易掉落。这让厂长犯了难，他决定召集研发团队，使用设问法来进行产品创新。

为什么：现有的产品在承受力和防护性上都不足以满足客户的需求，需要开发新的、符合要求的产品。

是什么：需解决的问题要通过各种办法提升产品的承受力与防护性。

什么人：工厂里的设计部门、制造部门、技术部门负责该产品的研发和制造。

什么时间：客户要求3个月后到货，生产、包装及运输至少需要1个月，产品的开发只有2个月的时间。

在哪里：这批架子会被放置在冷库中，冷库温度为零下5℃。

怎么做：本厂已生产有置物架，可参考置物架的基本结构，将架子的板面换为具有一定弹性的胶合板，将原来的支架材质换为钢材，并在连接处添加紧固件，以达到提升承受力的目的；对板面进行粗糙化处理，并在四边加上10厘米高的栅格式护栏，以达到防止物品掉落的目的；全架连接处留出适当缝隙以应对热胀冷缩。

有多少：需制作38套该产品，预计材料成本为1.3万元，25个工作日左右生产完成。

通过设问法找到思路后，设计部门很快给出了图纸，生产车间依照图纸很快做出了样品，客户也非常满意。

感悟：为了满足客户新的需求，家具厂使用设问法对面临的问题进行了梳理，最终实现了产品创新，取得了满意的结果。

3. 形态分析法

形态分析法由瑞士天文学家弗里茨·兹威基提出，其特点是对事物进行不断的分解，得到若干不可再分解的要素，再对每一个要素进行独立的分析与构想，找出每一个要素的可能形态。这些可能形态经过不同的组合就构成了解决问题的方案，方案的个数就是各要素形态的组合数。

因为各要素的组合关系不同，所以得到的方案也不相同。该方法通过要素的组合，可以促进许多解决方案与创新想法的产生。需要注意的是，一旦任何一个要素或者其形态有问题，就会导致整个方案出现问题，因此需要分析每一个方案的可行性。

形态分析法的实施主要分为以下5个步骤。

● **明确对象**。明确要用形态分析法解决的问题（如发明、设计等）。

● **要素分解**。将要解决的问题按重要功能等基本组成部分分解为创造对象的主要组成要素。

● **形态分析**。对每一要素进行分析，列出其所有可能的形态。

● **形态组合**。按照研究目标，将各要素的不同形态组合，得到尽可能多的创新方案。

● **方案选择**。对得出的各个创新方案进行分析与比较，从中选出最佳组合方案。

案例阅读

装配拉链头

拉链头是人们生活中非常常见且不起眼的小物件，虽然结构简单，但由于体积小、连接处多，拉链头的装配非常麻烦，长期以来都只能人工装配。某公司想生产一种自动装配拉链头的机器，为此需要先明确拉链头的装配程序，该公司使用形态分析法来进行分析。

该公司事先已经明确研究的问题为拉链头装配方案。公司研究人员经过细分，发现拉链头具体可分为5个部分，即帽盖、本体、中圈、铜马、拉片。经过研究分析，公司研究人员发现拉链头的帽盖有5种可能形态，本体有7种可能形态，中圈有6种可能形态，铜马有7种可能形态，拉片有6种可能形态。

按照对设计对象的总体功能的要求，公司研究人员分别将各要素的不同形态进行组合，最终得到可能的方案一共是8820（5×7×6×7×6）种。但是其中很多形态不可兼容，充分考虑装配可能性后，最终得出7种方案。在认真比对各方案的实现难度、装配效果及成品质量后，该公司最终选择了3种装配方案进行生产试验。经过同步试验，该公司收到了生产部门的多项反馈，最终选择了其中1种装配方案作为最终方案，以此方案为基础，生产自动装配拉链头的机器。

感悟： 该公司在设计拉链头装配方案时使用的是典型的形态分析法，通过找出所有可能的装配方案并一步步进行筛选和优化，最终得出了最优的装配方案。

4. 头脑风暴法

头脑风暴法又称智力激励法，是由美国创造学家奥斯本提出的一种激发性思维方法。它是一群人围绕一个特定的兴趣或领域，无限制地自由联想和讨论，进而产生新观念或激发新设想的一种方法。运用头脑风暴法开展会议的过程通常可分为准备阶段、畅谈阶段和评价选择阶段。

- **准备阶段**。在准备阶段主要有以下3项工作内容。第一，明确会议需要解决的问题和与会人员的数量，提前向与会人员通报会议议题。第二，确定会议的主持人和记录者。主持人要彻底掌握头脑风暴法的基本原则和操作要点，并能够营造融洽的会议气氛；记录者要认真记录，便于进行会后总结。第三，与会人员要提前获取与会议议题相关的基础知识，并掌握运用头脑风暴法的原则和方法。

- **畅谈阶段**。畅谈阶段是运用头脑风暴法开展会议的关键阶段。主持人引导与会人员围绕会议议题自由发言，提出各种设想，并彼此相互启发、相互补充，尽可能做到知无不言、言无不尽；记录者需将所有设想都记录下来。直到与会人员都无法再提出构想时，此阶段结束。

- **评价选择阶段**。畅谈阶段结束后，对所有构想进行分类和组合，形成不同的解决方案。这一阶段需要对每个构想进行全面评价，评价的重点是研究该构想实现的限制性因素及突破这些限制性因素的方法。在评价过程中，可能产生一些可行的新设想。

按照此方法不断优化方案，最后选择其中最受大家认可、最优的方案。如果没能形成令人满意的方案，可再次进行畅谈。

📖 案例阅读

运用头脑风暴法变废为宝

在武昌工学院机械工程学院工业设计教研室，一些废弃物随处可见：生锈的钢管、废弃的轮胎、自行车架、玻璃瓶、易拉罐……正是在这样的环境下，两个班63名学生生产出了无数独特的工业设计模型，如用轮胎做的沙发、用车架做的灯、用钢管做的工艺品。

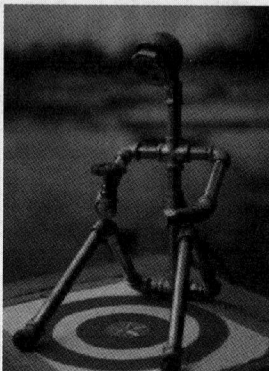

思考中的火柴人

机械工程学院工业设计1401班的熊中锦这样评价自己设计"思考中的火柴人"的过程："先收集制作所需的材料，再将水泥倒进固定好的模具中，等待水泥风干成型，再加以打磨，这个灯具就做成了。所有制作方法在之前的课程中都已学习，但最大的困难是找材料和制作，因为理论和实操毕竟有巨大的不同。"

这些废旧材料是怎么华丽转身变成工业设计模型的呢？原来教师常常组织学生围绕这些废旧材料进行头脑风暴，学生们会从各个角度思考并发言，最终迸发出各种创意，如自行车把很像一对牛角、塑料瓶剪开后形似瓦片、轮胎可以用来坐等，这些创意最终就变成了一件件兼具实用性与艺术性的创意家具。

（案例材料来源：人民网）

> **感悟：** 武昌工学院机械工程学院的学生们在教师的引导下，运用头脑风暴法想出了很多创意，并将这些创意运用到工业模型制作中，为废旧材料赋予了新价值。

三、创业要素

简单地讲，创业要素就是创业活动应具有的组成部分。创业的过程即对一系列要素进行科学组合的过程，创业者可以通过改善这些组合来提高创业成功的可能性。那么，创业究竟包括哪些要素？对此，不同的学者有不同的认识。这里重点介绍创业机会、创业团队和创业资源三大关键要素。

微课视频：
大学生创业

1. 创业机会

每一个成功的创业活动都是一个或多个创业机会的具体实现。所谓创业机会，就是指创业者能够通过投入和组织资源来获取价值的有利情况。

创业机会识别是创业的关键问题之一。当机会出现在你身边时，如果你没有识别出机会，没有把握住它，对你而言，创业就无从谈起。把握住每个稍纵即逝的创业机会，就等于创业成功了一半。创业者可通过以下3个要点来识别创业机会。

- **变化就是机会**。彼得·德鲁克将创业者定义为"能寻找变化，并积极反应，把它当作机会充分利用起来的人"。古往今来，每一次创业热潮大多依赖于社会环境和市场环境的变化，这些变化势必带来市场需求和市场结构的变化。这就为识别创业机会带来契机，创业者能通过这些变化发现新的机会。这些变化包括人口结构的变化、产业结构的变化、需求的变化、科技水平的变化、政策的变化、价值观和生活观念的变化等。如随着收入水平提高，人们的娱乐活动要求变得丰富多样；"快"文化兴起，移动电商应运而生、蓬勃发展，同时带动了物流、在线支付等的发展；私家车不断增加，为汽车销售、维修、清洁及二手车交易等行业带来诸多创业机会。

- **顾客的需求就是机会**。从顾客身上觅得创业机会是一个亘古不变的方法，创业者销售的产品或服务最终面对的是顾客，创业者通过分析调研顾客的需求，可识别出创业机会。要从顾客身上识别机会，创业者需要观察顾客的生活和工作轨迹。由于每个人的需求不同，创业者应将顾客分类，研究各类人群的需求特点，如退休职工重视身体健康、家庭主妇重视子女的教育等。

- **解决"负面"问题就是机会**。"负面"问题是指令人们"烦恼""困扰"的事，是人们的痛点。如果创业者能着眼于人们的烦恼和困扰，为人们迫切希望解决的问题提供有效的办法，实际上就是找到了机会。如搬家费时费力，搬家公司纷至沓来；双职工家庭没有时间照顾小孩，于是有了家庭托儿所；上班路途遥远，人们难得吃一顿可口的早餐，焖烧杯就能解决这个问题。这些都是从"负面"问题中寻找创业机会的例子。

2. 创业团队

团队是企业管理和企业创立中的热词，现代企业非常重视团队的建立和管理。团队是由员工和管理者组成的一个共同体，成员有共同的理想、目标，愿意共同承担责任、共享荣辱。俗话说："一个篱笆三个桩，一个好汉三个帮。"创业不能单打独斗，一个由研发、技术、市场、融资等各方面人才组成的优势互补的创业团队是创业成功的法宝。

创业者组建创业团队前需要了解组建团队的基本原则，然后按照一定的步骤进行，这样才能使团队结构更加合理，最大限度发挥团队的作用。创业者组建创业团队时，需要注意以下4个原则。

- **目标明确合理原则**。创业目标必须明确、合理、切实可行，这样才能使团队成员清楚地认识到共同的奋斗方向，才能真正达到激励团队成员的目的。

- **互补原则**。创业者寻求团队合作，其目的就在于弥补创业目标与自身能力之间的差距。团队成员只有在知识、技能、经验等方面能优势互补时，才有可能通过协作发挥出"1+1>2"的协同效应。

- **精简高效原则**。创业需要资金，尤其是创业初期，创业者需要投入大量启动资金。在这个阶段，创业者应该精简创业团队人员，但前提是现阶段的人员结构能够保证企业正常运行。

- **动态开放原则**。创业处处充满不确定性，如创业团队成员可能因各种原因选择中途退出。因此，创业者在组建创业团队时，应注意保持团队的动态性和开放性，不断吸纳符合要求的人员到创业团队中。

3. 创业资源

创业资源是指新创企业在创造价值的过程中需要的特定资产，包括有形与无形的资产。它是新创企业创立和运营的必要条件。创业资源一般可分为以下六大类。

- **人力资源**。人力资源是一定时期内企业中的人拥有的能够被企业所用的，且对价值创造起贡献作用的教育、能力、技能、经验和体力等的总称，是获取、利用和转化其他资源的基础。招贤纳士是新创企业持续成长的关键，特别是对于高科技新创企业，专业人才更为重要。

- **财力资源**。"巧妇难为无米之炊"，想创业，资金是保障。创业资金一般可以通过以下方式获得：①依靠亲朋好友筹集资金，双方形成债权债务关系；②争取政府的资金支持；③申请贷款；④所有权融资，包括吸引新的创业同盟者加入创业团队，吸引其他企业以股东身份投资、参与创业活动等；⑤获取创业基金和风险投资基金的支持。

- **物质资源**。物质资源包括企业所拥有的各种有形资源，如房屋、设备、原材料等，也包括企业所拥有的自然资源，如矿山、林地等。

- **技术资源**。技术资源是指企业在产品的生产加工、储存和运输过程中持有的关键技术与工艺流程等。技术资源是企业的核心资源，决定着新创企业的市场竞争力和盈利能力。获取技术资源的途径如下：①自主研发；②吸引技术持有者加入创业团队；③购买他人的成熟技术；④购买他人的前景型技术，再通过后续的完善开发，使之达到商业化要求。

- **社会资源**。社会资源主要指人际关系资源。虽然社会资源不会直接作用于产品的开发、生产、运输和销售等环节，却能够帮助企业获取和利用其他资源，间接作用于企业的方方面面。创业者应当充分挖掘人际关系资源，赢得尽可能多的支持。

- **管理资源**。管理是对企业资源进行有效整合以达到既定目标的动态创造性活动，是企业众多资源的整合剂。其他资源的运用需要依靠管理，管理将直接影响乃至决定企业资源整体效力发挥的水平。管理资源包括企业的组织结构、管理制度和管理策略等。

四、适合起步的创业模式

选择适合自己的创业模式是创业成功的关键。创业的路径很多，创业者需要准确判断自身的优势和劣势，选择适合自己的创业模式，以有效应对创业过程中可能遇到的问题。适合青年学生的创业模式主要有以下几种。

1. 小微企业创业

青年学生创业多数属于"白手起家"，是从无到有的过程，必须先学习经验，进行资源的积累，待条件成熟后，就可以从小规模的企业开始做起。采用这种模式创业会很艰苦，成功率也较低，创业者必须具备超强的耐受力。要想采用这种模式取得成功需要具备4个条件：广泛的社会关系、好的项目或产品、良好的信誉和人品、吃苦耐劳的精神。

案例阅读

小小的服饰店也大有可为

刘佳平时喜欢自己制作衣服，大学时偶尔也会缝制衣服给室友穿，室友认为刘佳手艺很好，劝她自己开店。刘佳听后觉得有理，便将这话放在了心上。刘佳大学毕业后没有马上找工作，而是先调研当地市场，后发现开店一事大有可为，于是很快便开了一家服饰店。刘佳的创意服饰店既可以让客人自己设计、制作，也可以由她代劳。因为附近有不少大学，还有崇尚个性的艺术专业学生，所以服饰店的生意还不错。此外，刘佳还提供定制情侣装、姐妹装、制服等的服务。

一次，刘佳帮一个食品店制作工作套装，结果快到交货时间才发现20套服装的领子都有一个洞。刘佳无法在约定时间内将服装返还工厂并重新制作，抱着侥幸的心理，她把这批衣服交给了客户，结果第二天就被客户质问。刘佳心中暗悔，认为自己不该因此败坏了店铺的信誉，于是承诺会赔偿客户的损失，并免费为其重新制作服装。

经过这次的教训，刘佳在之后的工作中更加仔细，以确保交到客户手中的服装是完好的。并且为了给客户更好的体验，刘佳还配置了两台模拟机，使客户能够看到自己设计的样品。现在，在刘佳的精心经营下，她的小店面积已经从最初的3平方米扩展到了50平方米。

感悟： 刘佳的创业建立在市场调查基础上，因项目本身和她自身能力的局限性，开设规模较小的门店是合适的起步模式。虽然出了小问题，但刘佳及时补救，因此创业能继续进行。刘佳的这种模式和经验也适合大多数的创业者。

2. 代理创业

代理创业是一种很常见的创业模式，就是借用其他公司的品牌和商品，自己用一个单独的平台来销售商品。这种模式适合初次创业者，可以使创业者学习更多的专业知识和积累创业经验。

现在很多厂商不是直接面向消费者进行终端销售，而是选择代理商后由各级代理商进行销售。创业者在选择代理创业模式前，必须找到合适的厂商。

3. 加盟创业

加盟创业指采用加盟的方式进行创业，一般是加盟开店。加盟创业的关键是选择加盟品牌。因为加盟创业并不是创业者根据自己的产品、品牌和经营模式来创业，而是借助和复制别人的产品与经营模式，所以加盟品牌的好坏直接决定了创业者的创业前景。一般来说，选择加盟品牌应该从行业和品牌等方面进行考虑。

- **选择有活力的行业**。只有有活力的行业才具有发展空间，才能提供持续的市场需求。
- **选择有生命力的品牌**。品牌是产品质量的象征，一个好的品牌是受到消费者的认可和推崇的。因此，创业者要选择有生命力的加盟品牌，以保障稳步发展与持续盈利。

> **素质养成**
>
> 选择好的加盟品牌固然十分重要，但创业者若选择了合适的加盟品牌就想坐等收钱是万万不可取的。要想获得创业的成功，创业者还需要大量投入精力，扎扎实实地做好每项工作。

4. 网络创业

网络创业就是通过网络来进行创业，这是目前较流行的一种创业方式，主要包括网上开店与网上加盟，通常适合技术人员、大学生和上班族。调查显示，占比超过80%的网上创业者年龄为18～30岁。

随着互联网技术的发展，网络创业门槛大大降低，越来越多的人选择了网上开店的方式进行创业。前期投入少、创业成本低，这是大部分人选择网络创业的原因。进行网络创业需要注意以下几个方面。

- **选择合适的创业项目**。与实体店创业不同，网络创业是一种看得着、摸不着的创业方式，消费者只能通过网络平台浏览外观、了解属性，不能实际看到或摸到产品。因此，选择合适的创业项目是网络创业者首先需要考虑的。首先调查分析哪些产品最受欢迎，再分析其他卖家的经营模式，然后将其优势转化并加工为自己独特的模式，只有这样才有可能在众多网络创业者中脱颖而出。
- **选择货源**。网络创业的目的是盈利，而寻找物美价廉的货源能帮助创业者节约成本。创业者一般可以从所在地的批发市场或从批发网站寻找货源，批发市场和批发网站上的产品比较多，品种丰富、数量充足，能给创业者很大的选择余地。
- **宣传和推广**。网店的竞争比实体店更加激烈，因为客户可以在网络上搜索到销售同类产品的不同店铺，不受地域和空间的限制。创业者需要做好网店的宣传和推广，提高网店的知名度和客流量。因此，对创业者来说，学习一些网络营销和网络推广的技巧是十分必要的。
- **物流**。物流是网络创业的关键环节，创业者要保证客户在较短时间内拿到产品并且保证产品完好无损。这要求创业者与信誉好、价格合适的物流公司合作。

● **服务和售后**。不管是实体店还是网店，服务态度都是十分重要的。与实体店不同的是，创业者开网店不能和客户面对面地交流，因此要特别注意服务的技巧，对客户要有耐心，不能怠慢客户，以免造成客户流失。

📖 **案例阅读**

开网店

"缘宝石"是一家珠宝饰品网店，它的成功开办源于一位大学生的奇思妙想。罗丹是某大学电子商务专业的大三学生，一次偶然的机会让他看到了珠宝饰品行业的前景，于是他想到了加盟开店。但是经过珠宝公司业务经理的详细解释后，罗丹发现，租房、装修、加盟配货等所需的费用加起来至少要十几万元，而他只是一名还在上学的大三学生，到哪里去筹这么多钱呢？

当时正好是互联网发展十分迅速的时候，网上开店逐渐兴起。罗丹想到，自己懂计算机，会上网，还具备专业的电子商务营销知识，别人能在网上开店，自己为什么不可以呢？他对珠宝商说："我现在没有足够的资金去开一家分店，但现在正是网上开店兴起的时候，我们可以合作加入这个潮流，把您的产品通过网络推销出去。我先用相机把这些珠宝首饰拍下来，拿到网上去卖，当然您不必马上给我货源，我只是在网上展示这些产品的图片，好让顾客能够看到并购买。这样我不需要太多的资金，您也不需要担心货款的问题，这个一举两得的方法您看怎么样？"

罗丹的建议得到了珠宝商的同意，珠宝商当即就让公司产品部的员工带他去挑选放在网上出售的产品并拍照。这些产品照片效果很好，和柜台中陈列的产品一样具有吸引力，放到网上不久便吸引了很多顾客来购买。就这样，罗丹的网店开始运营了。

经过罗丹的努力，店铺的业绩慢慢上升。为了让店铺的生意更加红火，他还精心思考了很多促销和宣传策略。

感悟： 网络创业是当前年轻创业者常采用的创业模式之一。正如罗丹所想，网店的成本较实体店成本低，且库存压力较小，即便是库存较少的产品也能在网上先试卖，此外创业失败带来的亏损相对较少。因此，网络创业适合大学生用于创业起步，但要谨慎选择创业项目。

5. 兼职创业

兼职创业是在已有工作的基础上从事第二份职业，要求创业者根据自己的实际情况选择合适的兼职项目。

兼职创业的职位有高有低，由创业者自身的能力或机遇而定。但不管做什么兼职，都能够锻炼创业者的创业能力，并使创业者积累创业经验，同时创业者还能获得一定的资金。虽然兼职创业的规模一般较小，但仍然需要创业者像全职创业那样去尽心尽力地筹划，不能因为它不是正职，就把它当成业余爱好。除此之外，兼职创业者还可以选择一些对时间要求不太严格的项目进行创业。有些大学生会选择加盟奶茶店创业，但由于自己还需要完成学业，这种情况也属于兼职创业。

具备一定条件的创业者可选择收购他人的企业，这是一种节省时间和成本的好方法，如接手店铺等。但在收购之前，创业者必须先评估被收购企业存在的风险及优缺点，如设备是否陈旧、店铺地址是否适合经营等。

五、了解创办企业的一般流程

有志于创业的青年学生，可以对创办企业的流程做一些了解。创办企业的第一步是注册公司。注册公司的流程为企业名称核准、工商注册登记、刻制印章。注册公司后，要想正式开始经营，还需要开立企业银行账户、办理税务登记和社会保险等。

1. 企业名称核准

为了规范企业名称登记管理，保护企业的合法权益，维护社会经济秩序，优化营商环境，《企业名称登记管理规定》对企业名称的登记管理进行了详细规定。企业注册登记时，必须先进行名称核准，以确保新企业名称没有违反国家相关规定，没有与其他企业名称重复，且符合工商注册登记的要求。

《企业名称登记管理规定》明确表示，企业只能登记一个企业名称，企业名称受法律保护。企业名称由行政区划名称、字号、行业或者经营特点、组织形式组成，如"深圳市腾讯计算机系统有限公司"。

企业名称由申请人自主申报。申请人可以通过企业名称申报系统或者在企业登记机关服务窗口提交有关信息和材料，对拟定的企业名称进行查询、比对和筛选。创业者在申请企业名称时，可提前准备多个合适的名称。

2. 工商注册登记

工商注册登记是创办企业的法定程序，完成工商注册登记后，申请人才能获得从事市场经营活动的资格。创业者可以到工商行政管理部门或在企业登记网的注册申报服务系统中办理新企业的工商注册登记手续。为了提高工商注册登记效率，创业者可提前准备好以下资料，也可到相关部门咨询具体注册事宜。

● 拟任法定代表人签署的《企业设立登记申请书》（原件一份）。

● 经办人身份证明（复印件一份，验原件）。

● 全体股东（发起人）签署的章程（原件一份）。

● 股东（发起人）的主体资格证明（复印件一份，自然人身份证明验原件，单位资格证明加盖公章，注明"与原件一致"）。

● 法定代表人、执行董事或董事长、董事、监事、经理的任职文件（原件一份）及其身份证明（复印件一份）（法定代表人身份证明验原件，执行董事或董事长、董事、监事、经理身份证明的复印件上需注明"与原件一致"并由法定代表人签字）。

3. 刻制印章

准备好营业执照复印件、法定代表人和经办人身份证复印件各一份，以及由企业出具的刻章证明、法人代表授权委托书，到公安局指定的机构刻制印章。一般来说，企业常用的印章有以下几种。

- **公章**。公章代表企业的最高效力。不管对内、对外它都代表了企业法人的意志，使用公章可以代表企业对外签订合同、收发信函、开具企业证明。
- **合同专用章**。合同专用章是企业对外签订合同时使用的。相关合同的签订在企业经营签约范围内必须盖上合同专用章才能生效，因此，它代表企业须承受由此产生的权利和义务。一般公章可以代替合同专用章使用。
- **财务专用章**。财务专用章的用途比较专业化，一般针对单位会计核算和银行结算业务使用。
- **法人章**。法人章就是企业法定代表人的个人用章，它对外具备一定的法律效力，可以用于签订合同、出示委托书文件等。
- **发票专用章**。发票专用章就是企业在经营活动中购买或开具发票时需要加盖的印章。当然，在发票专用章缺少时，可以用财务专用章代替，反之不可行。

4. 开立企业银行账户

企业经营涉及资金往来，需要通过银行进行资金周转和结算，因此，创业者需要为新创企业开立银行账户。按照我国现行的现金管理和结算制度，每个企业都必须在银行开立存款结算账户（即结算户），用来办理存款、取款和转账结算。

银行存款结算账户分为以下4种。

- **基本存款账户**。基本存款账户是企业的主要存款账户，主要用于办理存款单位的日常转账结算和现金收付业务，以及工资、奖金等现金的支取业务。该账户的开立需报当地人民银行审批并核发开户许可证，开户许可证正本由存款单位留存，副本交开户行留存。一个企业只能在一家商业银行的一个营业机构开立一个基本存款账户。
- **一般存款账户**。一般存款账户是企业在基本存款账户开户行以外的银行开立的账户。该账户只能用于办理转账结算和现金的缴存业务，不能用于办理现金的支取业务。
- **临时存款账户**。临时存款账户是外来临时机构或个体工商户因临时开展经营活动需要开立的账户。该账户可用于办理转账结算及符合国家现金管理规定的现金业务。
- **专用存款账户**。专用存款账户是企业因基本建设、更新改造或办理信托、政策性房地产开发、信用卡等特定用途开立的账户。利用该账户支取现金时必须报当地人民银行审批。

5. 办理税务登记

新创企业领取由工商行政管理部门核发的加载有统一社会信用代码的营业执照后，需要办理涉税业务的，应先到经营地主管税务机关进行补充信息采集，然后办理其他相关涉税事项。

- 初次到税务机关办理涉税事项的企业应当在办理补充信息采集完成后，将其财务、会计制度或者财务、会计处理办法报主管税务机关备案；企业使用计算机记账的，应当在使用前将会计电算化系统的会计核算软件、使用说明书及有关资料报送主管税务机关备案。
- 企业应当按照国家有关规定，持营业执照，在银行或者其他金融机构开立基本存款账户和其他存款账户，并将其全部账号向主管税务机关报告。

- 纳税人需要使用电子缴税系统缴纳税费的，可以与税务机关、开户行签署委托银行代缴税款三方协议或委托划转税款协议，由税务机关向开户行发起划缴税款验证，实现使用电子缴税系统缴纳税费、滞纳金和罚款。
- 新创企业在办完首次涉税业务后，按期持续申报是今后要注意的关键事项。

6. 办理社会保险

新创企业注册成功后，创业者还必须办理社会保险。《社会保险法》规定，用人单位应当自成立之日起三十日内凭营业执照、登记证书或者单位印章，向当地社会保险经办机构申请办理社会保险登记。社会保险经办机构应当自收到申请之日起十五日内予以审核，发给社会保险登记证件。用人单位应当自用工之日起三十日内为其职工向社会保险经办机构申请办理社会保险登记。未办理社会保险登记的，由社会保险经办机构核定其应当缴纳的社会保险费。

学与思

如果你要注册成立一家新公司，你需要经历哪些流程，准备哪些资料呢？你对这方面的知识了解多少？请同学们利用身边可以利用的各种资源找到这些问题的答案。

劳动实践——清扫农贸市场

一、活动主旨

为提升农贸市场环境卫生整体水平，为商户营造良好的经营环境，为社区居民提供干净舒适的购物、休闲环境，培养学生的社会责任感，提升学生的社会适应能力以及人际交往能力，组织学生开展为期一周的农贸市场卫生清扫志愿服务活动。

二、活动内容

在社区工作人员的带领下，在学校附近的农贸市场开展卫生清扫志愿服务活动，活动内容主要如下。

（1）以12～15人为一组，各组选出组长1人，组长负责协调活动的组织和任务的安排。

（2）对农贸市场的卫生环境情况进行实地调查，准备清扫卫生的相关工具，如扫把、铲子、抹布、镊子、高压水枪等。

（3）对农贸市场进行卫生清扫，铲除墙面、柱面上的小广告等。

（4）清洗摊位桌面的污渍，清理堆放在路边、墙边以及角落里的杂物。

（5）集中对农贸市场的下水道、垃圾桶点和公厕等区域进行消毒处理和卫生清扫。

（6）对农贸市场内经营通道车辆乱停现象进行劝导，帮助商户搬离违规占道的物品。

三、活动要求

（1）一周的劳动实践中，要求每个学生都参与其中。

（2）每个学生都要认真对待此次劳动实践，在活动中保持良好的个人形象，不追逐嬉戏，听从组长和社区工作人员的任务安排。

（3）文明劝导，不能与商户、居民发生冲突，保护人身财产安全，留给广大市民良好的印象。

参考文献

[1] 陈先达. 走向历史的深处：马克思历史观研究[M]. 北京：中国人民大学出版社，2016.

[2] 高放，高哲，张书杰. 马克思恩格斯要论精选[M]. 北京：中央编译出版社，2016.

[3] 于玲. 校园环保类活动指导手册[M]. 吉林：吉林出版集团有限责任公司，2013.

[4] 徐国庆. 劳动教育[M]. 北京：高等教育出版社，2020.

[5] 陈国维. 大学生劳动教育[M]. 北京：高等教育出版社，2020.

[6] 卢晓慧，胡希冀. 大学生创新创业教程：慕课版 双色版 第3版[M]. 北京：人民邮电出版社，2022.

[7] 莫玲玲，杜峰，夏小惠. 大学生劳动教育技能实践[M]. 北京：中国人民大学出版社，2022.

[8] 张密丹. 大学生安全教育：慕课版[M]. 北京：人民邮电出版社，2016.

[9] 刘卫锋. 大学生安全教育[M]. 南京：南京大学出版社，2018.

[10] 王新华，孔帅，李中峰. 劳动教育[M]. 北京：中国人民大学出版社，2022.

[11] 刘国胜，柳波，袁炯. 大学生劳动教育[M]. 北京：人民邮电出版社，2021.